文化与诗学

Culture and Poetics

2015年第2辑
总第21辑

生活·讀書·新知 三联书店

Copyright © 2020 by SDX Joint Publishing Company.
All Right Reserved.

本作品版权由生活·读书·新知三联书店所有。
未经许可，不得翻印。

图书在版编目（CIP）数据

文化与诗学.2015年.第2辑：总第21辑／童庆炳，李春青主编.--北京：生活·读书·新知三联书店,2020.10
ISBN 978-7-108-05980-2

Ⅰ.①文… Ⅱ.①童…②李… Ⅲ.①社会科学－文集 Ⅳ.①C53

中国版本图书馆CIP数据核字（2017）第188149号

策　　划	知行文化
责任编辑	朱利国　马翀
责任印制	李思佳
出版发行	生活·讀書·新知 三联书店
	（北京市东城区美术馆东街22号）
网　　址	www.sdxjpc.com
邮　　编	100010
经　　销	新华书店
印　　刷	北京建宏印刷有限公司
版　　次	2020年10月北京第1版
	2020年10月北京第1次印刷
开　　本	635毫米×965毫米 1/16 印张21.75
字　　数	282千字
定　　价	98.00元

（印装查询：010-64002715；邮购查询：010-84010542）

本期执行主编

陈雪虎

《文化与诗学》编委会（按音序排名）

主编	童庆炳　李春青
编委	曹卫东　陈太胜　程正民　党圣元
	黄卓越　罗　钢　李春青　钱中文
	钱　翰　陶东风　童庆炳　王一川
	赵　勇　周启超　周小仪

目 录

"中国故事的文化软实力" 专题

主持人的话 .... 王一川　3

中国好故事的六要素
——谈谈中国故事的文化软实力的制衡问题 .... 王一川　7

现代、古典与经典
——青春版《牡丹亭》之传播美学 .... 胡鹏林　18

全球化语境中的文化乡愁与国族认同
——论纪录片《舌尖上的中国》的怀旧叙事 .... 李　宁　31

在"第三空间"探寻世界性的中国声音
——以谭盾《地图》为例探析新潮音乐对"中国性"的
超越 .... 张慧喆　42

武侠电影新风与中国文化精神
——电影《一代宗师》《狄仁杰之神都龙王》与
《绣春刀》 .... 杨　伟　54

在《秘密花园》与中式填色书之间
——以《中国美色》和《点染紫禁城》为案例.................... 苗　雨　65

"百年现代文学与文化"专题

翻译的母语和形成中的通用语
——从晚清翻译活动的一些特点看一种新的研究模式.......... 吕　黎　79

试谈20世纪初文化转型的革命性内涵....................... 陈雪虎　88

论《桐城文派评述》遐思............................... 刘涵之　103

作为理想与经验的"说唱文学"
——以赵树理编辑《说说唱唱》为中心................... 程　帅　117

西方文论与中西交流

论列奥·施特劳斯的元理论批判....................... 汪尧翀　143

门外读《聊斋志异》
——论杰姆逊教授关于"画马"的符号学分析.............. 吴泓缈　160

意大利汉学界的中国文论研究.......... 李　蕊（Lavinia Benedetti）　174

汉学视域中的"文论"
——为《海外汉学与中国文论》所撰序................... 黄卓越　203

青年园地

试论中西比较视野下的"抒情传统"论述
之局限与阐释空间 .... 黄雨伦 221

王府井
——作为都市空间的景观生产 .... 许苗苗 238

作为娱乐产业的网络文学
——论国内网络文学发展历程及其启示 .... 孟 隋 254

"君子以文会友,以友辅仁"新探 .... 孟 琢 董婧宸 269

特约译介

本雅明《历史哲学论纲》考辨 .... 杨俊杰 283

历史哲学论纲(1940年) .... 本雅明 著 杨俊杰 译 299

书 评

走向纵深的文艺心理学研究
——评程正民先生《艺术家个性心理和发展》............. 陈太胜 321

城镇村落化的悲情
——评《都市中国的乡土音声:民俗、曲艺与心性》........ 柴 莹 326

编后记 339

"中国故事的文化软实力" 专题

主持人的话

王一川

这是一组关于"中国故事的文化软实力"的专题文章,主要就中国好故事或中国故事的文化软实力的标准问题加以探讨,进而透过具体艺术个案来考察近年来中国故事创作中的一些相关问题。这组文章来自几所高校学人的合作,参加者除我以外全是青年学人,他们的文章体现了年轻探索者的朝气。

什么是中国好故事?它有无大体标准可加以把握?这确实是一个需要认真考虑的基本问题。我在《中国好故事的六要素——谈谈中国故事的文化软实力的制衡问题》一文中认为,探讨中国好故事或中国故事的文化软实力的制衡问题,必然会触及中国好故事的标准问题,真正的中国好故事应当有其基本标准或条件。我在这里尝试提出中国好故事的六要素,就是他者眼光、普遍尺度、本土境遇、个体体验、流行形式和易触媒介。不过,我同时指出,这六要素在实际运行中会涉及一些相互对立要素的冲突与调解问题,这首先表现为他者眼光往往与本国内政之需之间存在的纠结,其次在于普遍尺度与本土境遇之间的相互匹配或交融,再次是个体体验的表达呼吁流行形式,最后是只有易触媒介才可能成为外国公众的可感媒介,认识这些方面有助我们认识和把握中国好故事的创作、生产、营销及鉴赏等环节。

要说中国好故事,白先勇先生策划的青春版《牡丹亭》可能是近年来成功的范例之一。胡鹏林(深圳大学文化产业研究院讲师)的《现代、古典与经典——青春版〈牡丹亭〉之传播美学》把这部作品的出现本身视为"继梅兰芳之后最盛大的中国戏曲事件",文章通过回顾该作品的十年传播史,从中析出"青春""现代""古典""经典"等核心词汇,由此重新审视青春版《牡丹亭》的美学特征和传播方式。与策划人白先勇、导演汪世瑜以及诸多学者有关该作品属于古典与现代融合的判断不同,胡鹏林认为该作品虽然在艺术层面表现为"古典的回归",只不过是运用了青春的表象方式、现代的呈现方式和传播方式,而由此最终实现的却是"经典的复原",这一认识有助我们对该作品的出现和成功的原因加以新的思考。

当电视纪录片《舌尖上的中国》在中外所引发的轰动还没完全平息时,李宁(北京大学艺术学院博士研究生)试图通过其论文《全球化语境中的文化乡愁与国族认同——论纪录片〈舌尖上的中国〉的怀旧叙事》加以分析和概括。他发现,在这部作品中,怀旧不再囿于个体的情感体验,而是上升为一种普遍性心理状态与生存方式。更重要的是,怀旧叙事呈现出文化乡愁与国族认同的雅努斯面孔:一方面将饮食视为一种文化象征符号,体现出全球化语境中弥漫的中国式集体性文化乡愁;另一方面使得怀旧本质上成为一种文化认同的手段,以一种想象性方式参与到国族认同的建构中。

音乐可能是改革开放以来较早被国际所关注的中国艺术类型之一,以谭盾(还有陈其钢、叶小钢、瞿小松、郭文璟、何训田等)为代表的中国作曲家在世界乐坛发出了有力的中国声音。张慧喆(北京大学艺术学院博士研究生)的《在"第三空间"探寻世界性的中国声音——

中国好故事的六要素

——谈谈中国故事的文化软实力的制衡问题

王一川[1]

[摘　要] 探讨中国好故事或中国故事的文化软实力的制衡问题，必然触及中国好故事的标准问题。真正的中国好故事应至少满足六要素：他者眼光、普遍尺度、本土境遇、个体体验、流行形式和易触媒介。这六要素在实际运行中会涉及一些相互对立要素的冲突与调解问题：首先是他者眼光往往与本国内政之需之间存在的纠结，其次是普遍尺度与本土境遇之间应寻求相互匹配或交融，再次是个体体验也应能找到通行形式去表达，最后是只有易触媒介才可能成为外国公众的可感媒介。

[关键词] 中国好故事的六要素；中国故事的文化软实力；他者眼光；普遍尺度；流行形式；易触媒介

什么样的中国故事才是好故事？或者说，中国故事的文化软实力

---

[1] 王一川，北京师范大学文艺学研究中心研究员、文学院教授。

应当怎样真正体现出来？这诚然已成为近年来诸多媒体争相谈论的热门话题之一，但实际上，这些林林总总的谈论却由于在一些基本问题上陷入迷茫或困扰，难免被蒙上一层朦胧的雾纱。其突出的表现之一在于，一些人误以为，我们当前正处在一个伟大的时代，而伟大的时代是会自动产生中国好故事或中华好故事的；与此相连，同时误会也产生了，仿佛只要敢讲中国故事，就能讲出富有文化软实力的中国好故事。且不说我们很难把自己所身处其中并参与建设的时代自封为伟大到会自动产生好故事的时代（还是留待后人及外人去评价或更客观或更中立也更有底气些），单说中国故事是否讲得好以及是否具有文化软实力，就不是单凭我们中国人自己单方面能够证明的，因为，一国的文化软实力首要的而且重要的是针对外国公众或居民而言，在他们身上发挥效应以及由他们去评头论足的，尽管同时也可以纳入本国公众的视角及其价值观。因此，中国故事的文化软实力究竟如何，主要是来自外部他者的评价而非单纯的自我评价，否则，就只能是关起门来自说自话了，还何必要去奢谈中国故事的文化软实力或中国好故事呢？

其实，只要稍稍沉静下来一想，中国故事的文化软实力或中国好故事，这两种表述其实是指同一件东西，也就是怎样才能把中国故事讲好从而让其释放文化软实力，这其中自然会涉及不少方面，但显然会包括中国好故事的标准问题。怎样才算讲好中国故事或怎样才算中国好故事，这里面必然涉及中国好故事的价值判断标尺及其深层依据。由此，围绕中国好故事这一话题本身，必然会有一些基本常识层面的设定。这些基本常识层面的设定，也就是与中国好故事的标准、尺度或指标相关的东西，原本可以在词语逻辑上使得中国好故事的那些制衡或影响要素明确起来的，但由于人们对中国好故事的谈论是如此急切，以致引发的误会已越来越深，如今的申说反倒变成了恍若新提出的设定了。这种有关中国好故事的标准或制衡要素的申说，是一件迫不得已的事,并非多余,假如要避免误会局面愈加严峻的话,下面不妨就我眼中的真正中国好故事的标准谈点初步意见,主要想到的是六要素(当然不限于此)。

一、他者眼光

谈起中国好故事的标准或中国故事的文化软实力的那些制衡要素,首先应当提到的就是他者之眼,也就是来自外部他者的目光或视角。这是因为,文化软实力这一概念本身首要的和主要的是针对外部他者而言的。首创"软实力"概念的约瑟夫·奈(Joseph S. Nye, Jr., 1937—)对"软实力"下了如下定义:"软实力是通过吸引而非强迫或收买的手段来达己所愿的能力,它源于一个国家的文化、政治观念和政策的吸引力。如果我国的政策在他人看来是合理的,我们的软实力就自然得以增强。"[1]在这里,"软实力"主要就是针对"他人"而非本国公民或居民来说的,也就是把软实力归结为一个国家由文化、政治观念和政策的"吸引力"而在"他人"也即国际社会产生的感染效果。这意味着,与"硬实力"(经济、军事)通常依靠直接的"施压"惩罚或收买而迫使他国非自愿的接受不同,"软实力"通常是依靠间接的"吸引"而得到他国的自愿认同。"软实力"作为国家综合国力的重要组成部分,特指一国依靠文化价值的感召力、政治制度的吸引力和政府政策的合理性等释放出来的柔性影响力,它会潜移默化而又深刻地影响他国人民对一个国家、民族或族群的整体看法。这样,他者(他性或他者性,otherness)在这里既可以是指他人,也可以是指他国,总之是指本国之外的外部其他人群、族群或国度。

这样看,讲好中国故事并让其向外部他者释放出文化软实力,首

---

[1] [美]约瑟夫·奈:《软力量——世界政坛成功之道》,吴晓辉、钱程译,北京,东方出版社,2005年,前言第2页。文中"软力量"一律改译"软实力"。

要的和主要的是要讲故事者自觉预设一种他者眼光或他者之眼,由此自觉视角去旁观地回看本土自我状况。关起门来说,讲好中国故事是容易的,但中国故事要真正让外来他者理解并信服,可就难上加难了,但也只有预设一种他者眼光,讲中国故事的我们才能更清楚地旁观中国本土自我的状况,特别是自己的欠缺、短处或弊端,以及外部他者的特定需要。尽管这种预设本身也只能是一种自我的主观想象,根本不能等同于外部他者的眼光或看法本身,但毕竟已经开始拥有了一种必要的旁观意识和自反意识了。

拥有他者眼光,这一标准其实并不低。回想20世纪80年代后期至90年代初,第五代导演们在《黄土地》和《红高粱》先后获奖后,又陆续以《孩子王》《边走边唱》《菊豆》《大红灯笼高高挂》等影片企图冲击奥斯卡奖等更高奖项,但没想到接连遇挫。那批中国编导是其时少见的拥有他者眼光的中国艺术家,他们满心希望中国艺术"走向世界",但他们的深刻教训在于,那时的他们更多地满足于西方电影大奖的青睐,而自身忽略了对中国故事的深刻及有力的讲述。

二、普遍尺度

与他者眼光紧密关联着的要素,正是普遍尺度(或世界性价值理念),具体地说,是依照人类普遍性原则而生成的价值标尺。所谓人类普遍性,当然也只是一种假定,是按照人性的普遍标准去假设的价值理念。尽管每个族群及其时代总有自身的时代精神、民族精神或族群状况,但毕竟还是可以在特定时代找到一种可以跨越各种族群特殊性(族群、宗教、政治等)的、出于人类良知及理性的共同标准,如公平、正义、真理、公道、自由、人权、共同美等等。罗尔斯《正义论》指出:"正义是社会制度的首要价值,正像真理是思想的首要价值一样。一种理论,无论它多么精致和简洁,只要它不真实,就必须加以拒绝或修正;

同样，某些法律制度，不管它们如何有效率和有条理，只要它们不正义，就必须加以改造或者废除。每个人都拥有一套基于正义的不可侵犯性，这种不可侵犯性即使以社会整体的利益之名也不能逾越……作为人类活动的首要价值，真理和正义是绝不妥协的。"[1]这里明确地把正义和真理分别列为社会制度和思想的首要价值，实际上也就是当今人类的普遍尺度。麦金太尔认为："正义是给每个人——包括给予者本人，应得的本分。"[2]穆勒提出了与"正义"相关的"公道"与"不公道"概念："人公认每个人得到他应得的东西为公道，也公认每个人得到他不应得到的福利或遭受他不应得的祸害为不公道。"[3]

如果说，他者眼光让讲故事者懂得借助外来他者之镜去返身映照自我形象，那么，普遍尺度则让讲故事者懂得自我或本族群是归属于一个远比本族群更大的族群共同体——全人类的。既然都归属于全人类这个群体，那就应当拥有一把同样的价值尺度，并且用它去规范或制约各自的言行，规定各自的生活状况。在费孝通有关"各美其美，美人之美，美美与共，天下大同"的16字箴言中，假如说只有开头的四字"各美其美"是指维护本族群的特殊价值，那么，其后12字则正是指向了跨越本土特殊性的普遍尺度。

故事片《那山 那人 那狗》当年在国内与日本遭遇巨大反差，应当是一个有意思的例子。该片在国内遇冷，却在邻国日本受到意料之外的好评，甚至被评为该国2001年度十大外语片之一，这可能是由于碰巧投合了日本公众的家庭认同危机化解需要。本来有着叛逆性格的儿子在历经了一整天的乡邮员路程后，最终对父亲所代表的传统价值

---

[1] [美]约翰·罗尔斯：《正义论》，何怀宏、何包钢、廖申白译，北京，中国社会科学出版社，1988年，第1、2页。

[2] [美]阿拉斯代尔·麦金太尔：《德性之后》，龚群等译，北京，中国社会科学出版社，1995年，第314页。

[3] [美]约翰·穆勒：《功利主义》，徐大建译，北京，商务印书馆，2015年，第48页。

理念表示认同，这样的家庭矛盾及其化解历程中想必蕴含着某种跨国或跨民族的普遍尺度。

三、本土境遇

作为具有文化软实力的中国故事，理所当然地应当呈现中国本土的情怀。诚然，一个外国人无论其是否来过中国，也都应当具备讲述中国故事的当然资格——假如他确实想讲的话，正像中国人想讲述自己的故事一样。因为，就艺术领域而言，即便是虚构一个有关中国的非真实的想象性故事，也是完全可以的。《阿凡达》中就出现了发生在潘多拉星球上的故事，尽管编导们谁也没去过那个仅仅是虚构的地方，但是，毕竟就我们正在讨论的中国故事的文化软实力问题而言，它主要说的就是我们中国人自己面向外国人所讲述的中国故事应当如何呈现或提升中国文化软实力，这样一来，这种中国叙事就必然应当从中国本土族群状况出发，呈现本土族群的生存状况，也就是体现本土境遇。

尽管我们需要拥有他者眼光和普遍尺度，但它们都必须沉落到中国本土境遇之中，具体呈现为中国族群自身的特定生存状况，如中国人自己的柴米油盐茶、喜怒哀乐、悲欢离合、穷达贵贱等生存状况。钱穆在《中国历代政治得失》中指出："政治制度是现实的，每一制度，必须针对现实，时时刻刻求其能变动适应。任何制度，断无二三十年而不变的，更无二三百年而不变的。但无论如何变，一项制度背后的本原精神所在，即此制度之用意的主要处则仍可不变。"[1]他虽然谈的是中国，但同样适合于各国。不仅政治制度要针对现实，而且艺术更是需要从现实中汲取源泉。各国艺术或故事的创造总是植根于该国族群的生存境遇之中，其国情、民情、族情或社情等成为故事讲述的主要

---

[1] 钱穆：《中国历代政治得失》，北京，生活·读书·新知三联书店，2001年，第53页。

题材。上面提及的《那山 那人 那狗》之所以受到日本公众欢迎,还是与其对当代中国人的本土体验的逼真表现有关,否则难以对日本公众产生强烈的情感冲击力和典范感召力。

四、个体体验

无论上述他者眼光、普遍尺度和本土境遇等要素如何在中国故事的文化软实力问题域中发挥作用,但有一点是可以肯定的,就是这种个体体验是整个中国故事的文化软实力问题域中的焦点性要素,甚至就是其唯一的焦点。作为唯一的焦点要素,其他各个要素都需要通过它而发挥作用,这一点对艺术来说尤其重要:具有文化软实力的中国故事,应当是从中国艺术家的个体体验基点上生发出来的故事,无论是虚构性故事还是非虚构性故事,它们都应当来自艺术家深切的个体生存体验。钟嵘《诗品序》早就说过:"若乃春风春鸟,秋月秋蝉,夏云暑雨,冬月祁寒,斯四候之感诸诗者也。嘉会寄诗以亲,离群托诗以怨。至于楚臣去境,汉妾辞宫;或骨横朔野,魂逐飞蓬;或负戈外戍,杀气雄边;塞客衣单,孀闺泪尽;或士有解佩出朝,一去忘返;女有扬娥入宠,再盼倾国。凡斯种种,感荡心灵,非陈诗何以展其义?非长歌何以骋其情?故曰:'《诗》,可以群,可以怨。'使穷贱易安,幽居靡闷,莫尚于诗矣。"[1]这里论述了自然界的"四候之感"、人间的"嘉会"与"离群"以及政治上的"楚臣去境,汉妾辞宫……"等人生境遇,正是它们会在艺术家个体心灵上投下深刻的烙印。"凡斯种种,感荡心灵",说的正是这种种人生境遇"感荡心灵",激发了诗人的个体体验,从而产生"非陈诗何以展其义?非长歌何以骋其情"的创作动机。假如没有这"感荡心灵"的过程发生,中国故事就会缺乏真正动人心魄的深厚力量,

---

[1] 钟嵘:《诗品》,据徐达译注《诗品全译》,贵阳,贵州人民出版社,1992年,第12页。

遑论面向外国居民去呈现潜移默化的"文化软实力"了!

这里当然需要妥善处理个体生存体验的独特性与人类生存状况的普遍性的关系问题。西美尔(Georg Simmel,1858—1918)指出:"一方面,对普遍性的追求会对我们有所引导,另一方面,我们也需要抓住特殊性;普遍性为我们的精神带来安宁,而特殊性带来动感。……我们寻求专注于人和事的平静,也寻求旺盛的自我表现引起的斗争。"[1]确实,与普遍性追求产生共通感、带来精神安宁等相比,独特的个体体验更容易带来"动感",让人体验到"旺盛的自我表现引起的斗争"。其实,人类普遍性总是需要沉落到个体独特性上面的,并且通过后者得到具体呈现。

当前中国故事之所以欠缺文化软实力,原因很多,但缺乏深刻的个体体验当是其中之一。

五、流行形式

但似乎具有矛盾性的一点在于,当你尝试面向外国居民讲述中国故事时,他们的喜好才会成为你的中国故事所据以产生影响力或吸引力的通道,或者反之就成为障碍了。左右这一点的正是特定时期的流行形式或全球性流行形式,也就是被称为时尚或全球时尚风的那些仅仅在特定时期短暂地流行而发生不断变换的时髦样式、类型或形式。对在特定时期发生流行性影响力的"时尚",哲学家西美尔是这样加以界定的:"时尚是既定模式的模仿,它满足了社会调适的需要;它把个人引向每个人都在行进的道路上,它提供一种把个人行为变成样板的普遍性规则,但同时它又满足了对差异性、变化、个性化的要求。"[2]西美尔在这里强调的是时尚的二重性特征:既通过其模仿性特征而拉动

---

[1] [德]齐奥尔特·西美尔:《时尚的哲学》,费勇、吴𧉧译,北京,文化艺术出版社,2001年,第70页。
[2] 同上书,第72页。

各国、各民族或各族群的趋同性潮流,又透过其差异性特征而强化不同社会阶层、阶级、群体等之间的区分功能,这样一来,时尚就成为在特定时期内由少数人率先尝试而后引发公众普遍崇尚和仿效但又终究难以企及的生活样式,包括艺术、时装、流行文化、亚文化等。西美尔清楚地看到:"较低的社会阶层总是向着较高的社会阶层看齐,他们在那些服从时尚兴致的领域很少遇到抵抗。"[1]尽管较低阶层倾心接受时尚的引领,但一旦他们即将跟上旧时尚的步伐时,新的时尚潮又已经掀开新一轮的冲击波了,从而清晰地显示出较低阶层与较高阶层之间的区隔,而这种区隔在时尚领域对社会群体、民族或国家的区隔而言也仍然是有效的。

由于如此,当前要想真正讲述中国好故事,就意味着在艺术创作或营销中应注意或多或少地适应或采纳一些全球流行形式,也就是顺应全球时尚风,从而为外国居民的理解和接受提供便利条件。例如,参考风靡全球的漫画、动画等样式,以及影片《泰坦尼克号》《阿凡达》等引发的时尚潮,就有可能找到外国居民理解中国故事的便利通道。反之,假如固执地坚持中国人自己的喜好而不顾外国人的喜好,那就可能还是关起门来自说自话而已,谈不上中国故事的文化软实力。当然,正如西美尔早就揭示的二重性特征一样,采用流行形式也会是一种甘冒风险之举:既可能更加贴近外国公众的趣味,也可能让其更加清晰地见出中国故事的区隔之所在。

六、易触媒介

与流行形式紧密联系的一种要素在于,易触媒介或媒介的易触性往往是外国公众得以喜好的基础。媒介,在这里是艺术媒介的简称,

---

[1] [德]齐奥尔特·西美尔:《时尚的哲学》,费勇、吴䕌译,北京,文化艺术出版社,2001年,第74页。

是指艺术品所赖以传播的语言符号或媒体渠道。要想向外国公众传播中国好故事，当然需要运用他们容易接触到的语言符号或媒体渠道，否则，假如用他们难以接触到的语言符号或媒体渠道，那中国好故事的软实力就难以发挥作用了。这意味着，只有易触媒介才可能会让更多的外国公众较为容易地接触到中国故事，而不是被令人望而生畏的媒介拒之于门外。

中国文学多年来之所以"走向世界"屡屡遇挫，这同汉语媒介的独特性及难于学习和掌握之间是关联甚深的。外国公众往往只是当汉语文学作品被翻译成外语后才能理解，但矛盾的是，汉语文学作品一旦被译成外语，其汉语形象的独特之美则往往被大打折扣。诺贝尔文学奖直到2012年才被授予中国作家莫言，其阻碍之一无疑在于汉语本身的非易触性。与中国文学获得世界性文学奖的承认总是遭遇语言媒介的阻碍相比，或许中国电影、电视、艺术、美术、设计、音乐、舞蹈、戏剧等媒介的易触性会高一些。《黄土地》《红高粱》《霸王别姬》《英雄》等影片，谭盾、叶小钢、陈其钢等的音乐，《千手观音》等舞蹈，能够受到外国普通公众、文化人或专家不同程度的赞誉或接受，特别是王澍获2012年度普利兹克建筑奖，表明中国故事在当前是可能找到合适的易触媒介去加以传播的。

七、理解中国好故事的诸种标准

上面逐一讨论了中国好故事的六条标准或六要素，也就是中国故事的文化软实力的六点制衡要素（当然不止这些）。其实，严格来说，这些要素从来就不是单独起作用的，而是在实际中相互交融、相互渗透在一起，共同起作用。

同时，还应当看到，这些标准在实际运行中往往涉及一些相互对立要素的冲突与调解问题，对此，这里不妨做简要讨论。首先，他者眼光往往与本国内政之需存在着复杂的纠结，这可能是左右当前中国好故事深入外国公众的一个重要障碍。提出讲述中国好故事并急切地要在外国公众中产生影响力的，当然是我们中国人自己，如此，必然会出现我们讲述中国好故事的动机与外国公众听取中国好故事的意向之间是否协调的问题。我们想讲的那些中国故事，往往是出于我们的内政之需而自我设定的，带有显著的内部凝聚意向，也就是以内凝为主；而另一方面，外国公众想听的中国故事，才有可能会对他们产生某种外部吸引力，体现中国好故事的外吸效应。于是，我们想讲的中国故事与外国人想听的中国故事之间，就会存在内凝与外吸之间的矛盾。如果我们真的重视中国故事的文化软实力，那么，就应选择并坚持外吸效应优先于内凝效应的原则，也就是外吸优于内凝，尽管理想的效应是内凝与外吸的统一。换言之，完整的表述可能应当是，遵循在内凝与外吸的统一中外吸优于内凝的原则，这样才有助于促使我们的中国故事讲述人（或团队）努力讲出外国人想听和爱听的中国好故事。其次，普遍尺度与本土境遇之间只是看起来相互对立，但实际上应寻求相互匹配或交融，因为，本土族群生存也可能蕴含或凸显出人类公理。再次，具有独特性的个体体验也应能找到通行形式去表达，因为流行的起初也可能是个性的，只是到流行之后才逐渐被新的时尚所取代。最后，在媒介接触的难易问题上，毕竟只有那些易触的媒介才可能成为外国公众可感的媒介。

　　了解了上述各方面，才有可能对中国故事的文化软实力问题产生清醒的理性认识，并进而形成真正的中国好故事的创作、生产及传播等筹划。否则，如果单纯按我们中国人自己的需要、眼光、尺度及好恶等去创造，那就可能只是对自我"内需"产生某种效果，甚至只能是起到自我安慰作用，而难以真正对外国公众释放出期待的文化软实力了。

现代、古典与经典

——青春版《牡丹亭》之传播美学

胡鹏林[1]

[摘　要] 白先勇策划的青春版《牡丹亭》自 2004 年首演以来，在国内外掀起了昆曲欣赏与研究的热潮，成为新世纪最重要的文化现象之一。十年之间，青春版《牡丹亭》在国内外上演了 200 余场，观众达到 30 余万人，在媒体、高校、戏剧界、学术界等领域得到了广泛传播，还传播到美国、英国、希腊、新加坡等国家，成为继梅兰芳之后最盛大的中国戏曲事件。回顾十年的传播史，我们可以从中析出"青春""现代""古典""经典"等核心词汇，重新审视青春版《牡丹亭》的美学特征和传播方式。策划人白先勇、导演汪世瑜以及诸多学者都认为青春版《牡丹亭》是古典与现代的融合，但我认为在艺术层面是"古典的回归"，只不过运用了青春的表象方式、现代的呈现方式和传播方式，最终实现了"经典的复原"。

[关键词] 青春版《牡丹亭》；青春表象；现代传播；古典回

---

[1] 胡鹏林，深圳大学文化产业研究院副教授。

归;经典复原

一、青春的表象

在中国戏曲史上,《牡丹亭》经历了三次高峰期,即汤显祖时期、梅兰芳时期、青春版时期。青春版虽然诞生仅十年,却赢得了与汤显祖版、梅兰芳版齐名的无上荣光,在海内外引起了巨大反响。中国戏曲以演员为中心,往往在剧目前面添加"名角"的名号来吸引观众,但青春版的《牡丹亭》既不直接打上白先勇的名号,也不以昆曲艺术家张继青、汪世瑜来吸引昆曲戏迷,更不以两位年轻主演沈丰英、俞玖林来"以角儿带戏",而是以"青春"来打响招牌,制作者有其艺术目的,学者有各自的艺术阐释,而我认为青春只是表象,实质在于传承。

制作者的艺术目的在于凸显《牡丹亭》中的爱情元素和青春意识,引起青年观众的关注,进而让年轻人走进戏院欣赏这种古老的艺术。2003 年,白先勇在制作《牡丹亭》之前,就确立了"青春"构想的四层含义:"第一,《牡丹亭》名剧本身就是歌颂青春歌颂爱情的;第二,起用青春俊美的青年演员来演出,这不仅与培养昆曲的接班人有关,而且与解决兴亡救绝的传承危机也密切关联;第三,从观众学的角度着眼,借'青春版'的号召力吸引并培植大量的青年观众,向校园进军,走向大学,再争取走向世界;第四,归根结底是为了振衰起疲,打开昆曲市场,推动古老的昆曲剧艺恢复青春活力,希望昆曲能永葆青春。"[1] 可见制作团队一开始就确立了青春爱情的主题、青春靓丽的演员、青春年少的观众、青春活力的市场,所有这些与青春相关的方面,其实与昆曲艺术本身并无直接关系,这些都是外在于艺术的表象,亦

---

[1] 吴新雷:《当今昆曲艺术的传承与发展——从"苏昆"青春版〈牡丹亭〉到"上昆"全景式〈长生殿〉》,《文艺研究》2009 年第 6 期。

即,制作者团队打出"青春"招牌,并非是真正的艺术问题,而是艺术的表象;这些表象虽然能够吸引青年观众进入戏院,使昆曲焕发一时的青春活力,但表象始终只是一种手段、方式,制作者以表象来包装艺术,或许也是出于一种无奈的选择。

学者们针对青春版《牡丹亭》获得的热烈反响,进一步阐释了这种青春营销的文化价值。[1]他们的论述延续了制作者的初衷,也契合了昆曲艺术的现实处境,但从视觉观感、社会心理、审美趣味、文化认同等方面,确立了一种青春营销的思路,把醇厚浓郁的古典艺术通过青春的表象方式稀释成年轻人愿意接受的消费文化,这对昆曲本身而言,强化了其文化价值,淡化了其艺术价值。昆曲自古就是文人艺术,尤其是《牡丹亭》这种昆曲精品,在唱词、唱腔、程式、写意等方面都表现出极强的文人色彩和高雅属性,如果我们无视这种艺术的独特性,强行通过某种方式稀释成消费文化,年轻观众虽然接触了青春的表象,却无法触及昆曲的唱词、唱腔、程式、写意等艺术核心。这种做法只会让昆曲获得短暂的表象关注,而昆曲的艺术核心则被无意地遮蔽了,变成了一种高雅的消费文化而已。

除了青春版之外,《牡丹亭》在海外传播的还有多个版本。20世纪80年代,张继青就把《牡丹亭》带到了意大利、德国、日本、法国、西班牙等国家,受到当地戏剧观众的热烈欢迎。[2]1989年,昆曲皇后华文漪旅居美国,参与了美国戏剧界的相关活动,美国导演和学者接触并宣传了《牡丹亭》等昆曲剧目;1997年,华文漪还获得了美国艺术捐赠基金会授予的文化遗产会员称号,参加了白宫颁奖典礼。可见,当代欧美戏剧界早就知悉《牡丹亭》,青春版能引起如此巨大的反响,

---

[1] 朱栋霖:《论青春版〈牡丹亭〉现象》,《文学评论》2006年第6期;邹红:《在古典和现代之间——青春版昆曲〈牡丹亭〉的诠释》,《文艺研究》2005年第11期;邹红:《曲高未必和寡 源远还须流长——昆曲青春版〈牡丹亭〉高校巡演之意义》,《北京师范大学学报》2008年第6期。

[2] 王燕飞:《〈牡丹亭〉的传播研究》,上海戏剧学院博士论文,叶长海指导,2005年,第157、158页。

并非首创之功，而是另有缘故。

《牡丹亭》近年来还有四个版本：1998年美籍导演彼得·塞勒斯（Peter Sellars）导演的歌剧版《牡丹亭》、1999年美籍华人陈士争导演的传奇版《牡丹亭》、2000年美国导演Kuang-Yu和Stephen Kaplin导演的玩偶版《牡丹亭》、2008年坂东玉三郎与苏州昆剧院联合演出的中日版《牡丹亭》。与这四个版本相比较，青春版的独特性不在于青春，恰恰在于古典，返回到一种古典的、纯正的昆曲艺术，如白先勇所讲的"正宗、正统、正派"。[1]青春版在海外的传播，除了在大学演出以吸引年轻观众之外——文化价值的内涵更大，并没有体现出独特的艺术价值，因此，白先勇说："我认为这是一件重大的文化工程，如果21世纪中国可能会发生'文艺复兴'运动，这些大学生将是先行者，替他们做文化补课是当务之急。"[2]由此可见，青春版透视的不是艺术本身，而是文化本身的价值。其文化价值在于，让这种文化遗产走近年轻人，通过年轻人来传承这种古典艺术，传承才是核心。

在这里，制作者们预设了一个前提，即昆曲是一种具有十足魅力的艺术形式，只是没有年轻观众进入戏院观看；因此，他们需要做的不仅仅是改革昆曲，也要考虑如何吸引年轻观众去戏院观看昆曲表演。"青春"就是他们策划出来的一种表象方式，通过这种表象方式来吸引本已习惯电影、电视、流行音乐等新兴文艺形式的年轻人，让他们关注这种纯美的古典艺术形式，并且希望他们能够在新兴艺术形式的夹缝中，给这种古典艺术留下一点生存空间。可见，这种青春的表象方式，跟昆曲艺术本身无关，也就是说，昆曲无所谓是否"青春"，而是通过这种方式来达成一种复兴文化艺术的战略目的，其核心就是传承，通过年轻人来传承，以此解决演员老化、观众老化、市场萎缩等问题。因此，与其说这是一个艺术问题，不如当作一个文化问题，我们要做的是重

---

[1] 吴新雷、白先勇：《中国和美国：全球化时代昆曲的发展》，《文艺研究》2007年第3期。
[2] 白先勇：《英伦牡丹开——青春版〈牡丹亭〉欧洲巡演纪实》，《南方周末》2008年8月28日。

新审视文化断裂,尝试进行文化修复,通过文化工程进行文艺复兴。

2009年以来,在白先勇的主导下,北京大学在某公司赞助下实施了昆曲传承计划,这显然是延续青春的表象方式。这个传承计划针对的主要是北京大学及附近高校学生,讲课人主要是昆曲表演者与研究者,他们通过现场表演及理论讲述,让青年学生领略昆曲之古雅纯美,以及传统文化之博大精深。青年学生既非戏迷,也非专业人士,但是通过对青年学生进行艺术教育,通过文化传播的方式进行文化修复,传承昆曲及其背后的中国传统文化,这才是"青春"的最大价值。

二、现代的传播

青春版《牡丹亭》确有现代元素,其现代元素是指现代的呈现方式和现代的传播方式,但古典艺术特性才是此剧的核心,是其艺术价值的终极体现,这两种现代元素只是帮助这种古典艺术实现其艺术价值的方式。方式可以随时代变化而变化,但昆曲艺术的核心价值却是永恒的,如果过度彰显这两种现代元素,则是舍本逐末的做法。因此,笼统地贴上古典与现代相融合的标签,显然是不合适的,古典和现代在这里不具有同等地位,也不能简单地融合,更应该确立昆曲艺术古典美学特性的核心地位,然后再来探讨两种现代元素的辅助作用,这种辅助作用只不过契合了当前社会现实,所以得到了导演、演员、学者们的普遍重视。

其中现代的传播方式主要涉及传播主体、传播内容、传播途径、传播对象、传播效果等要素,这五个要素共同构成了现代传播体系。

传播主体就是传播者,包括策划者、导演、演员以及幕后工作人员,这是现代传播体系中的核心。白先勇是此剧传播主体的主导者,钟爱昆曲和名人效应是他作为主导者最为重要的两个因素。白先勇钟爱昆曲是由来已久的,1945年观看了梅兰芳、俞振飞、言慧珠在上海美琪大戏院表演的《游园惊梦》，留下了懵懂的原初记忆；1966年创作小说《游园惊梦》，以昆曲蓝田玉的故事来表达对昆曲的怀念；1982年将《游园惊梦》制作成舞台剧，将昆曲和平剧的元素运用于话剧表演；1983年第一次制作昆曲《牡丹亭》，但只演了"闺塾""惊梦"两折；1987年在上海观看了蔡正仁的昆曲《长生殿》，随后在南京观看了张继青的昆曲《游园惊梦》，感慨之余萌生了振兴昆曲的信念；1992年第二次制作昆曲《牡丹亭》，力邀上海昆剧团华文漪担纲，表演了两个半小时的简本；2001年昆曲被联合国教科文组织认定为"人类口述与非物质遗产"，2002年白先勇就下定决心第三次制作青春版《牡丹亭》，经过两年的精心排演，于2004年实现首演。叶朗把白先勇这种对昆曲的钟爱称为"欲罢不能"，[1]正是这种对昆曲艺术的独特情感使白先勇甘当昆曲义工，数十年来一直通过制作昆曲、讲授昆曲等方式进行昆曲的文化传播工作。

名人效应是白先勇成为此剧传播主导者的另一个重要因素，不仅拓宽了传播途径，吸引了传播对象的关注，还强化了传播效果。如傅谨所言："在我看来，与其说这是艺术领域的一个成功个案，还不如说它是传播学领域的一个成功个案。青春版《牡丹亭》既有赖于昆曲艺术和《牡丹亭》原著的精美，同时附加了白先勇先生的个人声望，又恰遇传统艺术逐渐复苏的特殊契机，风云际会，共同造就了这个传奇。"[2]当白先勇与青春版《牡丹亭》粘连在一起之后，白先勇作为台湾著名小说家、作为白崇禧的儿子，充分利用个人名气调动人们对"白先勇"这个符号的好奇与兴趣，然后把这种好奇和兴趣引导到青春版《牡丹亭》上去；当青春版《牡丹亭》掀起昆曲热潮而成名之后，反过来又抬高了白先勇的个人声望，传播主题与传播内容之间互相促进，最终超出

---

[1] 叶朗：《属于我们的〈牡丹亭〉——在青春版〈牡丹亭〉200场庆演新闻发布会上的致辞》，http://www.icipku.org/news/2011/11/14/1203.html。
[2] 傅谨：《青春版〈牡丹亭〉的成功之道》，《文艺争鸣》2013年第7期。

昆曲艺术本身，成为具有广泛影响的文化现象。

除了白先勇之外，传播主体还包括导演汪世瑜，他本身就是著名昆曲表演艺术家，深知昆曲艺术的独特性，因而并不以现代导演制为中心，而是以演员为中心，传播的不是导演的思想，而是演员的表演；两位年轻演员沈丰英、俞玖林，得到张继青、汪世瑜的精心调教，成为独立的传播主体，展现的是一招一式、一颦一笑、一腔一调，这才是最终到达传播对象的核心内容；幕后工作人员是一群独具创意思维的艺术家，包括美术设计王童、舞台设计林克华、舞蹈设计吴素君、书法设计董阳孜，他们原本就是各个领域的领头人，融汇于青春版《牡丹亭》之后，通过艺术设计与包装的方式更加完美地展现了昆曲的独特艺术魅力。

传播内容就是这部戏曲及其展现的昆曲之美，并无独特之处，上文现代的呈现和下文古典的回归也都在探讨传播内容方面的问题，此处不再赘述。

传播对象是预设的，目的性极强，此剧的传播对象是青年观众和外国观众。白先勇多次重申此剧的目的："其一是培养了大批年轻观众，青春版《牡丹亭》曾巡回20多所著名大学，有10万名以上的大学生曾观赏过这出戏，绝大部分是头一次接触昆曲，这些青年学子借这个机会重新认识、发现中国传统文化之美，这对正在成长中的年轻人在文化认同上将产生长远影响……其二是将青春版《牡丹亭》推向国际，让外国观众认识中国昆曲，对中国戏曲甚至中国传统文化有新的评价。"[1] 导演汪世瑜在总结成功经验时，[2] 也十分推崇白先勇这种观众意识和市场意识。可见，制作者预设这两种传播对象，其目的并不在于经济效益，而在于文化价值：让中国青年观众发现昆曲之美，产生对

---

[1] 白先勇：《英伦牡丹开——青春版〈牡丹亭〉欧洲巡演纪实》，《南方周末》2008年8月28日。
[2] 汪世瑜：《演出成功后的思考》，郑培凯主编：《普天下有情谁似咱——汪世瑜谈青春版〈牡丹亭〉的创作》，北京，北京大学出版社，2013年，第197页。

中国传统文化的认同感,进而达到让年轻人传承中国传统文化的目的,让传统文化屹立于中国当代文化界;让外国观众认识以昆曲为代表的中国戏曲,让中国戏曲回归到世界艺术史的应有位置,让中国传统文化屹立于世界当代文化界。制作者清醒地意识到,要实现这两种宏愿,必须依靠青年观众和外国观众;从最终传播效果来看,这两种传播对象的预设是合理的,其目的也得到了初步实现。

传播途径就是传播内容到达传播对象的渠道,此剧的现代传播途径包括电视、报纸、期刊、网络、新闻发布会、庆祝夜宴会、演员与观众见面会、昆曲艺术讲座、学术研讨会与出版活动等方式。以学术研讨会和出版活动为例,2004年台湾"中央研究院"文哲所与台湾大学文学院在首演之前联合主办了"汤显祖与《牡丹亭》国际学术研讨会",2005年由苏州大学发起,北京大学、南京大学等高校参与的"青春版《牡丹亭》研讨会",2006年由中国艺术研究院发起的"昆曲青春版《牡丹亭》文化现象研讨会",2007年由香港大学昆曲研究发展中心发起的"面对世界——昆曲与《牡丹亭》国际学术研讨会",等等。白先勇、郑培凯等人选辑了相关文章,先后出版了《姹紫嫣红牡丹亭:四百年青春之梦》《牡丹还魂》《曲高和寡》《圆梦:白先勇与青春版〈牡丹亭〉》《普天下有情谁似咱——汪世瑜谈青春版〈牡丹亭〉的创作》等。学术研讨会和出版活动相对于电视、报刊、网络等大众传播方式而言,是一种更为学术化的小众传播,更能得到高校学者和学生的认可。

再以2006年赴美演出为例,白先勇在演出之前去美国相关地区的华人社区办讲座,为侨胞导读,加州大学伯克利分校开设了昆曲公选课,还在尔湾和洛杉矶地区举办演员和观众见面会,哥伦比亚广播公司播放了录像及新闻,《纽约时报》《旧金山纪事报》和《洛杉矶时报》等主流报纸也刊登新闻,其他新闻媒体也纷纷报道。美国戏剧评论家史蒂芬·韦恩说:"1930年,梅兰芳剧团把京剧带到了美国;2006年,苏州昆剧院青春版《牡丹亭》团队又把昆曲带到了美国。这次昆曲在美国的轰动,以及昆曲美学对美国文化界的冲击,是1930年梅兰芳访美以来规模最大和影响最大的一回。"[1]白先勇及其团队利用各种传播途径进行全方位的文化传播,最终把在美国表演青春版《牡丹亭》这一普通的艺术事件演变为面向世界的文化事件,不仅展示了昆曲本身的艺术魅力,还奠定了中国传统文化的地位,促进了中西文化交流。

传播效果是检验现代传播是否成功的最后环节,青春版《牡丹亭》传播到国内大部分地区和高校,传播到美国、英国、希腊、新加坡等国,最终演出了200余场,吸引了30多万名观众,从传播效果上来讲,无疑是十分成功的艺术传播案例。此外,两位主演获得戏曲表演最高奖"梅花奖",学术界不断召开研讨会,每年发表百余篇相关学术论文,甚至带动了昆曲表演市场的回暖,推动了国家实施昆曲艺术抢救、保护和扶持工程,这些都是青春版《牡丹亭》传播效果的体现。甚至可以说,当年一出《十五贯》救活了昆曲,如今青春版《牡丹亭》复兴了昆曲。

由此可见,上述五个要素中,传播主体和传播途径对整个传播活动起到了至关重要的作用。在现代社会中传播昆曲,昆曲的魅力和演员的表演虽然是最基础的,但如果没有传播主体的推广和传播途径的拓展,作为传播内容的昆曲《牡丹亭》最终还是无法到达传播对象,艺术价值及其文化价值也就无从实现了。诚然,所有的传播活动最终还是要依靠传播内容,就传播内容而言,上文已经谈到其现代的呈现方式,但这始终是外在于艺术的物质形式,其成功的关键还是在于古典的回归。

三、古典的回归

中华人民共和国成立以来,《牡丹亭》上演次数较多,也在专业戏曲领域产生了较大影响,但是并未产生文化效应,其原因在于这种昆

---

[1] 吴新雷、白先勇:《中国和美国:全球化时代昆曲的发展》,《文艺研究》2007年第3期。

曲表演多数还是由"角儿"担纲，观众看戏只是为了看"角儿"，演员和观众都是中老年群体，舞台呈现也沿用老模式，更没有现代的艺术包装和传播方式，唯一值得称道的是继承了古典昆曲艺术的精髓。针对这些表演的利弊，青春版《牡丹亭》以青春的表象方式、现代的呈现方式和现代的传播方式避免了弊端，同时又在戏曲表演方面继承传统，力图回归古典。

白先勇虽然借用青春和现代的方式来强化昆曲传播效果，但在阐述制作目的和过程的时候，依然坚守古典："昆曲是唯美艺术，追求美是我的出发点和归宿，我就是要叫中国的古典美还魂，以美唤醒观众心中的浪漫和憧憬。"[1]在我看来，就是上文所述的青春的表象方式、现代的呈现方式和现代的传播方式，这是借用现代的方式，并非让昆曲艺术现代化；对于昆曲艺术本身而言，则是"古典为体"，这是严格继承昆曲艺术的本体和艺术特性，昆曲的艺术本体和艺术特性是不可能现代化的。多数人误解了青春和现代，以为这就是艺术创新，其实就昆曲艺术本身而言，青春版《牡丹亭》是古典艺术及其古典美的回归，尤其在剧情、唱词、唱腔、程式、服装、舞美等方面严格继承传统、回归古典。

在剧情和唱词方面，制作者坚持只删不改的原则。这种原则针对了以往版本的三种方式，一是全本戏，演完《牡丹亭》五十五出，通常需要表演几天几夜、数十个小时，这显然违背了现代观众的观看习惯；二是折子戏，节选其中几出经典戏，如梅兰芳的《游园惊梦》，这种方式适合戏迷但不适合普通观众；三是改编戏，国内外都有类似的改编戏，但往往改变了剧情、唱词，甚至添加了歌剧、话剧、芭蕾、玩偶等因素，最终变成了后现代的拼贴艺术，已经不再是昆曲了。

青春版《牡丹亭》对汤显祖的原著进行整理而不是改编，从原著

---

[1] 倪晓英采编：《传统文化醉了年轻的心——青春版〈牡丹亭〉大陆首演盛况纪实》，《苏州日报》2004年6月23日。

五十五出戏中精选出二十七出，分为上、中、下三本，每本九出，各出的曲白完全继承原词，只删不改；每本三个小时，每晚一本，分三天演完。三本的主题分别是"梦中情""人鬼情""人间情"，以"情"贯穿始终，遵循了汤显祖创作此剧的原初理念及其情感表达，与数十年以来的现代阐释也完全不同——现代阐述认为汤显祖创作此剧是为了对抗封建礼教、崇尚婚恋自由，但是他所要表达的"至情"观，就是生者可以为之离魂，死者可以为之复生，这是通过古代三魂七魄的传说虚构出来的一曲人间悲喜剧，表达了一种纯真的、超越生死的至情理想，与现代思想中的对抗封建礼教、崇尚婚恋自由全无关系。

在唱腔和程式方面，此剧拜师学艺，继承原谱，以演员的水磨腔演唱、舞蹈表演为中心。白先勇从戏曲学校挑选了沈丰英、俞玖林两位年轻演员，按照传统仪式分别拜张继青、汪世瑜为师，两位"继字辈""世字辈"老师则以师傅带徒弟的古老方式讲戏、教戏，采取这种方式传承古典艺术，遵循了昆曲艺术的独特性，保证了演员在演唱、念白、身段、舞蹈等方面能够严格地继承传统，延续原汁原味的昆曲艺术。这也与现代"导演中心"、思想先行的戏剧观完全不同，观众进戏院看戏并不是去领会导演的理念、戏剧的思想，而是纯粹看戏，戏的中心在于演员的表演，透过表演感受至情、至美，由此回归到"演员至上"的戏曲传统。

在服装和舞美方面，既展现了苏州手绣艺术的精髓，也通过道具、美术、舞台设置等表达了这种古典艺术的抽象写意、以简驭繁的美学原则。青春版《牡丹亭》200余套苏绣服装，在设计、工艺等方面都尽可能与昆曲的舞台意境相匹配。剧中出现的书法、绘画等作品，都是由著名书法家和画家来创作的，把中国真正有价值的古典艺术呈现在舞台上，甚至集合了诗歌、词曲、音乐、舞蹈、书法、绘画等古典艺术于一体。但舞台设置却并不复杂，更不实体呈现，而是避实就虚。这种写意的、虚空的舞台意境，恰恰就是凸显了人的价值，与西方把悲剧当作最崇高的美学原则完全不同，这种以人为中心的小舞台、大世界，肯定了现实人生及其情感表达，是中国古人及现代人共同追求的、最普遍的美学原则，因而《牡丹亭》能够穿越古今，400年以来感动着无数的中国人。

20世纪50年代以来，昆曲经历了诸多波折，艺术理论界一直存在着现代化思维，认为昆曲必须进行思想内容和表现方式的现代化改造，一再批评"老戏老演、老演老戏"，甚至嘲弄老剧目、老演员、老观众的"三老现象"。青春版《牡丹亭》作为在青春和现代的外壳下回归古典的成功案例，对这种现代化思维进行了有力的回击，戏曲界近年来也在深刻反思并转向古典。

四、经典的复原

经典问题在近些年的文学研究领域得到广泛关注，学者们也发表了各自的不同观点，[1]虽然都是围绕现代文学经典化的问题展开，但也对古典戏曲领域的经典问题具有启发意义。

在制作了青春版《牡丹亭》之后，白先勇又尝试制作新版《玉簪记》，"在做《玉簪记》的时候，我们试着把更古典的元素融进去——我们把书法、水墨画、古琴、佛教的造像艺术等这些我们最古典、最了不得的、最抽象的艺术融到昆曲里面，而且，我们还要给这些古典要素一个现代的安排，让这些古典元素具有现代生命。"[2]"对我来讲，昆曲的意义，跟青铜器、秦俑、宋瓷的意义一样，所以每次演出不是演戏，而是一

---

[1] 黄曼君：《中国现代文学经典的诞生与延传》，《中国社会科学》2004年第3期；童庆炳：《文学经典建构诸因素及其关系》，《北京大学学报》2005年第5期；陈太胜：《文学经典与文化研究的身份政治》，《文艺研究》2005年第10期；周宪《经典的解码与编码》，《文学评论》2012年第4期；聂珍钊：《文学经典的阅读、阐释和价值发现》，《文艺研究》2013年第5期。

[2] 陶子采编：《文化复兴的"青春"方式——青春版〈牡丹亭〉访谈录》，《文化纵横》2013年第2期。

种文化的展示。"[1]可见,白先勇依然打着创新和现代的招牌,做着回归古典艺术的传承工作,他把这些各种古典的文化符号集合于一体,做成各种戏曲经典,甚至成为一种文化的展示。这种展示就是经典的复原,就是把昆曲作为一种与青铜器、秦俑、宋瓷等类似的文物来保护和传承。

在我看来,昆曲作为表演艺术,与文物的实物保护完全不同,需要在两个方面进行经典的复原工作:一是复原经典剧目,昆曲艺术是古典艺术,现代社会已经不可能再创造出新的昆曲经典剧目,即使创造出优秀作品,也只是现代戏而已,不可能成为经典,甚至都不是严格意义上的昆曲,因为昆曲就是历史的,就是古典的,我们只能复原传统的经典剧目;二是复原经典表演,昆曲可以成为案头文学,但案头文学绝不是昆曲,昆曲是呈现在舞台上的综合性表演艺术,因此仅仅传承剧目剧本是远远不够的,更重要的是复原昆曲的古典表演形态,这种表演是通过口口相传、言传身教的方式进行传承的,如果盲目地遵从现代教育方式,或者对表演形态进行现代化改造,只会令昆曲表演在现代社会中慢慢消亡,最终失去古典传统和经典表演形态。

此外,白先勇提出现代与古典的融合,只是传承经典的一个策略,虽然也有不少学者提出戏曲必须现代化,还要走出去,[2]但从根本上讲,戏曲现代化只是一个伪命题,这是人为地扩大了古典与现代、中国与西方之间的裂痕,又尝试从文化上缝合这种裂痕的虚假论证。2016年,联合国教科文组织将为世界三大戏剧家莎士比亚、汤显祖和塞万提斯举办逝世400周年纪念活动,或许会对戏曲的古今中外问题有所启发。

---

[1] 白先勇:《〈牡丹亭〉:青春昆曲十年路》,《光明日报》2014年5月19日。
[2] 俞晓窈:《从传统戏曲的现代化入手实现中国戏曲走出去:以昆曲为例》,《艺术百家》2013年第2期。

全球化语境中的文化乡愁与国族认同

——论纪录片《舌尖上的中国》的怀旧叙事

李 宁[1]

[摘 要] 现代化/全球化进程的愈演愈烈,令怀旧不再囿于个体的情感体验,而是上升为一种普遍性的心理状态与生存方式。在这种文化语境中,纪录片《舌尖上的中国》的怀旧叙事呈现出了文化乡愁与国族认同的雅努斯面孔。一方面,《舌尖上的中国》将饮食视为一种文化象征符号,通过人与食物的表层故事展现出更深层次的传统历史文化,体现出全球化语境中弥漫的中国式的、集体性的文化乡愁。另一方面,在《舌尖上的中国》里,怀旧本质上成为一种文化认同的手段,最终以一种想象性的方式参与到国族认同的建构中。

[关键词]《舌尖上的中国》;怀旧叙事;文化乡愁;国族认同

---

[1] 李宁,北京大学艺术学院博士研究生。

2012年,一部电视纪录片《舌尖上的中国》(*A Bite of China*)横空出世,以超乎想象的热度受到人们的追捧。该作品浓厚的文化情怀展现了中国不同区域普通民众的饮食习惯与传统,完成了一次穿梭于历史、现实与人情世故中的美食之旅,也引发了集体性的情感共鸣与文化认同。

对于这部作品的解读,既要通过文本细读来揭示它在叙事机制上的独特之处,更要着力探讨文本与历史语境、现实语境之间的紧密关联。《舌尖上的中国》在讲述中国不同地域诸多鲜活生动的人与食物的故事的同时,以"饮食"为中介来塑造"中国形象",展现出了饮食背后所蕴含的中国传统社会伦理、民族气质与文化精神。而在全球化/现代化的现实语境中,作为一种弗雷德里克·詹姆逊所言的"社会象征行为的叙事",它以对传统文化的由衷怀想,最终指向当下中国愈演愈烈的文化乡愁与国族认同情绪。

一、"存心怀旧"的全球化时代

《舌尖上的中国》对中国传统生活方式、伦理规范与文化精神不厌其烦的展现,使影像洋溢着浓郁的怀旧气息,这种怀旧气息,正是当下全球化与现代性进程的产物。怀旧的冲动是个体生命本身具有的心理机制与情绪机制,而现代化与全球化则像触发器与催化剂,推动着现代社会同传统文化精神、传统行为规范、传统思维模式等挥手作别,也推动着怀旧情绪在现代社会大行其道、肆意蔓延。

许多学者早已认识到怀旧与现代化/全球化之间的密切关联,例如,罗兰·罗伯森就在《全球化:社会理论和全球文化》一书中明确指出,当前社会,"全球化是存心怀旧兴起的首要根源。……作为文化政治(cultural politics)——以及文化的政治(politics of culture)——

的一种形式，存心怀旧成了全球化的一个主要特征"。[1]众所周知，全球化是一个全球一体化的过程，一个不断普遍化的过程，但在这一过程中，全球性与地方性并不单单是前者吞噬后者的关系，"而是在'普遍化'视野的对比和挤压下激发起回瞥区域或本土的强烈冲动"。[2]流动的现代性与不断普遍化的全球化进程激发出了人们对于地方性事物、对于传统历史文化更为强烈的依恋，也让怀旧成为一种显著的时代症候。可以说，现代化/全球化的渐趋推进，令怀旧不再囿于个体的情感体验，而是上升为一种普遍性的心理状态与生存方式，怀旧是以防卫机制的面目出现的，同时也是以现代性自反的面目出现的。《舌尖上的中国》这部作品，正是处在全球化、世界一体化的语境中，对日渐逝去的地方性与传统历史文化的一次充溢着怀旧意味的回瞥与忧思。

当然，怀旧作为对逝去时光、远去的人与事物的留恋，并不单单是朝向过去的，同时也是面向未来。本质上说，怀旧是一种建基在回忆基础之上的想象性建构。在现代性的视域中，怀旧首先是一种强烈回望过去历史与传统的姿态，其中混杂着惆怅、自豪与忧伤等种种情绪；同时怀旧对于现实生活来说又具有强大的乌托邦功能，是积极进行文化认同重构的想象性路径。正如斯维特兰娜·博伊姆指出的那样："怀旧可能既是一种社会疾病，又是一种创造性的情绪，既是一种毒药，又是一个偏方。"[3]一面是忧伤地怀想过去，另一面是积极地面向未来，《舌尖上的中国》中的怀旧叙事呈现出了文化乡愁与民族认同的雅努斯面孔。

---

[1] [美]罗兰·罗伯森：《全球化：社会理论和全球文化》，梁光严译，上海，上海人民出版社，2000年，第223页。

[2] 王一川《"全球性"境遇中的中国文学》，王宁编：《全球化与文化：西方与中国》，北京，北京大学出版社，2002年，第327页。

[3] [美]斯维特兰娜·博伊姆：《怀旧的未来》，杨德友译，南京，译林出版社，2010年，第399页。

二、文化乡愁：一种"家的意识形态"

文化乡愁是《舌尖上的中国》怀旧叙事的第一副面孔。

乡愁有着不同的维度与层次，可以是对亲友的怀想，可以是对旧日时光、故园风景的眺望，也可以指对远逝的传统与历史的深情眷恋。"文化乡愁"便是第三种乡愁，一种最深层次的乡愁。"所谓'文化乡愁'，简单地说就是一种随现代全球化平整运动而产生的文化传统的失落感和追忆情绪。它是'现代性'文明和文化的副产品，对于现代社会和现代人类来说，具有着'家的意识形态'(the ideology of home)的性质。"[1]《舌尖上的中国》将饮食视为一种文化象征符号，通过人与食物的表层故事展现出更深层次的传统历史文化，体现出全球化语境中弥漫的中国式的、集体性的文化乡愁。

在现代化/全球化进程的强烈挤压下，乡村/地方性/历史传统走上了日渐隐退的路途，《舌尖上的中国》以饮食活动的变迁揭示了这种变化。在叙事空间上，《舌尖上的中国》有意选取的多是与千篇一律的现代都市相对立的乡村或小城，展现的多是小农经济模式下传统食物的手工制作方式。这一叙事策略，旨在通过一种乌托邦式的书写，展现对传统历史文化的眷恋，品味遥远过去的韵味，但在回返过去的同时，影片也不得不直面传统的食物制作方式正在日益被现代工业食物体系所取代的严峻现实。《自然的馈赠》一集中，香格里拉深山中人工采摘的松茸只有三天的保鲜期，为了以最快速度获得收益，商人们建立起了标准化的加工车间与国际化的松茸运输系统。《主食的故事》中，家庭式的粽子制作模式已经被规模化、标准化的粽子生产车间所取代。在全球化情境中，食物的制作方式已经跨越阶级和地区的界限，不再

---

[1] 万俊人：《经济全球化与文化多元论》，《中国社会科学》2001年第2期。

是传统男耕女织般的田园式景象。[1]随着现代工业食物体系的不断完善，从事农业劳作与继承传统食物制作方式的人日趋稀少。《五味的调和》一集中，在粤东海边有着海水晒盐传统的渔村里，村里人纷纷放弃了古老的制盐方法而选择外出打工，只有阿刘一人选择留守盐田。《我们的田野》里，江苏兴化农村种植着大片垛田的夏俊台，已经是家族中最后一位从事农事劳作的人。而《时间的味道》里，各家腌晒的咸鱼曾是偏居南海一隅的大澳的传统特产，如今随着影片中讲述的郭少芬一代人的年事渐高，盛极一时的制作技术也变得越来越难以为继。片中，76岁的郭少芬老人孑然一身地坐在空旷的小店里，这时影片插入了一段别有意味的旁白："大澳是香港观赏日落最理想的地方，在这里，指的也许不仅仅是风景。"这样的影像与旁白，充满了孤独无助、日暮途穷的苍凉意味。

《舌尖上的中国》里传统食物制作方式的逐渐退场，折射的正是乡村的逐渐消隐与传统生活方式的日薄西山。《我们的田野》里，在描述贵州大山深处苗族村寨的现状时，影片明确指出："如今，在王小整的村寨里，一些年轻人已经脱离种植糯稻的生活，定居在城市。伴随着糯稻种植圈的不断萎缩，传统农耕所维系的集体生活方式也日渐隐退。"因此可以说，《舌尖上的中国》有意选择呈现偏远地方充满绿色生机的乡村景象，一方面是为了建构关于乡村与传统的乌托邦景象，另一方面恰恰显示出在咄咄逼人的城市化进程面前，传统农业文明生活经验四分五裂的无奈现实。《舌尖上的中国》是关于乡村与传统的一曲忧伤的挽歌，在田园式、乌托邦式的景象背后，充满着创作者对于全球化

---

[1] 杰克·古迪就在《烹饪、菜肴与阶级》一书中对全球化/现代化社会中的食物制作方式进行了探讨，他提出了"世界菜肴"的概念，指出：依赖于保藏、机械化、零售和运输的工业食物正在朝向一种世界菜肴发展，"工业食物的趋势一直是让社会文化系统内和系统间的差异得到缩减。……它的总体目标是跨越阶级和地区的界限"。参见［英］杰克·古迪：《烹饪、菜肴与阶级》，王荣欣、沈南山译，杭州，浙江大学出版社，2010年，第264页。

进程中乡村/传统性被城市/现代性挤压或吸纳的深深忧虑。

在当下中国,对于乡村/传统命运的忧思,《舌尖上的中国》不是个案。汪晖曾指出:"现代化对于中国知识分子来说一方面是寻求富强以建立现代民族国家的方式,另一方面则是以西方现代社会及其文化和价值为规范批判自己的社会和传统的过程。因此,中国现代性话语的最为主要的特征之一,就是诉诸'中国/西方''传统/现代'的二元对立的语式来对中国问题进行分析。"[1]在这种二元对立思维的制约下,自现代中国开始,国人对于乡村的想象一直没有停止,乡村/城市的二元对立与冲突也成为文艺叙事中长久不衰的命题。无论是鲁迅笔下的乡土启蒙、左翼文学中的乡土觉醒,还是十七年文学的乡土新生、20世纪80年代文学的乡土祛魅,都是在城乡二元的视野中去批判乡土愚昧,书写乡土苦难,抒发乡土眷恋。乡村一方面是愚昧、落后的象征,一方面又闪耀着某些传统伦理价值的光辉,因此对乡村的书写无外乎三种视角:批判式、赞美式与反思式。随着20世纪90年代现代性进程的加速,尤其是21世纪以来乡村的全面没落,文艺创作者们开始用更为理性的目光将乡村视为反思工业文明与中国现代性、后现代性症候的参照系,在冷峻的反思中怀想乡村。近年来,从梁鸿的《中国在梁庄》、阎连科的《我与父辈》、贾平凹的《秦腔》、韩杰的《Hello!树先生》以及贾樟柯的《天注定》等诸多艺术文本中都能看到对乡村命运的深深忧虑与悲悯。

在《舌尖上的中国》的描绘中,城市是快速流动的、千篇一律的、缺乏生机的,乡村则是安静闲适的、五彩斑斓的、生机盎然的。作为全球化物质与文化的载体,城市空间的大肆掘进,造成了乡村/地方性

---

[1] 汪晖:《去政治化的政治:短20世纪的终结与90年代》,北京,生活·读书·新知三联书店,2008年,第60、61页。

的失落,取而代之的城市,又是一种约翰·汤姆林森所言的"非地方"。[1]于是在全球化/现代化语境中,真实的乡村/地方性逐渐消隐,取而代之的城市却是一块流动性的、没有了历史感的"非地方",难以让人感受到真实的、与传统历史文化相连接的地方性体验。生活在流动的都市空间中的人们,就成了与传统相断裂的、漂泊失居、无家可归的异乡人。《舌尖上的中国》里,为了获取本真的地方性体验,生活在城市中的人们选择将饮食作为中介物。正如《厨房的秘密》一集中表述的那样:"当今的中国,每座城市看上去都很相似。城市之间,能被用来区分的,似乎只有饮食习惯和弥漫在街市上空的气味了。"《时间的味道》一集中,生活在现代都市北京的金顺姬从母亲自家乡寄来的泡菜中闻到故乡的味道,为了消解乡愁,她不仅重返故乡,还向母亲学会了制作泡菜的工艺,开始在城市中制作这种具有家的味道的食物。《五味的调和》里,从美国回到家乡的川菜特级厨师刘俊杰不仅将泡椒视为得心应手的食材,也视为远隔万里也挥之不去的乡愁。在《舌尖上的中国》,食物既是挑拨人们怀乡愁绪的触发器,也是消解人们乡愁的途径。《舌尖上的中国》里对于城市的描写并不多,但高楼林立的灰色城市与生机勃勃的乡村形成了非常鲜明的对比。《我们的田野》一集讲述江苏兴化水乡垛田的段落里,已有千年历史的长江三角洲如今已是中国经

---

[1] 约翰·汤姆林森在《全球化与文化》一书中以"非领土扩张化"与"非地方"的概念来描述全球化的文化图景,他认为现代性用"非地方"(non-places)代替了真实的地方性。"非地方"是无法定义为有联系的、有历史感的和关注认同感的空间,如超级市场、高速列车、候机厅等。"非地方是当代现代性的凄凉之所,是孤独的(即便有他人在场)、沉默的、无名的、异化和暂时性的地方。它们是这样一些地方:相互影响是工具性的和'契约性的'——是法理社会的顶峰——被从存在于跨越时间的连续性之社会的有机联系中提取出来了。"参见[英]约翰·汤姆林森《全球化与文化》,郭英剑译,南京:南京大学出版社,2002年,第162页。汤姆林森对城市空间作为"非地方"的定义与洞察,一定程度上契合了吉登斯对于现代社会生活独特动力品质的思考,在吉登斯看来,"现代性本质上是一种后传统秩序。时空转型伴随着抽离化机制,驱使社会生活脱离固有的规则或实践的控制"。参见[英]安东尼·吉登斯:《现代性与自我认同:现代晚期的自我与社会》,赵旭东、方文译,北京,生活·读书·新知三联书店,1998年,第22页。

济发展最快的地方,影片用人潮熙攘的都市街头、灯火辉煌的城市夜景来展现现代化的迷离景象。而地处长三角北段的江苏兴化水乡仿佛一片被时光遗忘的土地,影片用宁静、闲适,充满了无限生机的水乡展现了传统农耕社会的美丽情景。在城市与乡村、现代与传统、流动与宁静、灰色与绿色的多重对比中,一股浓郁的乡愁情绪呼之欲出。《舌尖上的中国》通过不同地域的饮食找寻,在乡村/城市二元对立的框架中对乡村进行了乌托邦式的书写,展现出当下中国社会弥漫的集体式的文化乡愁。

三、国族认同的影像建构

国族认同是《舌尖上的中国》怀旧叙事的另一副面孔。

当下中国,两种互有关联的时代语境催动着国人民族认同感的不断高涨。一是现代性与全球性力量的迅速崛起,不断冲击着民族认同的合法性,正如有论者所言:"'现代性'对传统的拒斥导致了历史的非连续性断裂……与之相伴随的后果是,缺少连续的历史感和文化认同,对某种形式的'总体共同体'(the total community)的确认和认同也就变得异常困难。"[1]与此同时,全球化催生的覆盖世界的大众媒介系统、跨国公司等超国家行为体、具有强大渗透力的全球化意识形态和消费主义文化等,使得民族国家的界限不断模糊,民族身份、国家身份不断趋向相对化、流动化。有趣的是,现代性/全球化引发的这种民族认同危机反过来又导致了民族文化身份重塑的冲动与民族主义的兴起。安东尼·D.史密斯在考察了这种看似矛盾的现象后指出,那种认为民族和民族主义在全球化情境中即将被代替与超越的论断是非常愚蠢的。一种全球化的文化似乎不能够提供集体信念、尊严与希望,这要依赖

---

[1] 万俊人:《经济全球化与文化多元论》,《中国社会科学》2001年第2期。

于民族与民族主义。后者为现代世界秩序提供了唯一现实的社会文化框架，而且直到如今还没有势均力敌的对手。[1]

催动国人民族文化认同感高涨的第二种历史情境，便是21世纪以来中国经济的腾飞。新世纪以来，伴随中国经济的高速增长与现代化进程的昂扬抖擞，国人自身对于自己的传统文化有了新的视角，对民族与国家的认同感也在以不可思议的速度升腾与发酵。2012年年底提出的"中国梦"的执政理念，便表达出了国人的共同愿望和家国情怀，描画出了中华民族国家认同的理想前景。《舌尖上的中国》正是对上述双重语境的回应，既是对全球化引发的民族国家认同危机的一种应对，也是对中国崛起激发的民族国家认同情绪的一种契合。

因此，在《舌尖上的中国》里，怀旧本质上就成了一种文化认同的手段。文化认同作为个体之间或个体与群体之间进行共同文化确认的行为，它的实现需要以共同的文化理念、思维模式与行为规范为依据。前现代社会中，社会结构的封闭与稳定决定着文化认同的水到渠成，美国学者里斯曼等人曾在《孤独的人群》一书中考察了西方国家"人口高速增长潜力""人口增长过渡时期"与"初期人口下降阶段"三个人口发展阶段，对应做出了"传统引导""内部引导"与"他人引导"的三种性格与社会类型的划分，指出在传统引导型社会中，文化的结构严密地控制着生活的重要关系，并为社会统治、支配个人提供了礼仪、宗教及习惯。这种传统引导的因素不仅存在于资本主义兴起前的欧洲，而且也存在于中国、印度等完全不同的民族中，它们的"一个相似之处在于其变化之缓慢、依赖家庭和家族组织、以及与后来社会比较而言的较为牢固的价值观"。[2]查尔斯·泰勒曾说过："我们的认同，是某

---

[1] 参见［英］安东尼·D.史密斯：《全球化时代的民族与民族主义》，龚维斌、良警宇译，北京，中央编译出版社，2002年，第191、192页。

[2] ［美］理斯曼、格拉泽、戴尼：《孤独的人群——美国人性格变动之研究》，刘翔平译，沈阳，辽宁人民出版社，1989年，第11页。

种给予我们根本方向感的东西所规定的。"[1]在前现代社会中，文化传统就是这种给予方向感的东西，而在传统断裂、方向感丢失、历史的连续性也不复存在，身份认同的危机与焦虑油然而生的现实情境下，返回传统与历史的怀旧就成了有效的身份重塑策略，成为寻找未来方向感的有效路径。《舌尖上的中国》便是通过不断返回历史与传统来寻找未来方向感的尝试，影片在叙事空间上不断走入少数民族聚居地，同时努力兼顾香港、澳门、台湾三地的美食，正是一种民族国家共同体的想象性建构。同时，影片在叙事过程中不断介绍着各种食物的起源、食物制作方式在中国的历史与流变，不断强调着中国人敬畏自然、勤奋进取、重视家庭等传统伦理道德与民族精神，凸显出极为强烈的文化认同的渴望。如《主食的故事》中，在讲述了陕西绥德县的老黄夫妇以制作黄馍馍维系家庭生计的故事之后，影片以这样一段旁白为这段故事增添了注脚："一位农民辛勤劳作一生，最基本的愿望就是修建几孔窑洞，有了窑娶了妻才算成了家立了业。"摄影师白波同家人一起包饺子过年的段落里，影片加入了白波自己的一段旁白："中国人那种家庭观念是代代传承的，他们传承给我的那种东西，我也会传承给我的孩子。"类似的表述在影片中非常频繁，不断激发着观众对传统家庭伦理观的认同，使之获得一种持续而强烈的"在家感"与方向感。《舌尖上的中国》正是这样借助不同地域与民族的饮食活动，展现着中华民族文化共同的文化象征符号与文化精神，进而服务于民族国家共同体的建构。

最后，不能不说的是，在全球化/现代化浪潮的席卷之下，《舌尖上的中国》对于乡村/传统历史文化的浪漫又忧伤的书写与赞美，只能表现出一种回归与告别的双重姿态，这意味着或许还有未被侵扰的乡村与故土可供暂时的回归，然而终有一天我们将要告别它们，这是一

---

[1] [加拿大] 查尔斯·泰勒：《自我的根源：现代认同的形成》，韩震等译，南京，译林出版社，2001年，第39页。

个令人倍感失望与悲观的结论。在全球化/现代化的浪潮拍打下,《舌尖上的中国》里面充满着无限诱惑的乡村,那些五彩斑斓又厚重充实的文化传统,或许有一天只能成为一个努力返回却回不去的原乡,一个只能想象却不能再经历的所在。

  整部纪录片的最后一个叙事段落是颇有意味的,在高楼鳞次栉比的北京城里,住在胡同里的贵春在自己家的屋顶种了一片菜园。当人们涌进菜场选购食材时,贵春却像个自在的农夫,就地取材,自给自足。影片还展现了贵春与邻居们一起分享自己种植的食物的场景,这是在情感疏离的现代都市中,对传统伦理道德的一种呼唤。但这片绿意盎然的屋顶菜园,与周围的高楼林立、车水马龙形成了鲜明的对比,在钢筋混凝土的包围中,这片小小的绿地似乎如同无边海浪中的一座孤岛。这一看似洋溢着乐观精神的结尾,实际上是城市人消解乡愁的一种无可奈何的解决之道,也是对全球化进程下乡村/地方性日渐逝去的历史境况的一种充满悲凉意味的回应。然而,尽管全球化的进程不可逆转,但《舌尖上的中国》的艺术实践仍然启示着我们,怀旧是消解现实焦虑的有效路径。尽管怀旧是以乌托邦式的、想象性的面目出现,但仍然具有强大的认同功能,能够让人们重新获得个体的归属感,保持集体的凝聚性,参与民族国家共同体的建构与维系。

在"第三空间"探寻世界性的中国声音

——以谭盾《地图》为例探析新潮音乐对"中国性"的超越

张慧喆[1]

[摘 要] 本文以谭盾的多媒体交响音乐作品《地图》为切入点,试图用霍米·巴巴的"拟仿""混杂""第三空间"等后殖民主义范畴作为理论基础,分析以谭盾为代表的新潮派作曲家在认识"中国性"、超越"中国性"、探索"中国性"艺术表达方式上经历的三个阶段,进而探讨当代艺术如何平衡民族性身份和全球化影响,创制个人化的艺术语言,帮助中国在中西方文化交流中取得一定程度的平衡。

[关键词] 谭盾;《地图》;新潮音乐;"中国性";霍米·巴巴;"第三空间"

新潮音乐指的是改革开放之后开始进入专业音乐高校的作曲系学生非自觉地形成的一个专业音乐派别,在创作中他们"主动借鉴和运

---

[1] 张慧喆,中国传媒大学艺术研究院副研究员、艺术学博士。

用西方20世纪现代音乐创作观念和创作技法，在新的层面和角度理解中国传统文化，在音乐创作中主动将西方现代音乐创作技法和中国传统文化精神融合，在音乐作品的内涵和意境方面具有中国风格和中国气派"。[1]"新潮音乐"作曲家们是新时期中国音乐得以在国际舞台上保持一定活跃度的中流砥柱，他们构成了当代中国最重要的专业音乐派别。近年来，中国在国际文化交流上的力度逐年加大，希望通过文化交流扩大国际影响力。为何在音乐方面国际专业界单单买了"新潮音乐"的账？一位西方听众在欣赏谭盾的多媒体音乐作品《地图》后开玩笑地评说："以前我一直认为谭盾是中国执政党的一个政治策略，直到听了《地图》，我改变了这一想法。"本文准备以谭盾的多媒体交响作品《地图》为主要切入点，探讨在全球化背景和后殖民主义语境下，新潮音乐家如何利用传统中国符号"混杂"创作新的艺术语言。

一、后殖民的文化语境与"混杂"而生的艺术语言

从20世纪初学堂乐歌时代直至改革开放之前，西方音乐体系（主要是西方浪漫派中期以前的古典音乐传统）被中国音乐界全面借鉴，从音乐教育到音乐创作再到表演形态，均受到西方音乐的深刻影响，这取决于当时中国的社会环境和薄弱的复调音乐基础。然而，自19世纪初开始，西方现代作曲技法就已经开始在晚期浪漫派和印象派基础上演变并确立起来。当我们在20世纪80年代再次打开文化交流的大门，突然发现西方的音乐语言已经完全不是之前被我们认知的形态——十二音音乐、整体序列、音色音乐、偶然音乐等全新的创作材料和技法，完全颠覆了古典音乐系统，勋伯格、斯特拉文斯基、约翰·凯奇等人才是音乐专业人士的学习对象，西方音乐再一次洪水般回流进中国

---

[1] 居其宏、乔邦利：《改革开放与新时期音乐思潮》，北京，中央音乐学院出版社，2008年，第155页。

音乐专业高等院校。因此，在近代长达半个多世纪的中西音乐交流史中，我们始终处在文化交流逆差状态里；加之本身国力的孱弱、外敌的入侵，可以说中国长时间处于一种文化被殖民者的位置，在中国专业音乐界集中体现为我们对西方音乐体系被动的以及主动的接受，还有被动或者主动地运用西方音乐体系对国内音乐文本形式的编码和制造。

新潮音乐就诞生在这样一种后殖民主义文化语境当中，我们是否有机会以主体的身份从边缘地带重获文化交流里的平衡？霍米·巴巴认为，通过突显异质文化之间的杂种/混杂性可以削弱帝国主义话语。如何创制这种差异文化，霍米·巴巴给出的理论思路包括"拟仿"（Mimicry）、"混杂"（Colonial Hybridity）和"第三空间"（Third Space），即需要充分利用后殖民空间允许产生混杂性文化的特征，依赖于宗主国与被殖民者之间的文化中空地带里的多重性身份和跨界主体的建构——新潮音乐家游走于中西之间，他们身上杂糅着传统中国符号、现代西方符号，还有新中国成立之后的当代中国符号，因而他们的音乐可以被寄希望成为在全球化背景下凸显差异文化的所在。新潮音乐家的音乐创作多采用拟仿，即模仿西方音乐语言，用西方现代音乐技法交织中国音乐元素和文化符号。这种对于文化符号的模仿和挪用可能是一种适切的挪用以使他者显示出其权力，也可能是一种不适切的挪用、不驯服的表现、对于文化意义的误读，并由此对殖民者的权威造成威胁。同时，霍米·巴巴指出："拟仿在它的面具之后所隐藏的不是存在或身份，也不是塞泽尔（Césaire）所描写的殖民化或物品化，而是在它的后面保有非洲存在的本质。"[1]也就是新潮音乐保有的中国传统文化、民间音乐的意象内涵，从而，拟仿打破了殖民者与被殖民者之间的二元对立，产生一个暧昧的文化协调性空间，使被殖民者的文化差异得以显现，殖民者的文化权威得以颠覆。

---

[1] Homi K. Bhabha, *The Location of Culture*, London: Routledge, 1994, p. 88.

需要指出的是，这种文化混杂并不是简单的中西方文化和音乐形式的对接，"混杂策略或混杂论述开启的谈判空间，其中权力是不平等的……但权力的勾连却可能是暧昧的，这类谈判既不是同化也不是合作"。[1]然而，新潮音乐家们在进行了专业音乐学习之初，常常采用的作曲技法，比如中国五声音调与半音化展开的综合，延展传统调式和声功能的同时引入音响色彩逻辑，不同调式的频繁交替，不同地域、民族乐器的多样性组合等，均在一定程度上体现出西方音乐形式对中国传统民族音乐的同化。在探索"既不是同化也不是合作"的艺术表达方式时，他们逐渐形成了彼此不同的策略，如谭盾倾向于用个性化的民族音乐素材来创作交响化的音乐组织形式，具体到他为大提琴、声像记录和乐队所创作的多媒体交响作品《地图——寻回消失中的根籁》，乐曲的结构样式与音响风格都偏向交响曲式，但在整体性的结构内部，多采用民族性音乐元素，只不过是进行了交响式的串联。

为了完成这部作品，谭盾分别在1999年和2000年两次深入湘西采风，用录像方式采得了土家族、苗族、侗族等少数民族的音乐素材，他将这些原始的音乐素材结合古典交响乐的形式，融入了声像对位的多媒体构思——即在交响乐队演奏的同时投影创作者在湘西采风时的影音作品，形成了"独奏与录像、独奏与乐队、乐队与录像、文字与声音及多轨声像之间的竞奏来表现一种立体的、多层次的、跨越时空的全景式的音乐"。[2]如乐曲第二部分"苗族音乐形式"中，第五乐章"飞歌"是谭盾想要展现"跨时空对话"的重点。飞歌本身是苗族男女一种隔山隔水的对唱，而谭盾在采风过程中，他告诉唱歌的女孩儿，她将会与地球另一端的大提琴手对唱，而女孩儿听到之后竟真的表现出一种等待的神情，仿佛在等来自远方的乐声。谭盾将女孩儿的

---

[1] [印]卡尔拉、柯尔、哈特尼克著：《离散与混杂》，陈以新译，台北，台湾编译馆与韦伯出版社，2008年，第181、182页。

[2] 佐耳：《谭盾：〈地图〉》，《视听技术》2004年第12期。

等待保留在了录像中,而后大提琴出场,在旋律上对答女孩儿的歌声。苗族飞歌"在这里演化为一种隔地域、隔世纪、隔文化的对答,这个对答实际上是可以持续到下个世纪或未来几百年的"。[1]此外在第一部分"土家族音乐形式"中,谭盾选取了最具代表性的土家族音乐元素——"傩戏和哭唱""吹木叶"和"打溜子",并且用这些民族音乐的句法为西洋乐器谱曲演奏。在"傩戏和哭唱"里谭盾用唢呐的句法为大提琴和单簧管作曲,让这些西洋乐器配合了录像里的"傩戏"表演,同时采用了大揉弦、大幅度滑音等奏法展现出哭唱悲伤起伏的旋律,使弦乐与人声融合;在"吹木叶"里,现场管弦乐队与录像里少数民族音乐家演奏吹木叶的声音和画面相配合,用两个单簧管模仿"吹木叶"的声音,用大提琴和多把小提琴急促的泛音模拟百鸟争鸣;而"打溜子"是与土家族古老的民间音乐演奏形式一同出现的,是铜器与小鼓的合奏,配合铜管织体铺垫,而后,弦乐队敲击琴弦发出打击乐的声音,并与拨奏、连续滑音一起再现了打溜子的喧闹。

由此可见,在谭盾较为成熟的作品里,中国传统文化、民间音乐与西方古典音乐传统、现代音乐体系等不同文化不断运动、交流、斗争、挪用并相互渗透,彼此之间产生理解、误解进而融合、混杂,最终使"新的事物产生于文化隙缝中的干扰空间",[2]这是一种通过与西方音乐深入的交流混杂而成的,有中国文化实质的中国现代音乐。

二、多重性的文化身份与无须再现的"中国性"

虽然拟仿的背后保有的是被殖民者的文化本质,但是,对于采用拟仿、混杂而发生的新潮音乐,是否需要在其中寻找所谓中国性或者民族性。对此,霍米·巴巴指出,在后殖民体系中文化与历史的混杂

---

[1] 张乐心:《发乎性情,由乎自然——谭盾在中央音乐学院讲座纪实》,《人民音乐》,2005年第3期。
[2] Homi K. Bhabha, *The Location of Culture*, London: Routledge, 1994, p.12.

"不是两种文化的血统或身份认同的问题,而是解决文化相对论的论争"。[1]他明确指出,作为混杂和差异文化发生场所的第三空间,"是意义的结构与暧昧含混过程的中介,摧毁再现镜像中的文化知识体系的惯性,以显露出一个整合的、开放性的、扩展性的符码,如此的中介十分适切地挑战我们原先所认知的根源性的文化、历史。……只有当我们了解所有文化的陈述与制度是建构在矛盾与暧昧含混的空间,我们才了解文化的原初性或纯正性的不可行"。[2]结合新潮派作曲家多元性的文化身份,在他们的音乐作品中找寻所谓纯正的"中国性"是没有说服力的,同时也是不必要的。

新潮派作曲家成长在一个复杂的文化断层中,承载着多重性的文化身份——他们大多生于20世纪50年代,在改革开放之后进入音乐学院进行专业学习,而后有很多在80年代进入西方音乐体系深造。儿时的家乡生活都在新潮作曲家身上留下了中国传统文化、民间音乐、宗教文化、中国戏曲的深刻印记,塑造了他们感受世界、表达情感的方式;而西方音乐、现代音乐创作理念、西方现代思潮对于新潮作曲家的影响不仅仅停留在音乐表现形态上,更重要的是改变了他们的作曲思维甚至思考方式。

如谭盾出生在湖南长沙郊外一个叫作丝茅冲的地方,他小时候最常接触到的音乐类型是红白喜事中民间艺人的吹拉弹唱。尤其是长沙话里被称为"谈四郎"白喜事时的一夜哀歌,成为谭盾后来创作中重要的灵感来源。用作曲技法加工民歌、习俗、民间乐器、祭祀仪式等原始的音乐素材,成了构成谭盾作品的重要表达方式。就像谭盾自己所说:"无论我怎么去组织一个语言,怎么根据一个题材去设计一个结构,有一个东西在我的脑子里永远摆脱不了,就是湖南巫文化和傩文

---

[1] Homi K. Bhabha, *The Location of Culture*, London: Routledge, 1994, p.114.

[2] Ibid., p.37.

化对我心灵的撞击。"[1] 80年代中期,谭盾获得美国哥伦比亚大学奖学金,远赴美国跟随大卫·多夫斯基及美籍华裔作曲家周文中学习。十多年的国外生活经历、西方现代音乐浸染之后,谭盾再次回望中国,才越过传统文化、民族性等概念构筑的壁垒,发现那些来自儿时印象的细小的、具体的民间音乐和文化的声响,能够激发更加灵动的音乐空间。而这些音乐素材通过谭盾个人的感悟,西方现代音乐得以连接和沟通,这在音乐家那里就形成了全新的、属于谭盾个人的音乐语言。在这之后,谭盾的音乐素材从抽象的中国传统文化转向了"湖南的水、湖南的音乐、湖南的语言",他明确表示,自己的作品不属于现代、不属于国际,甚至也不属于泛化了的中国文化,而是"属于我童年时代不自觉的回想"。[2]

在新潮派作曲家当中,谭盾的经历是具有代表性的。儿时的生活环境将他们与中国传统文化紧密相连,其后开始在专业音乐院校学习,其间恰逢中国文化界的中国形象反思热潮,因而于此时开始形成融合"西方现代音乐创作技法和中国传统文化精神"的创作思路;而在系统学习西方现代音乐技巧,深入了解西方文化、艺术环境和社会生活之后,他们得以再次思考中国形象在音乐当中的表现方式、传统文化与当代中国的关系。在无从抵御也不应该拒绝的全球化浪潮中,如果说接受西方现代音乐形式的影响是一种必然,那么他们对传统文化、民族性音乐元素的运用则是一种选择性的结果,这一必然性影响和选择性的结合,体现在作品中就形成了既非传统中国也不属于现代西方的音乐语言。杂糅性的艺术表达之所以产生国际影响,取决于后殖民主义文化语境对于混杂性文化和差异文化的允诺。

在新潮派音乐作品中刻意找寻所谓"中国性"是不必要的。在霍米·巴巴的理念中,第三空间具有深广的包容能力,连接文化差异、允

---

[1] 谭盾:纪录片《听音寻路》,2004年。
[2] 同[1]。

许文化混杂,这个文化协调性空间的作用就是打破殖民主义两端的二元对立结构,使被殖民者的文化得以显现,话语得以被正视。"第三空间……确保文化的象征与意义,它没有原初的单一性与固定性,甚至相同的符号也可以被挪用、转译、再历史化和重新解读。"[1]在新潮音乐家所处的第三空间里,传统文化符号不再是展示中国情调的元素,也无法建构历史化中的中国性,而是通过音乐家个人的理解、记忆和体悟开展的,一种超越"中国性"的文化混杂。在《地图》里,那些采集而来的原始的中国民间音乐元素经过谭盾的挪用,并不指向古老的中国,而是在音乐层面的对话中成为结构音乐样式、推进乐章发展的重要内在动力。谭盾创作《地图》的时候已经在美国旅居十多年了,他认为美国的生活经历带给他对中国更加清楚的认识,而采风时回到家乡湖南,再次反观西方,他发现"在湖南省凤凰县看到的一切,可以跟纽约的生活联系起来,可以跟纽约的意识联系起来,可以把它跟巴黎人的危机和巴黎人的设想联系在一起。我自己看待这些之间的差异的时候,就会有一种新的东西"。[2]这种"新的东西"并非简单的拼贴和文化对位,而是从帝国间的裂缝中找到文化差异的所在,经由个人化的记忆与感悟对文化符号进行挪用和混杂,由此使文化殖民的两端获得文化交流的平衡,他者文化和历史得到正视——这种正视不是建立在异国情调的多元文化主义或者文化多样性上,也"不企求文化霸权或文化支配",而是在"辩证中找到属于他们的声音"。[3]

---

[1] Homi K. Bhabha, *The Location of Culture*, London: Routledge, 1994, p. 37.
[2] 谭盾:纪录片《听音寻路》,2004年。
[3] [印]卡尔拉、柯尔、哈特尼克著:《离散与混杂》,陈以新译,台北,台湾编译馆与韦伯出版社,2008年,第182页。

三、新潮音乐探寻超越"中国性"的三个阶段

通过上文分析,可知在第三空间里无须再现原初的"中国性",而是通过创制混杂的文化差异带来文化交流的平衡。正视第三空间的这一特质,才有助于真正打开国际化的视野。但是,认识第三空间里不可能再现原初的中国性,去除音乐创作中传统中国与现代西方的主体化,打破两者之间的二元对立关系,而后将个人化的艺术语言混杂为文化差异,对于这批刚刚认识了西方并开始通过西方的目光体认中国的年轻作曲家,甚至是对当时的整个中国音乐界来说,这一系列文化努力非常困难。自从改革开放以来,以新潮音乐家为代表的中国音乐界乃至文化界花费了几乎30年才获得这样的认知。

首先,在20世纪80年代,中国专业音乐界关于"现代派"和"民族神韵"的反思中,通常认为音乐创作中的"中国性"是作为西方现代性的对比物出现的,它要么是对传统的捍卫和固守,要么认为中国传统音乐能够与西方现代音乐思潮直接相通。在这样的评论和思潮氛围中,80年代新潮音乐的创作思路是在"无调性音高的局部序列化和民族音调的逻辑音组的有机结合之间,力图通过技术的融合寻找中西音乐文化的对接的契合点"。[1]也就是说,"中国性"在这一阶段的音乐中多作为一种特定的音乐元素安置在西方曲式结构里。在这样的创作思维之下,当时中国新潮音乐并没有从本质上发展出新的属于自己的音乐语言,反而是东方与西方在他们的"融合"的音乐中均被主体化了,形成了明显的东—西二元结构。而真正的融合,或霍米·巴巴所论述的"混杂",应该是一种"你中有我、我中有你的状态"[2]——一种新混合物出现代表着原先的成分消失,而后融合成一种有着新外表和新身份的形式。

---

[1] 王萃:《经过新音乐实验的元点走向中国文化实质的探索与实践——论"新潮"音乐及当代音乐创作的方向》,《中国音乐》2011年第3期。

[2] 赵稀方:《后殖民理论》,北京,北京大学出版社,2009年,第234页。

新潮音乐要帮助处于文化交流逆差中的中国完成自边缘地带的翻转,即在第三空间里混杂创制差异性文化,颠覆西方话语权威以显现中国形象,需要突破两重障碍:首先是在系统学习之后深入认识西方音乐传统和艺术制度,建立文化自觉和自信,摆脱技术层面的简单对接;其次是如何经由个人化的艺术表达创制差异文化,帮助中国在国际舞台上发出自己的声音,并且让自己的作品在脱去"民族性"外衣之后得到世界范围的音乐角度的认可。

而后,进入90年代,新潮音乐家已经对西方音乐发展史进行了全面的学习,有的完全置身于西方现代音乐的环境中,更加深入的接触使他们开始认识到西方现代音乐体系的局限性。譬如瞿小松认为:"20世纪西方学院派现代音乐的道路越走越窄……一些作曲家把观念看得比什么都重要。一旦'观念'这种机械的概念在音乐界占上风时,音乐就变得相当狭隘。"[1]陈其钢分析,个中原因正是逐步僵化的现代艺术体制在音乐界的反映,即"官方化的欧洲现代音乐体系,豢养了一批寄生虫,那些吃现代音乐饭的批评家及权威们,如同官僚保护自己的权力一样,保护自己的既得利益"。[2]与此同时,多年的海外生活给了他们更加全面、客观看待中国文化和民族身份的机会,先后提出中国现代音乐必须走出西方影响、摆脱西方现代创作理念的观点。得益于早年间积累的中国传统文化素养,他们开始自觉地以"中国性"为灵感、为题材进行创作,如谭盾早中期的音乐作品就有《道极》《楚辞》《九歌》《水火交融(易1)》等。此时他最主要的创作题材并非来自民间的巫文化和傩文化,而是楚文化中更能够在泛化意义上代表中华文明的部分,谭盾明显是单纯希望用音乐为古老的中国文明做出整体性的表达。而陈其钢在其1998年的作品《逝去的时光》中,运用中国古代琴曲《梅花三弄》作为作品中唯一的音乐主题,泛音旋律表现出回忆里往昔的

---

[1] 中国艺术研究院音乐研究所:《中国音乐年鉴》,济南,山东文艺出版社,1997年。
[2] 何农:《陈其钢谈谭盾和现代音乐》,《人民音乐》2002年第12期。

美好，表达出对传统之美的寻找和渴望。由此可见，新潮音乐家们这一阶段追寻的是纯粹化的古老文明，回归的是典型化的中国传统。然而，传统的"中国性"究竟能够在多大程度上代表当代中国，将来它又能够多久远地在世界上保持令人新奇的面貌，还值得考量。与此同时，"中国性"永远不能取代艺术性，成为衡量作品价值的核心要素。

进入21世纪，新潮音乐家进一步思考"中国性"以及"中国性"在作品中如何体现。上文分析，"中国性"实际上是一个虚构的概念，"混杂"指涉的是一种文化协商而非身份认同，在第三空间中无法也不必再现纯正的、原初的民族传统。也许正是在认识到这一点之后，新潮音乐家们对文化认同和民族身份表现出刻意的回避，拒绝局限于中国身份内来理解和解释他们的作品。谭盾在2005年表明他的音乐是不分东西的，是属于全人类的。同时，"第三空间"在平衡后殖民主义话语权力双方地位的作用，使他得以利用自己身上多重文化的给养，超越单一的"中国性"，创制差异文化，创新音乐语言。谭盾在《地图》里创造出的音乐空间中有文化符号的挪用，但是这些符号已经被抽离出了它们本身的历史和文化语境，不论是飞歌歌手与大提琴演奏家之间的自然对话、管弦织体与古老石乐的搭配、现代声响与影像记录之间的对位，它们相互交织形成了一个立体的、多元化的音乐共享空间，而不是召唤身份的标识。因此，《地图》不但能够引发中国观众的共鸣，也能够给西方观众一个进入作品的渠道。他们多重性的文化身份是时代的馈赠，这种交杂的文化，这种不纯正的中国特性，恰恰是全球化时代里全新的"中国性"的精髓，也是中国文化艺术伴随着中国经济政治重回世界中心的通途。

虽然直到新潮音乐发展的第三阶段，音乐家们才真正意识到，并在音乐创作中切实践行：只有将看似博大实则虚幻的民族性问题化为具体的个人化的艺术语言，才能够在世界文化的"第三空间"里创造出新的文化产品,但是,他们获得国际性声誉却是在其发展的第二阶段。这两者之间在时间上的断裂,似乎再次印证了全球化文化霸权之下的东方主义凝视。这一凝视机制的作用力不仅仅在世界中心之内,同时还拖曳着世界中心之外的地域和民族非自觉地主动落座于被观看的位置。因而,处于世界中心之外的地域和民族的文化艺术想要获得国际上的、与世界中心同一标准的认同,其过程异常艰难,"混杂"而生的差异文化不失为提供了一种在消解凝视机制的同时显现被观看民族文化传统的可能性。

武侠电影新风与中国文化精神

——电影《一代宗师》《狄仁杰之神都龙王》与《绣春刀》

杨 伟[1]

[摘 要] 在当下中国电影语境中,《一代宗师》《狄仁杰之神都龙王》与《绣春刀》构建了不同的侠客江湖与历史空间,本文以民间的江湖、庙堂的江湖和人性的江湖来描述这三部电影的特征,通过描述三部作品的相异性,进而探讨相异样式中内在的具有共性的文化精神。中国电影百余年历史中,至今能够代表中国电影的依旧是武侠片,武侠片因其具有深厚的社会文化心理基础,能将复杂根深且较为抽象的中国文化精神,包括中国哲学精神和美学精神,在江湖世界中具象化、通俗化地表现出来,并且借助文学形象与民间记忆在电影的光影空间中创作出体现中国文人理想人格的武侠人物,凝练中国哲学的武侠故事以及追求气韵生动的武侠形质。玄奥的中国哲学与美学观点投射在电影银幕上,某种程度上显示出具有民族文化特征的电影特性,这种电影特性突破了西方经典电影理论

---

[1] 杨伟,北京电影学院博士研究生,山西传媒学院副教授。

的框架,成为中国电影尤其是武侠片的独有形质。

[**关键词**] 武侠电影;中国文化精神;江湖

2013年以来,《一代宗师》《狄仁杰之神都龙王》《绣春刀》三部武侠片以别具一格的样式给观众留下深刻印象,在中国电影产业的江湖中,掀起一股武侠新风。

一、三部武侠电影的三种样式

以上三部影片所建构的侠客江湖与历史空间,不妨分别称为民间的江湖、庙堂的江湖与人性的江湖,三种样式的"江湖",既有某些相通之处,又具有各自鲜明的特征。

民间的江湖。《一代宗师》从筹备剧本到最后公映,几乎跨越了十五六年的时间,这部历久打磨的作品以其精致的艺术品格显示出成为武侠片新经典的潜力。王家卫以招牌式的电影语言讲述了动荡民国中武学大家的故事,民国旧事、逝去的武林在王家卫式的电影风格中变成一种缅怀的情调,一招一式里的气息行止似若穿透时光,恍如一幅静默的画,渗透着时间的力量和记忆的光晕。所谓民间的江湖是指电影中对民国真正武林的精修与考究,其中涉及的门派与招数如果不是真正研习过武术的人不能轻易看透其中机窍,需几番琢磨之后才能体悟些许真实武林门派的玄机。电影中有家国大义,但又极重江湖规矩,真实的江湖中高手隐逸在青楼戏苑与市井医馆,甚至是不起眼的理发店,退隐、奉道、过招这些武林的法则在王家卫的电影语言中透着旧日隐幽的光辉。无论是其电影美学的观念,还是复杂的民国武林,都表现得娴熟而得当。在共和楼宫宝森的隐退仪式中,民间高手云集,叶问与诸人过招为的是与宫宝森进行一场武林最强者之争。电影中使用了诸多民间语言,将这样一场挑战刻画得彬彬有礼、意蕴深长,值得几番玩味。

许多民国武侠题材往往会出现与"外邦人"打斗并取胜的情节,但《一代宗师》回避了这个被阐释了多次的情节。影片中,宫宝森劝诫马三,没有过分突出其保卫国家民族的大义,而是以师德劝引。显然,电影重在表现江湖法则,对投日的马三,则是以宫二与马三对决的江湖和门派规矩来了结。《一代宗师》中的儿女情也颇有江湖味道,宫二向叶问下"战书",不打不相识,二人互留情愫以为知己。因战事叶问未能赴约,宫二奉道为父报仇清理门户,最后时间改变了二人情愫的轨迹,经年后香港再会已经时移世易。电影的高明不在于说透,而在于忍而不发。《一代宗师》中讲到武功境界有三层,见自己、见天地与见众生。见自己是看到自我、认识自我;见天地是看到自我之外的高天厚地,欲与天公比高、与厚土比德;见众生,则是能对山石草木、万物生灵有悲悯感同之情,实为放下自己。这是武侠宗师的境界,亦可看作作者思考的境界,似有江湖,也无江湖。这个江湖显示出一种释道的意味,追求看破放下自在游心之境。作为一位身上有浓厚电影作者气息的导演,同时也是香港商业电影体系中特立独行的导演,王家卫在《一代宗师》里构筑了一个淡然而悠远、深邃而迷人的民间江湖。

庙堂的江湖。与《一代宗师》相比,《狄仁杰之神都龙王》属于经典的武侠片样式。徐克以一部《蝶变》打开了武侠题材电影的创新之路,他是一位在商业体系下自觉追求艺术与商业平衡的创作者,并将西方的叙事技巧放在东方美学与故事中。他熟谙影迷喜爱其作品的原因,并对此最大限度地发挥引导。在"狄仁杰"系列里,徐克塑造了一位大义凛然、舍身救国的庙堂英雄形象。历史上的狄仁杰是盛唐时期的贤能之臣,无论正史或是民间叙述中,狄公的形象极为普及,甚至已经成为历史叙述与民间记忆的一部分,同时由于百姓对公正、正义的向往,狄公的清正廉明已经化为中国文化历史中无可指摘的理想形象。在徐克的电影中,狄仁杰被塑造成一位"仕侠",[1]既保持其在民间流传中的神探形象,又加之以侠客的精神。狄仁杰首先是位庙堂中人,有超乎寻常的断案才能,身上具备侠客的精神与绝技,并且忠君爱民。在徐克的电影中,不论是青年的狄仁杰(赵又廷饰演),还是中年的狄仁杰(刘德华饰演),都是具有儒家行止且身手不凡的豪侠。徐克创造的武侠电影怀有深厚的儒家精神与信念,尽管主人公也兼有道家、佛家的某些思想,但最核心与内在的行为驱动力是儒家思想。与第一部《通天帝国》相比,《狄仁杰之神都龙王》里的故事情节在升级,前一个叙事线索是救主,后一个则是护国。徐克用武侠小说中的"科学"逻辑赋予了狄仁杰几乎超人的能力,比如狄仁杰有"千里眼",可以在很远的地方看到官阶铭牌,也读得懂唇语这种在武侠小说里常见的奇异技能,擅武博闻,机敏智慧,为国为民。在他的电影中,狄仁杰成为不折不扣的中国古代的詹姆斯·邦德。

武侠片导演无一例外地钟爱场面与景观,影片《狄仁杰之神都龙王》借狄仁杰的断案经历展示了一幅大唐盛世的壮丽景象,且其中的几大武打场面继续保持了徐克武侠片的高水平制作。与异邦面具刺客打斗的燕子楼,美貌官伎银睿姬所在的龙王庙,被海怪摧毁的海上战船,与霍义打斗的绝壁,这些具有想象力的空间自然流畅地推动叙事。历史上大唐是一个四方来朝、文化多元的时代,在都城长安与神都洛阳的外国人非常多,如李白诗中"落花踏尽游何处,笑入胡姬酒肆中"就描绘了大唐时代的社会风貌。电影中狄仁杰与银睿姬在胡人酒肆中讲其扶余国身世,渲染神秘的传奇色彩。导演徐克创制了一个诡谲怪异的江湖,蛊虫、赤焰金龟、杀人蜜蜂、异变的人兽、豢养的海怪等异形元素惊目新奇,还有无数蝙蝠的海上孤岛、水中腾起的白马等等,这些元素既吸收《蜀山剑侠传》中天上地下的奇禽怪兽,也吸收好莱

---

[1] 杨伟:《仕侠:徐克电影的新"浪花"》,《电影艺术》2013年第6期。

坞电影中获得观众喜爱的类型元素。可以说，第一部《狄仁杰之通天帝国》所描绘的"庙堂江湖"令人惊喜，从中观众又领略到了熟悉的徐克电影的风格和元素，《狄仁杰之神都龙王》再一次呈现了来自武侠小说与经典武侠片经验的最地道的"江湖"。

　　人性的江湖。冯友兰先生曾将人生境界分为从低到高的四个等级：自然境界、功利境界、道德境界与天地境界。与前两部电影不同，电影《绣春刀》讲述的是人的自然境界与功利境界，换言之讲的是被世俗纠缠的人性和欲望。影片中大哥卢剑星想升百户为的是官位，二哥沈炼钟爱一位教坊司的女子为的是内心有愧的美人，三弟靳一川因杀人顶替锦衣卫官职被师兄丁修敲诈为的是保命。同时三个人都有特殊的缘由，卢剑星是母亲催他接父亲职位，沈炼当日亲送周妙彤到教坊司，靳一川是在正当防卫中杀了锦衣卫，每个人的"前情"给他们的欲望做了修饰。故事中的三兄弟并非天生势利贪财，而是人生遭际使然，这样就让欲望看起来属于不可相违的人之常情。故事曲折推进的另一个设定是三人之间如同手足情深义重，并且遇到了老谋深算的魏忠贤和更加狡猾心狠无节的赵靖忠。在反面人物的衬托下，三人不合道德规范的欲望得到了合理解释：一边是情义，一边是欲望，在两者的挤压下，故事走向了三个人不可控制的局面。这部影片在武侠电影中非同寻常，它跳出了传统的陷害忠良、保护后代的故事套路，编织了一个看起来逻辑缜密、跌宕起伏、引人入胜的故事。尽管《绣春刀》的武打场面同前面两部电影相比没有了巅峰对决、高手过招的气势，却因剧作的精彩，让打斗场面与故事线索紧密关联，展现出别具一格的吸引力，在中等成本制作中实属上乘之作。

　　严苛地讲，影片《绣春刀》里并没有真正的侠客，如果有，那就是脱下飞鱼服之后在关外草原为兄弟复仇的沈炼。《绣春刀》的故事是一个关于欲望的寓言，而描写人性的故事具有超越时代的意义。当然锦衣卫也是庙堂人士，与具有高才大德且得到君王高度信任的狄仁杰相比，三兄弟人微禄薄，不仅得不到信任还被当成棋子，也非狄仁杰式的"仕侠"。《狄仁杰》中狄仁杰和尉迟真金心怀忠义信念而执剑杀贼护国，《一代宗师》中宫二抱守江湖信念践行诺言，两者是道德境界和天地境界，而《绣春刀》中则是以人的向生性为本能、以利己为原则构建故事推动情节的，是对人性和欲望的阐释。《绣春刀》作为武侠电影类型所阐释的人性具有后现代主义的电影特征，消解了一直以来武侠片所塑造的武侠人物之神性特征。电影中三兄弟没有脱离人间境界，身上有各自的人间欲望，并且按照欲望指引行为。传统武侠电影中的锦衣卫或被塑造成极致的正义之士，或被塑造为极致的爪牙身份，两种相对立的极致性都体现了一种单一性，锦衣卫的形象是非好即坏的。而《绣春刀》中的三兄弟既不是有强烈自我意识的正义之士，也非冷酷无情的绝命杀手，三人只是听命行事被人主宰命运的小官。《绣春刀》中主角是官府身份，但故事具有更加强烈的命运色彩，锦衣卫身份与其人性的选择相比显得弱而无力。沈炼在被金钱贿赂的那一刻纵容了欲望，其命运的走向就必须付出欲望的代价。对欲望与人性的思辨不是中国传统文化原本所有的探索世界的传统，而是来自后现代语境中西方为欲望申诉的文艺创作思想。

二、武侠电影与中国文化精神

江湖不仅是侠客们仗剑而走的天涯，也折射出文士们对现世、历史与人生的哲学思考。中国的武侠精神非常有趣，在历代文人的凝练打磨中，不仅关乎肢体行为，也关乎心的活动，既关乎体魄，又关乎灵魂。中国文化精神复杂深厚，武侠电影之所以具有深厚的社会文化心理基础，很重要的原因是能将复杂深厚且较为抽象的中国文化精神，包括中国哲学精神和美学精神，在江湖世界的武侠人物身上具象化、通俗化地表现出来。或者反过来说，武侠人物所具备的德行技艺，在江湖中所奉守的准则信念,与中国文化精神是对应的,只不过武侠文学和电影在各自不同的发展阶段,从不同的角度阐释中国文化精神的内涵。而《一代宗师》《狄仁杰之神都龙王》《绣春刀》三部影片便在刀光剑影中,体现出了或多或少却根深蒂固的中国文化精神。

武侠人物折射理想人格。在儒家思想作为古代主要统治思想的时代,游侠原是不入正统儒家典籍的。司马迁不惜笔墨为游侠作传,写侠客们虽然"以武犯禁",但真正的侠士是有道德的仁人,可以"不爱其躯,赴士之困厄"。尽管有值得推崇的君子之风,但是最初的侠客多为中材,在唐宋豪侠小说和清代侠义小说的点染下,到民国时期侠客已经演变为资质天挺的传奇英雄式的人物,平江不肖生、王度庐、还珠楼主、宫白羽等开始以侠客为主要表现对象,继而港台武侠作家着力刻画了武功高强、品格高尚的大侠与英雄。在侠客精神的历史演化中,文人的理想人格被不断注入,历代文人在书写侠客时已经自觉地带入自身的世界观与价值观,"侠"的观念脱离原有的历史具象性,依据演义、评书、小说等民间创作,再经过文人润色而逐渐演变成一种文人理想化的精神与气质。此种精神气质不断被提炼,"侠客的基本面貌很大成分取决于文学传统的推移,而不是作家完全独立的创造,更不是社会生活的简单摹写",[1]武侠电影中的侠客精神与武侠文学作品所追求的理想人格并无大异。

《一代宗师》中描述民间武术宗师的品格是"藏",电影吸收民国武林掌故并对各门派亲临考证,将国逢乱世的武林门派刻画得极具民间特性还兼有人格之美。"其言必行,其行必果,已诺必诚",宫二奉了道便终身恪守江湖规矩,一线天输于高手就封刀再不出江湖,这些人物都是世道中的人,具有超凡的个性,电影就在人物的真实感与理想性之间拿捏分寸。《一代宗师》没有兵器,高手较量全靠手脚,如八

---

[1] 陈平原:《千古文人侠客梦》(增订本),北京,北京大学出版社,2010年,第6页。

卦掌金楼老三所言，单手为单刀，双手为双刀，武术的旨意并不为杀人。刀是名门正派的兵器，体现刚正强悍的意象，绣春刀是锦衣卫特定的兵器，在关外沈炼对赵靖忠说"不杀你和死了没两样"，用绣春刀杀死赵靖忠，是为结拜之"义"。《狄仁杰》中的兵器比较多，主角狄仁杰得到皇帝钦赐的亢龙锏，是电影中独创的兵器，用一个具有最高权力象征的兵器，增强了狄仁杰不畏强权的刚正形象，起到了刻画其人格精神的作用，武侠故事中的人物之所以熠熠生辉，最根源的是其具有永恒的理想人格。

武侠故事凝练中国哲学。诸家学说共同推动了中国文化精神的建构与演进，其中儒释道学说是中国传统文化与哲学精神的核心。"儒家文化、法家文化都是典型的庙堂文化，道家文化则是隐逸文化，道教和佛教中，向来也容纳了不少失意的士人，他们以很高的文化教养发展了一些颇为精致的思想体系和文学艺术。"[1]正是由于这种相反相成的文化体系，形成中国文化中一种颇为高贵的精神，就是积极入世、豁达宽容、天人合一的文化性格，张岱年先生认为刚健有为是中国文化精神的总纲。

《论语·微子》中记载了子路回答一位隐者对孔子"知其不可而为之者"的看法，说"君子之仕也，行其义也。道之不行，已知之矣"。子路所言令人钦敬，所以中国文士所敬仰的圣人是既入世而又出世的，儒家在其入世精神指引下干预、改善世道，推动历史的发展，并且是在其知晓道之难行而行道，正如电影《狄仁杰之神都龙王》中狄仁杰所言"正义必须强求"。在儒家精神中做官是为推行道义，道义推行又倚重君子修养，强求正义比离群隐遁更为艰难。电影中的狄仁杰被塑造成一个兼具入世与出世这两种相对相成特质的人物，坚持正义，护国爱民，身在庙堂，不贪权位，就是"君子之仕也，行其义也"的理

---

[1] 张岱年、程宜山:《中国文化精神》，北京，北京大学出版社，2015年，第109页。

想境界。对于这一点,冯友兰先生在《中国哲学史》中曾指出:"入世和出世是对立的,正如现实主义和理性主义也是对立的一样。中国哲学的主要任务,就是把这些反命题统一成一个合命题……求解这个问题,是中国哲学的精神。"[1]武侠小说以及武侠电影的作者们极尽所能地刻画侠客的武术造诣与精神世界,常常在高手间的巅峰对决时做这样的设计:取胜一方必然具备对天、地、人超乎寻常的领悟,几乎等同于冯友兰先生所讲的超道德觉解,这种觉解完全是哲学范畴的,属于精神活动,但侠客们的精神境界的高低最终能够决定其武术造诣的高低。《一代宗师》中宫掌门在他的人生最后一战中"不比武功比想法",也是无武之较量。两个高手的比试不在武在心,在境界,这个境界即是能否见天地、见众生。从最深奥的中国哲学角度看,可能见天地、见众生也未必是最高的境界,但总之中国文化中最精粹的哲学思考在武侠世界中完成,并以通俗文艺的形式传播,可谓奇观。

武侠形质追求气韵生动。气韵生动是中国艺术的一个问题,来源于中国的绘画,也与诗境有关,武侠电影的形质包含视觉与听觉的感性外形与深层审美的内在气质两层意味。从故事来看,武侠电影是具有神化特征与传奇色彩的英雄母题叙事,从中延伸出复仇、拯救、忠义等主题。从电影的层次看,由表及里可以分为电影语言的表现手法、故事与情节层面的构建、深刻的精神与思想的渗透三个层面。气韵生动不是三个层面的叠加,而是远远超越于三个层面之和,其可意会,不能尽言。

《一代宗师》的好处在于电影的气韵生动,情调、意境一直是王家卫电影中追求的从容与优雅。宫二与叶问金楼比武,双双坐于桌边,两人身后是身着旧式旗袍、头发挽得光滑、身姿浓艳的金楼姑娘,人物在瞬间都是静止的,动的除了摄影机就是姑娘们手尖的烟气袅姿,像一幅静默经久的画。气韵生动还蕴含在武打动作中,民国武术大师们屏气凝

---

[1] 冯友兰:《中国哲学简史》,北京,北京大学出版社,2013年,第8页。

神,手中一合脚下一开,功夫板眼就有了。金楼老三穿着精致绣花鞋的三寸金莲,如同莲花轻点湖面,手上刚劲脚下柔媚。气韵生动是电影画面的美,又不局限于电影画面,是让观众体验到诗情画意的深层之意味。不同导演对气韵生动的把握自有不同之处,徐克擅长表现奇形异质的江湖色彩,还擅长表现儿女情长,视觉上华丽且不落俗套。《狄仁杰之神都龙王》中的故事发生在盛唐的国际化都市神都洛阳,繁华的市井营生与恢宏的楼台高阁、列队作战的庞大楼船与奇形异质的江湖元素相辉映,打斗动作在诡谲的龙王庙、精致的燕子楼、端肃的大理寺、氤氲的荷塘、层叠的医馆、清心茶坊等三教九流之地中看起来华丽异常。影片以追求瑰丽华美奇幻以及强烈的视觉效果为特点,但同时又能够把握电影的节奏,整个视觉体系所散发的气韵是徐克作品的情调本质,也是其具有强烈个人色彩之所在。神都洛阳的情调气质让海怪和变形的人兽在故事中显得并不相互抵牾,否则很难想象两个类似于美国电影的怪物会出现在中国的唐朝。《绣春刀》是武侠电影中特殊的一部,是西方的后现代文艺思维与中国古代人物和故事的一种交融,但其中让人物脱离神性特征这一点倒是具备了中国侠客最初的一些精神样貌,从这个意义上不妨当作与中国文化进行了某种"神交"。以气韵生动的美学观点来阐释武侠电影的美学特征,包含了中国文艺理论中所提到的"空灵"与"充实","空则灵气往来,实则精力弥满",[1]武侠片通过声音与画面的关系所建立的时间与空间关系不仅是叙事层面的,同时也是审美层面的,每一部武侠电影作品都凝聚了作者苦心孤诣的创作追求。

三、结语:文人侠客梦

武侠片的实质是以古论今,是通过对历史与文化记忆的再创作、

---

[1] 宗白华:《美学散步》,上海,上海人民出版社,1981年,第23页。

再加工，表达对现实世界的思考。武侠片是地地道道的中国电影，"国内表明一部电影的卓越，是要引出外国理论，与外国电影类比的。唯独武侠片，不需要外国理论撑腰，要研究武侠电影，只能以我们本民族文化来研究"。[1] "文以载道"是中国的文化传统，中国电影之初的"道"，以社会风气教化为主，而当下中国电影所载之"道"的内涵更加丰富，要允许电影表现价值观的冲突与矛盾，但最终指向对社会和时代具有指引意义的价值观念，以及能够超越民族、宗教、国家，超越时代的具有普遍意义的价值观念、文化精神与美的追求。千古文人都深藏一个侠客梦，如果说导演是另一类文人，那么电影就是其文化理想与精神的寄情挥毫之地。

---

[1] 徐皓峰：《刀与星辰》，北京，世界图书出版公司，2012年，第219页。

在《秘密花园》与中式填色书之间

——以《中国美色》和《点染紫禁城》为案例

苗　雨[1]

[**摘　要**]《秘密花园》所引发的填色书热潮是在后现代文化中回归人本的"艺术疗法"尝试。中式填色书《中国美色》和《点染紫禁城》以边缘艺术姿态呼应融合中国传统的色彩观和"随类赋彩"的艺术理念,在策划创意上主动与新媒介融合,试图超越网络时代"乌合之众"的趋同性,通过呼唤色彩的传统文化意义和进一步丰富传播途径,赋予填色书以新的内涵与生面。在"人人都是艺术家"的语境中,填色书所代表的传播形态发挥沟通大众消费与纯粹艺术的作用,为拓展艺术边界、展现中国形象提供新途径。

[**关键词**]《秘密花园》;中式填色书;艺术疗法;边缘艺术;随类赋彩;中国形象

"欢迎来到秘密花园!这是一个由奇幻花朵和其他珍奇植物构成的

---

[1] 苗雨,北京师范大学博士研究生。

黑白魔幻世界,这里有可以涂色的画,可以探索的迷宫,等待去完成的图像,以及可以让你尽情涂画的空白空间。请用彩笔来添加五彩斑斓的色彩,或者用细头黑色笔创作更多的涂鸦和细节。在每一页中你都会发现一些若隐若现的爬虫和珍奇小生物,并且还可以在花朵中寻觅到黄蜂、蝴蝶和鸟的踪迹。你可以将书末的提示清单作为辅助,来找出所有出现在花园中的事物。祝你好运!"

这是时下风靡世界的手绘填色书《秘密花园》的卷首语,也是全书最长的一段文字。英国插画家乔安娜·贝斯福德(Johanna Basford)创作的这部黑白线稿画集,由读者自主上色,在英美亚马逊畅销书排行榜上居高不下,又由各国名人明星牵头,席卷社交网络,韩剧里也出现了它的身影。2015年6月中文版发行后,也创造了文艺青年人手一本的"涂色减压"奇观。

于是,填色书作为一种新兴文化产品与传播形态在中国流行开来,故宫博物院的官方微博透露,2015年10月90周年院庆前夕,将发行系列填色书《点染紫禁城》,将藏品中的建筑、器物与服饰图案制作成填色图,供读者欣赏了解故宫文化。微博先发布了三张建筑画样的线稿,有奖征集评选网友的优秀作品,数日内便收到了超过6000条回复。对于"跟风"《秘密花园》的质疑,故宫出版社表示,《点染紫禁城》要让玩家填的不是"颜色",而是"文化",除了以文物作为素材和编纂基础以外,还邀请专家撰写简介,让填色成为一种了解、学习中国传统文化的方式。[1]

而早在8月,《中国国家地理》就已经率先尝试实践了这一理念。网络旗舰店发售的《中国美色》明信片,结合《中华遗产》杂志2012年11月的《红黄白黑青·中国美色》专题文章,精选14张代表中国传统色系的风景图片,印制成明信片,选取了98种具有代表性的中国传统颜色名称,分色系制作色卡,用著名书法家的手迹标注,"并参照了

---

[1] 《故宫10月"点染紫禁城"》,《法制晚报》2015年8月24日。

书法家的艺术风格,以期达到与相应颜色的通感呼应",[1]最后附有"夔龙捧寿"图案的填色卡,充分强调了色彩所承载的中国传统文化价值。

目前对于《秘密花园》的风靡乃至填色文化现象的解读,多数集中于心理学与大众传播学视角,色彩本身的现代意义,也应当在此基础上得到充分的重视。填色书这种文化消费品,首先是"艺术疗法"在新媒介中的折射变形,以"边缘艺术"的形态,引导大众管窥并体验参与。而且,较之《秘密花园》的纯粹填色,从《中国美色》到《点染紫禁城》,这类中式填色书更多的是以"色彩"为中介,引导读者细致地观察、体验中国古代的艺术精品及其文化底蕴,展示中国传统的审美情操和精神气质。国内涌现出的这些中式填色书,与中国传统艺术论"随类赋彩"的理念形成了微妙的呼应,又将传统的色彩分类观念与消费文化中的商品化需求接续起来,试图以开放的方式,令填色这一行为超越"乌合之众"的趋同性,询唤并进一步丰富色彩的文化意义和传播途径,而网络时代"人人都是艺术家"的悖境,又令这一现象凸显了新的问题和可能。

一、新媒介时代的"艺术疗法"

《秘密花园》的卷首语,强调的是两组关键词:"待完成""空白"与"探索""发现"。这阐释了填色行为的双重意义:色彩与线条一样,是画面中相互独立的构成要素,是创作者发挥创造力的空间,作为变量影响着作品,填色不是机械劳动,也没有标准的答案与选择;而与此同时,填色也是一种全面了解与重新发现作品的过程和途径。填色书由是成了一个由内而外的封闭自足的系统,为都市人提供了远离人群与多媒体以排遣压力的空间。

---

[1]《中国美色》,新浪微博"中国国家地理旗舰店",2015年8月3日,http://weibo.com/p/1001603871883757246428?。

所谓"填色减压"的滥觞,可追溯到荣格提出的"曼陀罗"符号艺术疗法,精神病患者不约而同绘制出的圆形花朵图案,大同小异,既是精神状态的投射,又是摆脱焦虑、抑郁过程的投射,"帮助生产一种内心秩序""表达安全的庇护所、内心和谐与统一的思想"。[1]选择、调配色彩以实现画面的主题,则印证了格式塔心理学的核心:整体不是各部分的简单相加,而是交互作用的刺激网络。

填色的这种意义前提,即色彩拥有的独立价值,实则是审美现代性的表征之一。现代主义美学的起点,就是色彩获得了自主的形式与审美独立品质。[2]古典主义通过透视与明暗,逼真地再现实物,色彩只是素描的附庸与客观补充,而印象派则在现代科学的影响下,探索色彩的复杂性来表现直觉印象,立足于主体的感觉重建艺术秩序。正如约翰·拉塞尔(John Russell)所言:"色彩是一个永恒标准:是评价优秀和正常画品的标准之一……还是一个差异标准,是帮助我们认识世界的事物之一。"色彩的解放,即艺术从"陈腐的社会义务中解放出来"。[3]

因此,无论是《秘密花园》还是《点染紫禁城》,填色书首先都可谓是一种回归人本的外壳与尝试,在碎片化、去中心、充满解构与颠覆的后现代文化语境中,追求形式自我存在的价值,以较低而简易的门槛,让大众体验艺术表达本身,在新媒介的语境中,重新引入这种古老的"艺术疗法"。

较之纷繁复杂、细节众多的《秘密花园》,中式填色作品似乎与"曼陀罗"的原型更加贴近,从团花"夔龙捧寿"图,到故宫官博预先发布的椽飞头彩画小样、内檐柱头和遂初堂天花,造型都以方圆为主,

---

[1] [瑞士]卡尔·古斯塔夫·荣格:《原型与集体无意识》,徐德林译,北京,国际文化出版公司,2011年,第349页。

[2] 王曦彤:《现代性:自律与画意——论现代主义色彩的结构性生成》,《艺术探索》2014年第28卷第3期。

[3] [美]约翰·拉塞尔:《现代艺术的意义》,陈世怀、常宁生译,南京,江苏美术出版社,1990年,第39、43页。

都是非常具有代表性的规整、封闭的古典纹样，包括了"万"字回文、蝙蝠、海潮、缠枝花等，这些富有象征意义的装饰符号，不仅仅见于故宫的建筑，更广泛渗入了古代生活的方方面面，从家具、服饰到文学作品、民间信仰。填色行为须建立在对这些文化符号意义的读解之上，首先是对于中国传统隐喻手法、心理偏好、艺术风格的一次回顾，符号承载的，既是皇家建筑的一处细节缩影，又是世俗集体无意识童叟无欺的表露。"点染紫禁城"并非让当代人好奇管窥面纱之后的古代皇室，而是意在唤起传统文化的普遍体验与共通性。

而不同的是，网络发布图案的快捷、精练与容易复制，又令"填色"这一行为的意义更加丰富了。网友不仅调配填涂色彩，还选择了多样的载体和手段来再现图案，征集到的作品除了不同的配色，还包括印制旗袍、串珠刺绣等立体作品。中国传统的工艺美术元素与色彩纹样有机结合起来，在其中充分发挥了作用，这在"艺术疗法"的层面上无疑是有趣的超越。如果说填色本身既是精神状态的投射，又是一种摆脱、排遣当下的生产进程，那么，新媒体中的填色大赛，则借助了新的传播手段，在机械复制的语境下，将手工、自制、立体化等旧的维度重新引入到当代的生活与创造中来，且并非刻意地碰撞移植，而是一次积极有机的调动与复苏。填色的对象，是一个过往的中国，而填色所衔接、生产的，同样也是一个植根于过往的当代中国。"填色"不仅仅为了"减压"，"减压"的手段也不仅仅是"填色"，而且以现代审美独立的视角，开发了大众的创造力，调动了国人与传统艺术的感情纽带，可谓一种在全球化、世界一体化大潮之中的自拔。

二、随类赋彩：边缘艺术的讲述

那么，另一个问题就接踵而至了，填色书作为减压"艺术疗法"的变体，是否足以跻身"艺术"？伴随着《秘密花园》的热销，在"中国创意"与有奖征集的背后,隐藏着无限的商机,抑或只是一次大众消费借"艺术"之名、"传统"之名的模仿狂欢?

一个无法回避的现象是,填色书的火爆,引发了相关文具的热销,而这种势头,打出的是"审美意识"的旗号。微信朋友圈热烈地转发着名为《彩铅工具使用心得》的文章,各种知名品牌的彩色铅笔纷纷脱销,电商甚至用涨价、限购来应对。填涂《秘密花园》,最常用的"入门级"工具是辉柏嘉48色铅笔,而最高级的是日本芬理希梦的500色彩铅,品牌以"共创幸福的幸福"为口号,售价高达数千元,且不断攀升,被文艺青年戏称为保值的"硬通货"。而芬理希梦官方的一条营销策略,是将500色的铅笔分作20个色系,分20个月寄送给买家,附赠色系说明手册与每种颜色对应的命名故事,以表示"供给那些拥有特定审美意识的人"。[1]

与此同时,有关《秘密花园》的另一篇《涂鸦指南》也在网络上流行开来:由于铅笔的质量良莠不齐,或者读者缺乏美术功底,配色拙劣,把亲友之间"晒"出的作品一比较,同一幅画面就填出了截然不同的对比效果,令人啼笑皆非,[2] 于是,这种营销策略就成了填色书的有机补充:提供高质量的工具,并且帮助读者把握色彩的不同风格与内涵,提升"审美意识",以更好地完成填色作品。

彩色铅笔的经济学所折射的就是,填色这一具有游戏性质的行为徘徊在审美与消费的边缘,沟通着二者。而日本大众文化研究者鹤见俊辅曾将"艺术"的概念分成三个层次:借由传统确立的纯粹艺术,拥有固定样式和权威,由艺术家创作,特定人群消费;被大众传媒复制的大众艺术,被商业资本加工为可消费的商品,由专门机构提供给大众;第三种"边缘艺术",则正是徘徊在艺术和生活的边界上,由普

---

[1] 朱小坤:《芬理希梦:500色铅笔的营销秘密》,《第一财经》周刊2011年8月。

[2] 王小威:《丑哭了自己?如何正确涂鸦〈秘密花园〉》,中关村在线,2015年8月19日,http://oa.zol.com.cn/535/5351223_all.html。

通人创作、普通人欣赏的艺术。[1]日常生活中,"普通人创作的组织化"也是一种传达审美意味的传播行为、一种艺术实践,作为基础,存在于媒介与人类关系的根源上,催生着文化与社会的新发展。在这种理解图景下,填色书的热潮无疑就具有了更广阔的讨论空间。

如果说《秘密花园》通过彩色铅笔的辅助消费,打开了一种由日常生活通往审美欣赏的途径,拉动了填色图创作与接受的互动,那么值得注意的是,《中国美色》则通过独特的设计理念,自足地提供了这一过程。

首先,明信片扉页的解说词阐明,这套色卡与填色图的基本设计理念是"中国传统用色哲学"。作为基础的"中华遗产"系列文章,讲解的即是青、赤、黄、白、黑五色在古代中国认识宇宙、规范社会的意义,对应的五方、五行,代表着中国文化的总体架构,与农业文明互为表里;明信片的14色就在此基础上分类,以文学名篇中的句子命名,并结合了相应的自然风光图片,如黄色系下的"浮光跃金",配图为富春江夕阳景色,其下又根据深浅不同,再分出七色,印制色卡并标注了生动形象的古代称谓,为"鹅黄""柘黄""铅黄"等提供了直观的印象;此外,颜色名称还选取了著名书法家的手迹标注,并参照其艺术风格,以达到相应的"通感呼应",例如"金"选取的就是爽利挺秀的柳公权手迹。

我国传统的颜色观念中的"五色说"源自《尚书》,本来是儒家哲学体系所衍生出的色彩审美体系,强调的是色彩的稳定与秩序,充满了类型化意味,与社会功能挂钩,原本具有很强的功利性。而道家提出"五色乱目",主张顺应天地万物、自然规律,突出个人的精神价值和直观感受,追求单一纯粹的"玄色",一定程度上反拨、调剂了这种色彩观。在此意义上,《中国美色》打出的"传统用色哲学"牌并不是单一的,而是通过风景配图、直观的分类色卡与书法墨色的"通感",

---

[1] [日] 鹤见俊辅:《艺术的发展》,《边缘艺术》,东京,讲谈社学术文库,1976年,第9—82页。转引自
　　[日] 水越伸:《数字媒介社会》,冉华、于小川译,武汉,武汉大学出版社,2009年,第42、43页。

强调了"美色"的独立欣赏价值，有机地融合了两种色彩理念。再加上明信片这种富有传播意味的载体，《中国美色》化身为传达审美的符号与象征，既是一种可复制、可消费的大众产品，又提供了一种接近传统艺术固定样式与权威的途径。

那么在实践层面，填色书又是如何呼应并实现"边缘艺术"的根源性地位与催生作用呢？与中国儒道互补、互相调剂的色彩观近似，西方现代的色彩观，同样经历了一个打破预设的"固有色"专制的过程。正如弗莱所言，印象派强调色彩的复杂性和跨色系的碰撞，"通过接受完整的视觉印象，并将自己从偏爱固有色的日常偏见中解放出来"，[1]宗教的权威世界观在人的主体性面前退却。

而中国古代对这个问题的反思，则首先体现为"随类赋彩"。南齐谢赫的《古画品录》产生于中国古代文艺独立思潮萌发的六朝时期，作为最早的系统画论，开始关注绘画本体的美，谢赫提出的著名的"画有六法"，其次便是"随类赋彩"。《广雅》解释"画，类也"，而南朝宗炳在《画山水序》中将绘画释为"类之成巧，则目亦同应，心亦俱会"。"类"既是对客观事物的模拟，又是主观的感应与把握，而"赋"源于文学技巧，其中给予铺陈的意义，便不同于单纯的技术性上色，需要在分色引类的法式下，充分调动主体的主动性。[2]说填色书的理念与此在某种程度上不谋而合，似乎并不为过。

如果说《秘密花园》的对象是再现花鸟鱼虫的装饰风格原创线稿，借助的工具还是经过了高度抽象预设的彩铅色系，那么《中国美色》和《点染紫禁城》则以自然风光释色，通过对色彩主观印象的描述与直击，依托文物纹饰、建筑画样为底稿，真正实现了一种"接地气"的"应目会心"，也对读者主体的主动性提出了更深一层的要求：不仅要有甄别、理解色彩的审美能力，还要调动多重主观感受实现"通感"，对中

---

[1] [英]罗杰·弗莱:《弗莱艺术批评文选》，沈语冰译，南京，江苏美术出版社，2010年，第60页。
[2] 刘瑶:《随类赋彩新解》，中国艺术研究院博士学位论文，2013年，第7—13页。

国传统的艺术风格与审美精神也要有一定的把握和领悟。所以,"点染紫禁城"活动不再局限彩铅填色,而是开发了各种载体和工艺美术手段,为全书的系统出版提供了多样化的前期宣传,《点染紫禁城》的可能性与期待值也由是大大地拓展了。

三、"人人都是艺术家":超越"乌合之众"如何可能?

然而,填色书的热潮之中,还隐藏着一组微妙的悖论。填色一方面是一种可以自足完成的个体行为,另一方面却与社交媒体紧密地联系在一起。读者把绘制完成的作品上传到 Facebook、微博和微信朋友圈等平台上,接受"转发"和"点赞",由于底稿一致,亲友之间还可以比拼配色、创意甚至比拼填色速度。在高速、平面化、碎片化的虚拟社交中,填色反被裹挟,成了自我展现和寻求认同的媒介。于是有评论称,正如勒庞在《乌合之众》中对群体与个体关系的分析,人们"为了能获得群体认同感和谈资,往往会选择趋同性的行为"。[1]

对此,《秘密花园》的应对途径是"内爆",重点强调自身区别于传统填色书的原创性和自由度。原稿并非电脑绘制的机械复制模板,而是身为插画师的原作者精心设计手绘,图案细密复杂,扩展度高,提供了"无界创作"的充分空间,因而仍然具有广阔的市场前景,续作《魔法森林》等依然势头不减。[2] 社交平台上单纯的比拼填色只不过是拣金之前的披沙,真正有创意的读者和画手能将其作为素材,赋予其独特的价值。

而中式填色书似乎已经在此基础上掌握了先机,在策划制作中,就率先将填色的创意与大众媒体紧密联系在一起,主动实现了营销、推广、互动与网络传播的有机结合。《中国美色》的封套上,诙谐地用繁体竖排的宋体字标注了网络流行语"正确的打开方式":每张明信片

---

[1] 李蕊:《减压神器走红戳中谁的"买点"》,《陕西日报》2015年8月11日第10版。
[2] 孟凡:《涂色书:黑白线条成就大市场》,《新华书目报》2015年6月15日第A03版。

背面都印有可扫描的二维码，相关解读和杂志原文都可通过手机扫描二维码获得推送，有助于进一步强化直观印象，以及查询、记忆纷繁复杂的色号。《点染紫禁城》更是在微博上打了前站，以有奖征集网友作品的方式，极快地发布、传播出版信息，还捕捉、把握了有效受众群体，获取了不少互动反馈意见。这些尝试，既掌握了在新媒体语境中的主动权，同时也开发了受众的能动性，避免了跟风趋同的单箭头传播模式，都可谓中式填色书站在《秘密花园》肩膀上的灵活创意模式。

在尼尔·波兹曼看来，印刷技术创造了新的符号世界，从而改变了人类对自身的认识，创造了一种崭新而普遍的自我观念，"成人"与"童年"的分野由是而生。而一览无余的媒介，又排除了世俗知识的排他性，打破了"成人"与"童年"的界限。[1]无论国内还是国外，许多视角都以"回归童年"来阐释填色书的意义、风靡与新兴发展趋势，[2]而综上所述，中式填色书超越"乌合之众"的新媒介尝试，印证的却显然是这种"童年的消逝"。

在网络时代，后现代主义雕塑家约瑟夫·博伊斯"人人都是艺术家"的口号被推衍到了极致，艺术不再只是供人欣赏，而是"触动其日常生活和精神世界的一种动力""在某个特殊境遇和冲突中与他人互相生发的力量"。[3]网络媒体空间的开放和网民主体角色的扮演、展示性质，令"人人都是艺术家"成了现实的倾向，但在另一种意义上，又仅仅是幻想和神话。[4]由于数字技术和消费市场的发展，艺术家赖以生存或界定身份的某些技能一步一步贬值，这在填色书的生产和消费中体现得尤其明显，《中国美色》对色彩知识的普及点击可见，一触即得，不

---

[1]［美］尼尔·波兹曼:《童年的消逝》，吴燕莛译，桂林，广西师范大学出版社，2004年，第29、30、119—121页。

[2]江意:《成人减压新方式：回归童年》，《世界博览》2015年第14期。张悦:《趁孩子睡觉时悄悄涂色——〈秘密花园〉的艺术疗法》，《中国艺术报》2015年7月1日第5版。

[3]朱青生:《如果人人都是艺术家，人在哪里?》，《观察家》2003年第4期。

[4]黄鸣奋:《网络时代的许诺：人人都可成为艺术家》，《文艺评论》2000年第4期。

再与造价昂贵的铅笔捆绑销售；获得《点染紫禁城》的图样，也不需要再像传统艺术从业者与爱好者那样亲临文物现场临摹，网络发布的形式为复制到各种载体上进行再创作提供了巨大的便利，所有的参与者似乎都实现了一次成为艺术家的梦想。

但换一个角度来看，由于起跑线向前推进了一步，要在新的语境下成为符合新媒介时代要求的艺术家，同样并非易事：《点染紫禁城》微博征集的原则，就是手工绘制与电脑机填投票名额均等，最后图案"橡飞头彩画小样"的九幅获奖作品，即包括四幅手绘、四幅机填和一幅串珠刺绣。要在资源信息工具技术皆均等的情况下，从填色大"晒"和"有奖征集"中脱颖而出，主体的创意和感悟能力仍然发挥着举足轻重的作用。而波普艺术家安迪·沃霍尔所言的"人人都可做15分钟的艺术家"，则道破了其中的本质：在填色的边缘艺术场中，即使脱颖而出，也并未能脱离或偏离原有的社会位置，而是借助暂时性的体验，接近了纯粹艺术与传统文化，尝试新的角色以突破社会分工的束缚。每一个填色的读者，都可以参与模拟、展现、诠释、强化传统艺术精华的过程，并以成品的传播，促使更多人关注并参与到这一短暂而又可重复、可持续的体验中来。

即便网络时代平面化、碎片化的趋势不可避免，但中式填色书如《中国美色》和《点染紫禁城》仍然通过询唤色彩的传统文化意义和进一步丰富传播途径，在可能的范围内，赋予了填色书新的审美内涵与生面。在理想的状态下，人们不仅借由填色行为本身寻求安定与认同，更通过对审美对象的积极把握，体会中国传统审美艺术的延续性与感召力，以及它在当代新兴媒体中生存发展的丰富可能。在"人人都是艺术家"的语境中，主体自我的确定性不断游走，边缘艺术的沟通作用也逐渐走到了大众视野中。如果说《秘密花园》令全世界都开始填色，那么中式填色书能否在这股大潮中让世界了解色彩、了解故宫、了解中国呢？

"百年现代文学与文化"专题

翻译的母语和形成中的通用语

——从晚清翻译活动的一些特点看一种新的研究模式

吕 黎[1]

[摘 要] 自从史书美在2004年提出Sinophone这一概念以来，"华语语系"和"华语语系文学"很快就取代离散话语，成为海外华语文学研究的新范式。本文试图通过这个范式中的三个基础概念来透视晚清的翻译活动，尤其是严复、林纾和梁启超的翻译语言和实践，从中找到华语语系发展的新维度，以及国内学界可供参考之处。

[关键词] 华语语系；母语；文言；国语；晚清翻译

自从史书美在2004年提出Sinophone这一概念以来，"华语语系"和"华语语系文学"很快就取代离散话语，成为海外华语文学研究的

---

[1] 本文为教育部人文社科基地项目《中国文艺思想通史·近代卷》（项目编号：13JJD750004）阶段性成果。吕黎，北京师范大学文学院副教授，北京师范大学文艺学研究中心专职研究员。

新范式,其内涵和影响也在不断地深入发展中。除了一些态度基本消极的介绍和回应,国内学界对这一新潮流基本是不关心、不了解、不介入。本文的目的不是要全面考察华语语系文学研究的渊源和现状,而是试图以其中的三个主要的研究视角来透视晚清的翻译活动,从中找到华语语系的新维度,以及国内学界可供参考之处。

在华语语系文学的研究中,史书美的 Sinophone 概念、王德威的"三民主义"论和石静远的"文学综理会商"(literary governance)说是三个最重要的理论脉络,共同构筑起华语语系文学的理论基础。尽管史书美并不是第一个使用 Sinophone 这一新造词的学者,但她赋予了这个词独特的理论含义。面对着已有的 Anglophone(英语语系)、Francophone(法语语系)、Hispanophone(西语语系)和 Lusophone(葡语语系),史书美主要取 Anglophone Literature 的含义,将 Sinophone Literature(华语语系文学)用来描述中国大陆之外的华语作家用中文写就的文学作品,以便与中国文学相区别。如果抛开其强烈的反离散、反中国中心主义的倾向外,这个新概念对语音和方言的强调很值得思考。史书美其实指出了一个明显的事实,就是在大陆之外的华语地区(包括中国的香港、台湾及东南亚等),人们很少使用一种官话/国语/普通话,而是使用不同的方言,这种差异的声音塑造了当地作家的母语经验和语言环境,并以复杂的方式不同程度地渗透到文学之中。与通常我们把汉语理解为普通话和白话文不同,华语语系这个概念提醒我们它"不仅在声音上而且在字形上的多语言性"。[1]

王德威质疑史书美将中国文学排除在华语语系文学的范畴之外的做法,以一种更复杂的、流动的眼光看待华语语系文学中的众声喧哗。借用张爱玲"包括在外"这个看似悖论的说法,王德威试图揭示中国文学或者海外文学这些概念的多义性、歧义性,以及华人作家身份的

---

[1] Shih, Shu-mei, *"The Concept of the Sinophone."* PMLA 126.3 (2011): 709—718. Print.

多元性、不确定性。在这样的思路下,他以一种文字游戏的方式用三个同音异形异义词(移民、夷民、遗民)来描述华语语系文学的现象。在他看来,"华人投身海外,基本上身份是离境的、漂泊的'移民'。而年久日深,一代又一代移民的子女融入了地区的文化,真就成为外国人,就是我所谓的'夷民'。但仍然有一种海外华语发声姿态,那就是拒绝融入移居的文化里,不论如何,仍然坚持'花果飘零,灵根自植'的想象,形成所谓的'遗民'。"[1] 从移民到夷民再到遗民,甚至到后遗民,这不仅是身份认同的简单变化,而且经常伴随着时空的消逝错置,其结果就是"根"的失落和再植。

尽管对华语语系文学的内涵和外延有不尽相同的理解,史书美和王德威都在他们的研究中预设了或隐或显或强或弱的去中国中心化的政治立场和情结。石静远则另辟蹊径,提出了一个表面上去政治化的概念"文学综理会商",以强调语言在现实传播网络中的交流、沟通作用,以及说话人对语言的管理、分配的感知。所谓的"文学综理会商",指的是"语言的多种敌对意识和'说母语的人'之间其实存在着一个若隐若现,或强迫或自愿的转圜关系":"一方面人们透过正字法学习语言和文字,另一方面,人们又有着对'母语'这样一个基本语言归属的依赖。"[2] 石静远既反对将华语/华文视为一种可靠的、可回归的本质,也反对完全对抗性的去中国中心,而是以实用主义的态度去考察民族语言、文化的资本能否和如何被有效地借用和挪用。简言之,就是将语言视为一种交流的工具,而不是一种身份的认同。

国内对华语语系文学的有限回应,主要是对其中清晰的对抗性意识形态的批评和抵制。事实上,一个研究范式是否成功主要看它对现象有没有更大的解释力,是否能包容更多其他研究范式的成果。以此来衡量,华语语系文学在学理上至少有两个不足:第一就是对翻译研

---

[1] 王德威:《华语语系的人文视野与新加坡经验:十个关键词》,《华文文学》2014年第3期,第13页。
[2] 石静远:《华语语系研究及其对母语观念的重塑》,《华人研究国际学报》2015年第1期,第5页。

究的丰富理论和成果借鉴不足，也就更提不上为翻译研究提供新的视角。因为不论是史书美强调的音形多语言性，还是王德威提倡的基于时空错乱中的"势"的诗学，或是石静远偏爱的对母语与其他多种语言的综理会商，本质上都是翻译的问题。但正如单德兴指出的那样，翻译在华语语系文学的研究中极少被论及，他的证据就是在仅有的两本以华语语系文学为主题的论文集中，讨论翻译的地方少得可怜。[1]第二就是有意或无意地回避了中国文学中的经典，无论是将中国文学（大陆）排除在华语语系文学之外的史书美，还是将其包括在内的王德威，事实上都不得不面对着中国文学经典的巨大挑战，因为无论在数量上还是在美学的和政治的重要性上，华语语系文学的研究者所推崇的经典作家和作品都还无法与中国文学媲美。

为了弥补这两点不足，本文试图通过梳理晚清一些翻译活动的特点，尤其是严复、林纾和梁启超的语言翻译和实践，以说明将华语语系文学的方法和视角引入中国文学研究，尤其是翻译研究的可能性。

首先，严复、林纾以文言文翻译，而梁启超以半文半白的"新文体"翻译，这早已是学界的共识，其背后的政治、美学的原因也有众多令人信服的研究。但这些研究一般都是把这些翻译看作中（文言文或者"新文体"）、西（英、法、日等）两种语言之间的交换，而事实上，其中涉及的"音形的多语言性"远比这复杂。研究者大多忽视了一点，就是这三位晚清最重要的翻译家的母语既不是文言文，也不是白话文，而是各自的方言。严复和林纾的母语应该是福州话，梁启超的母语则是粤语。这些方言无疑是他们从生命之初就听到的，也是他们在牙牙学语时就开始说的，一直伴随着他们的一生，甚至在他们人生的某些时刻还影响到他们事业的发展。比如，严复经常抱怨他在天津水师学堂受压制，没有得到很好的提升。学界对此也有不少研究，经常提

---

[1] 单德兴：《众声喧"华"中的微音：试论翻译的华语文学——以哈金为例》，《中国现代文学》2014年第25期，第3—4页。

到的原因主要是不受李鸿章的赏识以及严复在学历（没有功名）和习惯（抽鸦片）上有短板。其实有很多材料都显示，在北洋水师中有福建帮。埃德温·J·丁格尔在他的《1911—1912亲历中国革命》中就提到，北洋水师中的福建人大多来自商贾家庭，他们之间说方言，而说官话还没有英语流利，经常排斥来自安徽、湖南等地的非闽籍将领。如果我们把严复四次乡试的失败简单看作他在官话等级水平考试中的失败的话，那么我们推测说他很重的福建腔会影响来自安徽的李鸿章对他的理解和好感，这应该不会是毫无根据的。

除了方言，这些人在长大点后会学习书面语，就是文言文。梁启超由于家学的原因，应该4岁时就在祖父的指导下开始接触文言文，12岁中秀才，17岁中举人。应该说，他在文言文上是有很高造诣的。而严复7岁始受业，至14岁因父亡、家贫不再从师，此后就入福州船政学堂，再也没有接受过正规、系统的文言文教育，以至于乡试四试不中，直到57岁才被赐文科进士出身。林纾因为家境贫寒，9岁始入私塾，11岁至15岁从师学洋文、杜诗和制文。林纾刻苦好读，他的文言文知识应该主要是靠自学获得的，直至31岁中举。文言文对这三人的重要性，应该与拉丁文对笛卡尔、牛顿和莱布尼茨的重要性一样。拉丁文是这三个来自不同国家的学者做严肃思考（科学和哲学）时使用的语言，同时也是他们进入一个欧洲知识共同体的保证和象征。相似的，文言文也是严复、林纾、梁启超被士绅阶层接纳或排斥的重要凭证。

成年后，由于职业的原因，这三人还要学习另一种口语，就是官话。官话就是汉语的标准语，有着长久的历史，也有着巨大的变化，到清代又分为以南京音为标准的南方官话和以北京音为标准的北方官话。梁实秋曾撰文记录过梁启超1921年在清华学校做的一次有关中国韵文的演讲，根据他的经验，梁启超的"广东官话是很够标准的，距离国语甚远，但是他的声音沉着而有力，有时又是洪亮而激亢，所以我们还是能听懂他的每一个字，我们甚至想如果他说标准国语其效果可能反要差一些"。[1]梁实秋在广东官话和国语之间做了区分。作为北京人的梁实秋能够听懂梁启超用广东官话说的每一个字，说明梁启超可以有效地使用广东官话与新一代知识人交流严肃的学问，而他同时又认为广东官话离标准国语很远，说明民国建立后开始推行的通行语（国语、白话、普通话）正在形成之中，并已经取得成绩，使得作为听众的梁实秋敏感地注意到语言问题。

此外还有白话文的问题。严复和白话文的关系应该是最隔阂的。人们经常引用《与梁启超书》中的一段文字，来说明严复对白话文的鄙夷："若徒为近俗之辞，以取便市井乡僻之不学，此于文界，乃所谓陵迟，非革命也。且仆之所从事者，学理邃赜之书也，非以饷学僮而望其受益也，吾译正以待多读中国古书之人。使其目睹中国之古书，而欲稗贩吾译者，此其过在读者，而译者不任受责也。"[2]林纾背着"桐城谬种""选学妖孽"的骂名，一直被"五四"一代以降的学人视为白话文的主要反对者。而事实上，林纾的第一部诗集却是出版于1897年的白话诗集，题为《闽中新乐府》。胡适就曾为林纾正名，说"我们这一辈的少年人只认得守旧的林琴南，而不知道当日的维新党林琴南，只听得林琴南老年反对白话文学，而不知道林琴南壮年时曾做很通俗的白话诗——这算不得公平的舆论"。[3]林纾与白话文的渊源还不止于此，1901年，林纾客居杭州，受到庚子之变的影响，林纾与他的一些福建同乡共同创办了杭州第一张白话文报纸《杭州白话报》，并在一年内为报纸创作了至少十二首白话诗。梁启超是晚清白话文最重要的倡导者和实践者之一。他提倡言文一致，大胆使用日文新词汇，在翻译和自己的创作中实践文白夹杂、雅俗兼收、韵散不论、中西语法互补

---

[1] 梁实秋：《记梁任公先生的一次演讲》，《梁实秋散文选集》（第二版），天津，百花文艺出版社，2004年，第123页。
[2] 严复：《与梁启超书》，《严复集》第三册，北京，中华书局，1986年，第516—517页。
[3] 胡适：《林琴南先生的白话诗》，《晨报六周年纪念增刊》1924年12月31日，第268页。

的新文体，追求语言的通俗化和有效性。他的这种文体在晚清民初风行，影响了无数的写作者，是新的国语写作的重要资源。

上面这些有关三位译者的语言实践提醒我们，在研究他们的翻译活动时，不能把它们简单地理解为中西之间的语际翻译，而要把它们首先或者同时看作语内翻译，涉及口语之间（母语方言和官话）、书面语之间（文言文和白话文）以及口语和书面语之间复杂的语言交换。更重要的是，当汉语从这个翻译体系出发遭遇到另一种语言（不论是西方的英语、法语还是东方的日语）时[1]，汉语本身的弹性在挤压、碰撞中得以显现，一种新的、打上了多语言性烙印的通用语由此而不断形成，由这样的语言写成的文学作品当然也就被嵌入了多语言性。

语言的这种多语言性并不仅仅是一个语言学或者美学的问题，还涉及对母语动态的控制、分配和调节。在严复的翻译实践中，母语似乎都以一种"排除在内"的方式被管理着。严复专拣学理精深的西方哲学和社会科学著作翻译，又在翻译中近乎偏执地只用西汉以前的字法、句法，刻意模仿先秦文体，表面上是追求信达雅的目标，实际上这是"文学的综理会商"方式。作为母语的方言在私人领域浸染了感情、亲情，在公共领域则沾染了官场中圈子文化的世俗，当然不适合表达严肃的思考，也就不能提供给严复社会声誉的文化资本。近乎母语的文言文（或者制文）给严复带来的只是羞辱，以至于他将废八股文与国家兴亡联系起来。他在《救亡决论》中指出："天下理之最明而势所必至者，如今日中国不变法则必亡是已。然则变将何先？曰：莫亟于废八股。夫八股非自能害国也，害在使天下无人才。"[2] 母语要么不可用，要么只能以被否定的方式存在，其结果就是母语被放逐，一种新的语言被协商出来，以满足严复的交流和身份认同的需要。吊诡的是，这种新语言就是"与晚周诸子相上下"的古文，而古文大师吴汝纶

---

[1] 其实，这些语言本身也不是单一的语言，也是处于一个动态的翻译体系之中。
[2] 严复：《救亡决论》，《严复集》第一册，北京，中华书局，1986年，第40页。

的赞扬,则给予这种语言以母语似的硬通货价值。所以严复越是排斥母语,越是偏执地复古,其实就越是在追求伴随着母语的权利和荣誉。

而林纾在翻译时,母语应该享有的权利更像是被"包括在外"的方式管理的。林纾的翻译方式在晚清民初算是个特例,因为在那时,翻译已经成为具有双语能力的个体译者的天下,而林纾不懂任何外语,只能采用合译这种中国翻译史上最主流的翻译方式。他的弟子朱羲胄记录过林纾与人合译的过程:"顾先生不审西文,恃人口述而笔之书,口译未尽,属文辄终,篇成脱手,无复点窜。"[1] 与林纾一起合作译书的口译者有不下二十人,其中有他的同乡,如王寿昌、魏瀚、曾宗巩等,也有非闽籍的魏易、陈家麟等。朱羲胄的记录没有说明口译者是用官话还是方言进行口译,我们可以推测,与同乡人合作,他们之间很可能以方言交流;而与非闽人合作,他们则更可能以官话交流,因为"篇成脱手,无复点窜",所以林纾写下来的肯定是文言文,研究者一般把"口译未尽,属文辄终"看作对林纾译书之快的赞扬。林纾译书快有两个原因,一方面,从翻译策略来说,他翻译时有大量删节,最常见的是整段整段地删除不影响故事情节发展的景物描写、心理描写以及抒情、说理的内容;另一方面,从语言的等级关系来说,他重古文,轻翻译,更轻外语。林纾之所以快,快到编辑经常看不懂他手稿上的文字,是因为他面对外文有心理优势,能够在翻译中随意处理原文。同时,按照钱锺书的看法,林纾翻译用的是他认为"较通俗、较随便、富于弹性的文言"[2]。并不是古文。林纾创造的这种语言尽管完全可以具备古文的义法,但在翻译中林纾没有严格按照古文行事,事实上是采用了杂小说似的语言。他真正看重的,也是他自视甚高的其实是古文写作,古文才具有通用语意义上的母语价值。我们由此发现一个有趣的现象:在面对外语时,林纾创造出一种他觉得低一等的语言与之对应、交换,

---

[1] 朱羲胄:《春觉斋著述记》第三卷,《民国丛书》第四编,第 94 册,上海,上海书店,1989 年,第 1 页。
[2] 钱锺书:《林纾的翻译》,《七缀集》,上海,上海古籍出版社,1985 年,第 96 页。

而把他认为最有价值的语言留给了他试图以此获得声名和地位的文体，但他的声名和地位恰恰来自使用这低一等语言的实践，这与严复的例子不同，也与梁启超的翻译不同。梁启超创造的"新文体"无疑是在一个满足新兴媒介需要的跨国场域中形成的，是适应媒介技术发展潮流的文学综理会商，更是为了适应时空错乱的身份认同的产物。

通过上面对严复、林纾、梁启超翻译活动的说明，我希望下面的立场能够成立：中国文学不能仅仅是单一的国别文学，中国经典作家也不能仅仅是（汉）民族作家，所以可以用比较文学和翻译研究的方法，也可以从华语语系文学的角度来研究中国文学及其经典作家。当然，基于资料收集、文本分析、详细论证的证明还需要等待其他更细致入微的案例研究，本文不过是抛砖引玉，试图提供一种有价值、有前途的研究可能性。

试谈20世纪初文化转型的革命性内涵

陈雪虎[1]

[摘　要]相对于19世纪清王朝的自改革运动和士人理想，20世纪初年包括政治、经济和文化在内的变革以及士子精英的"革命"呼吁，更多地意味着新的历史意识和进化观影响下的主动选择，此间对传统思想的断裂性相当突出，其中的复杂性也发人深思。需要强调的是，梁启超关于"革命"的思考和反复，清末民初的经学解体和西学大潮都体现了这一时代文化转型的革命性内涵。这一转型最终通过"五四"新文化运动得以确证和树立，新文化派对整体性文化变革的诉求，在在体现了市民阶层及其文化精英寻求主体性意向进击的努力。本文试图在当代"告别革命"的声浪中重审百年变革的自我理解，重述20世纪初年文化转型和思想变革的现代取向。

[关键词]文化转型；"革命"；现代性断裂；经学；西潮

---

[1] 本文为教育部人文社科基地项目《中国文艺思想通史·近代卷》（项目编号：13JJD750004）阶段性成果。陈雪虎，北京师范大学文学院教授，北京师范大学文艺学研究中心研究员。

有必要申明对20世纪初新旧文化转型的一个基本定位：清末民初到二三十年代的变革进程迅猛且深广，相对而言，数十年间不啻对传统文化的大革命。思想学术方面，以从四库之学到七科之学的变迁为代表，包括史学、文学、哲学等人文学科的渐次树立，都是这一文化"革命"的表征。而一二十年代之交的"五四"，则是文化变革从古典走向现代最为重要的时刻，是新旧文化之间更激进"革命"的显著标志。"五四"新旧文化变革在根本上是本土精英经此前漫长的精神挣扎和思想探索，而在特定时代机缘中，透过新型报刊文化论争和国族文教制度建设，将新文化的范型在国家和社会中树立起来的事业。在这种情形下，整个19世纪和20世纪初前十几年中国文化、文学和文论的状态、蕴意和问题，也仍然呈现为现代发生时刻的晦暗不明和多义缠绕。但是，只有经过这个混沌、过渡和演化，中国文化才得以在国族文教建设的大潮流和大机遇时代，与生动活泼、新兴爆发的文学一起，凭借清末民初文教体制变革和"五四"新文化运动所形塑的多元思想、文论话语、感觉结构和知觉形态，而在社会中撕开新的空间，逐步生长而树立。简而言之，"五四"新文化和新文学是长期以来中国近代文化变革的收官之作。当然在这个定位之后理应尽快加上一个补充：由传统文化转型至现代文学文论确立之日，也就是其自身的矛盾和张力尽显之时。所谓"五四"，其盛期就是顶点，其思想之活跃和态度的同一性其实维持时间甚短。

由此回头看20世纪初年文化变革进程，其实配得上用"革命"一词。"革命"一词源于上古"革殷受命"故事，"汤武革命"即改朝换代之义，在传统文化有不少忌讳，较少使用。然而在19—20世纪之交的晚清时局中，"革命"早已超越了传统话语的意涵：不仅有志士会党在号召"恢复中华"，而且经报章名士和文化精英在舆论范围内的鼓吹，效果惊悚，影响深远，十几年间已是最成气候的号召。大体而言，此间国家鼎革之际"革命"话语仍多停留在上层精英和思想层面，没有沉落到民众基层,清末民初制度变革的深层后果也尚未全面显现,但相对前现代的传统而言,20世纪初年诸种"革命"话语已尽显新旧、东西之间的深广区隔,不仅有对中国传统革命意涵的改造,加入从西方接引而来的创立共和、反抗专制的内涵,而且蕴蓄着一代新思想者和启蒙志士对传统文化的根本断裂而非渐变改良的意识:"革命"渐渐成为某种新的历史意识和进化观影响下的主动选择,"革命""需要主动的人力去推动这种变革,传播风潮"。[1]正是经过清末民初数十年"革命"话语的塑造,中国文学、文化、思想和学术的现代意味蕴蓄发酵,劲爆有力,并由此引领和主导20世纪百年,成为社会变革和民生变化的突出风貌。

就当代而言,近现代史从来是中国当代何去何从最重要的参照之一,也正因此,如今不少研究对上述文化变革之"革命性"的理解出现较大分歧。与80年代以前相反,不少研究更愿意强调近代文化变迁之中正、变革思路之平和,或者干脆为中国错过立宪改良、走向辛亥革命以及"五四"新文化之太过激进而惋惜,否认世纪初的文化转型其实是后来1927年到1949年包括民族斗争、政治革命、经济变革和体制变迁在内的大革命的现实前提和思想准备。比如,近代史研究中有一种从"肯定革命"到"推崇改良"的"范式转换",要求重新检讨清末以来的"革命"历史。有学者认为,如梁启超的"革命"话语其实是不"革命"的:"一个很值得思索的问题就是……'要是中国这动乱的一个世纪能在安定中求改进,说不定今天我们已经摆脱了贫穷。'换言之,我们是否能说,近代中国悲剧的原因之一正是因为人们放弃了梁启超那种调适性的现代化取向,而采取了革命论的转化思想?……思想不是决定历史的唯一因素,其他社会、经济与国际环境等因素和思想因素同等重要,但从思想史的角度来看,梁启超的调适性的现代

---

[1] 参见张春田:《革命与抒情:南社的文化政治与中国现代性(1903—1923)》,上海,上海人民出版社,2015年,第162页。

化取向,以及当时人们对此取向的反应,无疑是中国近代思想史上的一个关键课题。我们不得不问:在20世纪初年,当中国面临着思想抉择时,为何人们排斥渐进改革的路子,而选择了革命?换言之,是何种思想模式促使了这一种选择?"[1]正是在这样的问题意识牵引下,历史解释的框架被调整为:近代中国就是一个悲剧,悲剧的结果还是悲剧,那么当初为什么要革命而不取改良?在这个方向上的探讨和回答,就显得更富于别样的复杂和深刻了。[2]

可以看到,对历史的探讨从原先广阔的文化思想的领域,都集中和简化到狭义的,并且是以西方主流政治学为框架和依归的现代政治领域。更值得注意的是,暴力革命在中国社会和文化进程中的主导性被凸显出来,并从研究者的主观评价上加以否定和贬斥,而作为思想者主体的言说气质和具体情境被刻意消隐了,原有的、生气腾跃的从传统走向现代的变革和断裂欲求,被弃之不理,付之阙如了。当然也有西方学者提议理解"革命"不能只限于政治层面和暴力行动,有必要对中国百年革命进行再思考:"我们研究中国怎样从帝国主义统治中

---

[1] 黄克武:《一个被放弃的选择:梁启超调适思想之研究》,北京,新星出版社,2006年,第14页。
[2] 比如,中国民主思想中缺乏西方自由民主传统中所强调的一些特点,而正是这些关键性的观念的缺乏,使得英美式自由民主制度在中国的建立充满了困难。清末民初的思想启蒙们偏向于一种过度乐观的乌托邦精神,而忽略了民主思想的可行性,于是有如下几种解释:其一如史华慈的讨论,认为严复在理解西方自由民主传统时,强调以民主制度作为追求国家富强的方法,而忽略了民主作为保障个人自由的终极目的,因此这种手段性的民主思想是相当脆弱的,因为一旦有人证明可以找到一个比民主更有效的制度来达成国家富强时,人们便会放弃民主,而另外追寻这种更有效的方法。第二种解释则强调在中国由于历史经验的缺乏,清末民初的知识分子在引进西方民主制度时忽略了"民间社会"(civil society)与"公共领域"(public sphere)的观念。而在西方,由于近代发展中出现了国家(state)和社会(society)的分离,在政府直接控制之外有一个自由的活动空间,以此空间为基础,人们可以施加压力强迫政府顺从民意。第三种解释更为具体,主要彰显中国近代的民主思想忽略了西方自由民主传统中的可行性,"比如一元论的历史观,以后验性的历史经验为行事的标准、幽暗意识,西方学者对民主制度的负面批判、追求平实可行的目标,以及三个市场与怀疑主义的认识论。"相关讨论参见黄克武:《一个被放弃的选择:梁启超调适思想之研究》,北京,新星出版社,2006年,第15—21页。

解放出来,农民和工人怎样从地主的剥削和雇主的盘剥中获得自由,妇女怎样从夫权制的奴役中逃脱出来。"这位学者进一步指出:"我们不能否认革命是由无数中国人为了逃脱某些形式而进行的努力去推动的,我们同样也应该承认革命是一种形式的统治取代另外一种形式的统治的过程,革命的成功与中国共产党的执政给老百姓最主要的东西并不是个人自由。这是一个新世界,对多数人来说,在许多方面是一个更好的世界。但是中华人民共和国展示一个更好的世界,部分是因为中国共产党给它带来了新的秩序和规范,这对于许多人来说可能与任何意义上的自由同样重要。……西方关于近代中国史的研究已经被一种革命的目的论所主导和扭曲了,所有的近代史研究最后都指向1949年(或者指向一个以'文化大革命'为顶点的广义的革命)。"这种思路针对的就是那种对革命的恐惧,强调不仅要解释"引发了革命矛盾冲突"和"巨大政治和社会变革的基础",而且有勇气"同样关注使中国产生后社会主义的当代中国的那些因素"[1],这种历史视域的开阔和直面现实的勇气,适与前述路径形成对照。

对"革命"的理解、定位和评判,其实意味着对于从传统向现代转型的基本认识和把握。就其历史语义方面讲,"革命"一词在百年间也确乎渐渐成为一个被注入过多内涵而使用过度的衍指符号。不过,对术语语义的理解要多结合历史进程的现实性而言,中国"革命"理应拥有社会各层面包括经济、社会和文化在内各层面的复杂性意涵。由于20世纪中国全面卷入现代性世界并在迂回和曲折中渐渐取得了一定程度上的主体性和主动性,其行动、运动和变化以及各种新的政治建构、制度建设和文化变革或多或少都具有民族独立和阶级革命的激进意涵。相对于前现代的传统而言,这些行动和运动从总体上也体现一种广义

---

[1] 参见周锡瑞《关于中国革命的十个议题》,董玥主编:《走出区域研究:西方中国近代史论集粹》,北京,社会科学文献出版社,2013年,第185—187、210、211页。在周锡瑞看来,这种对革命的政治偏见显然是过时的,并且对史学是有害的。

的"文化革命",事实上这种文化上的"革命"改变的同时也在继续改变从传统乃至现代各种因循不变且丧失现实性的保守状态:20世纪中国无愧于"革命的世纪",即便至今的当代中国仍然处于一个充满变革的时代,其社会烈度丝毫不亚于自清末新政以迄"文化大革命"的时代。30年来的改革开放及其市场经济,已经、正在而且必将显现更为广泛而深刻的效应,也可以说是在继续着一个世纪以来的"三千年未有的大变局"。社会和文化其实一直处在革命之中,我们在革命中生活着。面对种种"奔着今天来的"对"革命"的否定,为了重审百年来包括世纪初从古典到现代的文化转型,这里主要仍就当时士子精英之"革命"自我意识的开端,以及世纪初文化转型期最重要的文化变革状况,来讨论和理解20世纪初"文化革命"的复杂性以及其间变革内涵的断裂性。

首先仍就梁启超言,其"革命"有着复杂的意蕴,确实也表明此间变革在方向、广度和烈度上的混杂、暧昧和迟疑。大抵以1902年12月《释革》为标志,梁启超对革命的解释确实出现"复杂化"的状况。"革命"话语满天飞,社会谣言和神秘化倾向迫使《释革》一本正经地辨认并指出,"革"含有reform与revolution两种意义,前者是指改良,后者是指革命;前者是"因其所固有而损益之迁于善",后者是"从根柢处掀翻之而别造一新世界";"事物本善,则体未完法未备,或行之久而失其本真,或经验少而未甚发达",即可改良,"其事物本不善,有害于群,有窒于化,非芟夷蕴崇之,则不足以绝其患,非改弦更张之,则不足以致其理",则须革命。但就其全文脉络之总体而言,整体主义思路是显而易见的:"夫淘汰也,变革也,岂惟政治为然耳,凡群治中一切万事万物莫不有焉。以日人之译名言之,则宗教有宗教之革命,道德有道德之革命,学术有学术之革命,文学有文学之革命,风俗有风俗之革命,产业有产业之革命,即今日中国新学小生之恒言,固有所谓经学革命、史学革命、文界革命、诗界革命、曲界革命、小说界革命、音乐界革命、文字革命等种种名词矣。若此者,岂尝与朝廷政府有毫发之关系,而皆不得不谓之革命。闻革命二字则骇,而不知其本义实变革而已。革命可骇,则变革其亦可骇耶。呜呼,其亦不思而已。"[1]革命即是变革,而且是非常广泛的而又相关的事业、过程和行动。

一些研究角度往往更愿意强调其改良化方向以期告别"革命",不过也有学者考辨,就梁启超而言很多场合其"革命"都是广义的,梁几乎把"进化""淘汰""变革""革命"都看作同义语。确实,对"革命"的理解,不能拘泥于梁氏某一细部而后又不断变动的说法。梁虽有短暂反复,只不过出于多方考虑和宣传策略,不再在国家政体层面上轻易使用"革命"这个词,但在更广泛层面和众多场合,他仍认同"革命"和"变革"的大趋势,且有意控制整体情势而使之保持张力。如1904年2月梁著《中国历史上的革命之研究》,不得不承认"近数年来中国之言论,复杂不可殚数。若革命论者,可谓其最有力之一种也已矣",所以他不再坚持把"革命"同revolution分开,而是区分出广狭义:"革命之义有广狭。其最广义,则社会上一切无形有形之事物所生之大变动者皆是也。其次广义,则政治上之异动与前此划然成一新时代者,无论以平和得之以铁血得之皆是也,其狭义则专以武力向于中央政府者是也。"他只不过认为中国的大敌是那个狭义的革命,所谓"吾中国数千年来,惟有狭义的革命,今之持极端革命论者,惟心醉狭义的革命"。在当时风潮中,中国革命话语已渐为主流,并且传统与现代相混融搅扰,这意味着过去或传统不再被视为当然,而且包含着相关族群之民主和民族内容的社会变革的种种承诺,引领或裹挟着精英和群众,直面现实,走向未来。由此,正如当代不少学者所概括的,革命不仅与近现代西来的"天演之公例""世界之公理"相

---

[1] 梁启超:《释革》,《饮冰室合集》文集第四册(总第4册),北京,中华书局,2015年,第792页。

接轨，而且由此通向或被接纳到黑格尔、马克思描述的世界革命的进程中。[1]

　　大体而言，在后来民国建立乃至"五四"运动以后，梁启超也一直在不断变化其各种主张，大抵也确有激进与渐进相调和的特点。不过，梁终其一生并不是"实行的政务家"，而是一个"理论的政谈家"，主要仍以文化革命的鼓吹者和社会舆论的制造者而影响社会。可以说，梁启超对"革命"的理解有着相当清醒而自觉的意识，辛亥以前固然受制于师命，也认同光有破坏没有建设于事业不为圆足，对政治革命部分的立场采取与革命派相反对的态度，但从总体上看，对于广泛的文化取"变革"和"革命"的态度，他仍然是坚持的。

　　显然也存在比较的问题，长期以来认为清末改良派以梁启超为代表，承认现存国体，谋求改良政体，在文化启蒙方面非常活跃，其着眼也在渐进地"化民成智"，而革命派在政治上鼓吹革命，以此推进社会变革，但在文化上贡献不大。这样的比较或有其道理，但重要的是，也需要从整体上理解20世纪前十数年间的文化言说，不只是拘泥于舆论的多和寡来进行辨认。相对于帝国的传统和本根，维新人士和辛亥志士所推动的其实都是空前的"革命"宣传事业。虽则在清末民初鼎革时代梁启超"革命"字眼提得少，但其政治上、经济上和文化上的各种鼓吹，以及思想上的启蒙和政治上的活动，仍然与其时政治和文化剧变的大方向是协同的。近年对立宪派的重新认识也表明，辛亥革命的成功，在很大程度上是借助了立宪派在各省咨议局的力量，即如张朋园也将梁启超与清季革命的关系界定为"异曲与同工""避革命之

---

[1] 以上参见陈建华：《"革命"的现代性：中国革命话语考论》，上海，上海古籍出版社，2000年，第16、17页；罗志田：《近代读书人的思想世界与治学取向》，北京，北京大学出版社，2009年，第115、116页。

名行革命之实"。[1] 在这种情形中，所谓古今变局，其实正是对整体的历史形势进行描述，无非是为一种广义的"革命"进行铺垫，此"革命"包含文化变革和思想内容上的"革命"。显然，这些"革命"与西方现代意义上纯粹的政治革命还是有较大差异的。

从梁启超革命意识的例子扩开而言，有必要从整体性视角理解那个时代的"革命"。这一"革命"其实是整体性的文化革命，它早在清末传统体制和文化结构中发生、发育，包蕴着政治斗争、文教变革和思想运动一体而行，泥沙俱下，直至"五四"新文化运动时期，其后更为激荡。就世纪初数十年间言，涌现的也是一场接一场席卷一切而笼罩器物、制度和文化诸层面的"革命"。最后既有传统、正统和中央权威步步失陷，而地方军阀割据和混战越发加剧，民族生存愈显危机，民众生活秩序处于崩溃前的将死未生之际，终于出现"五四"新文化运动在思想方向或主体性意决上之一击，而最终在20世纪一二十年代之际市民阶级群体意识中，确证以西方政治、经济和文化亦即"资产阶级生活方式"为范型和取向的，更进一步的整体性的文化变革诉求。当然值得注意的是，这一西方范型和取向并未维持固久，因为整个资本主义世界数十年来的挤压和欺凌，帝国主义国家之间的内部矛盾和世界大战，以及新兴的俄苏社会主义革命势力，在一二十年代之交其后不过数年间，政治、经济和文化形势瞬息万变，中国的新思想和新团体已然出现，乃至孙中山领导的国民党也很快在1924年确立了"联俄、联共、扶助农工"的新政策，"五四"以后中国社会和革命的形势

---

[1] 参见张朋园：《梁启超与清季革命》之第五章第二节，台北，台北"中央研究院近代史研究所"，1999年，第130—150页；夏晓虹：《梁启超：在政治与学术之间》，北京，东方出版社，2014年，第10页。另，总体上看梁启超后来的一生，他在推动文化变革以新民救国方面，塑造适合时代潮流的新人格的努力，也都是一直坚持的。在这一领域，其贡献确实最为巨大，影响最为深远。所以说，析言保皇革命之异，不能忽略浑言革命变革之同。执着于西方式政治思想框架，局限于梁启超清末宣传的具体文献，孤立地概括其"调适性的现代化取向"，容易模糊掉对世纪初诸方面所推动的在文化上的革命及其宏大图景的理解。

越发迅猛和激烈了。

其次不妨从世纪初文化精英界思潮来看此间文化"革命"相对帝国过去和传统世界的巨大断裂性。兹以两个直接的维面而言：一曰解经，二曰西潮。所谓解经，就是在经学和国学的名义下将传统学术的僵化因素逐渐破除，从而消解之转化之，此即在一般社会层面上所言的"王纲解纽"。清末经学的瓦解，引发传统学术思想的大崩塌、大怀疑，形成对传统的变革和"革命"，这其实是真正之文化"革命"。"革命"其实由19世纪八九十年代即已发生，大抵可以廖平今文经学腾说为代表；经由甲午前后和戊戌时期的今文经学及其政治化，对清代学术传统形成大冲击，可以康有为为代表。而至世纪之交维新思想和革命学术的反复辩难和整体动荡，又经辛亥鼎革带来法理上的政教转换，最终直抵"五四"时期的新文化运动和"整理国故"，长期以来的经学及其意识形态终告崩解，其在整体社会结合和文化结构中的基核作用基本丧失，经学由此逐渐解散而消亡。[1] 此间"文化革命"也是一种文化变迁，它的肌理其实是社会整体变化的现实在思想意识形态方面及其宇宙观世界观和政教思想的学术表达，传统意识和学术思想终于失去信用，不再为社会主流所崇奉。

晚清民初经学崩解的环节很多，其中关键可以康有为和章太炎这一代学人的经学对峙及其效应为代表。1891年起康有为在万木草堂讲学，发挥《春秋公羊传》的"三世说"、变易观和以经议政的特点，指陈国家形势的危险、变法的急迫需要，攻古文经学之伪，讲孔子改制之说，以及西学知识。同年康有为在广州刊行其《新学伪经考》，形

---

[1] 此间故事其实不可简单以传统与反传统、正统与异端、古学与新潮等二元对立的结论来概括，但大体而言，几乎在有意无意之间，清末学术出现对"传统"的怀疑，因此而有反复辩难，以至于思想越发昌明，又兼为国族复兴的潜在意图，而逐渐至民初，而把传统"讲坏"，以至于形成从负面解读传统的取向。参见王汎森：《从传统到反传统——两个思想脉络的分析》，石家庄，河北教育出版社，2001年，第91—116页；罗志田：《裂变中的传承：20世纪前期的中国文化与学术》，北京，中华书局，2009年，第9、10页。

成"思想界之大飓风",上海及各省曾翻印五版。1897年康有为又撰成《孔子改制考》,次年刊行,其影响如梁启超比喻"火山大喷火、大地震",其《清代学术概论》谓《孔子改制考》:"一、教人读古书,不当求诸章句训诂名物制度之末,当求其理。所谓义理者,又非言心性,乃在古人创法立志之精义,于是汉学、宋学,皆所吐弃,为学界别辟一新殖民地。二、语孔子之所以为大,在于建设新学派(创教),鼓舞人创作精神。三、《伪经考》既以诸经中一大部分为刘歆所伪托,《改制考》复以真经之全部为孔子托古之作,则数千年来共认为神圣不可侵犯之经典,根本发生疑问,引起学者怀疑批评的态度。四、虽极力推挹孔子,然既谓孔子之创学派与诸子之创学派,同一动机、同一目的、同一手段,则以异孔子于诸子之列,所谓'别黑白定一尊'之观念,全然解放,导人以比较研究。"[1]《新学伪经考》是把古文经典赖以成立的《左传》和《周官》都说成系刘歆伪造,而《孔子改制考》则把《春秋》视为孔子立法的集中表达。不仅如此,康氏还因应形势进一步将儒家经典中的公羊"三世说"、《礼运》中的小康和大同思想,与西方政治中君主专制—君主立宪—民主共和思想糅合起来,构成了解释社会历史进程的新三世说,即由据乱世(君主专制)—升平世(君主立宪)—太平世(民主共和)的过程。这一新鲜而有系统的历史演进论,给人们理解历史进程和社会方向带来新鲜视角,在社会上产生了极大震动。今文经学之经世救国进而走向神道设教的取向相当严重,自乾嘉以来在学术正统和政教结构中即显诡异,但在晚清紧急形势中却大显其正当性的一面,适应了维新变革的潮流,由此也不难理解在当时新的历史情势更兼新型报章传媒影响中,梁启超从文化文学方面发出来包括"诗界革命""文界革命""小说界革命"和"曲界革命"等在内的各种"革命"口号,为什么会得到当时志士仁人的

---

[1] 梁启超:《清代学术概论》,《饮冰室合集》专集第九册,北京,中华书局,2015年,第6824页。

呼应。梁启超文学诸界"革命"的号召根本上是一种泥沙俱下兼收并蓄的政治启蒙，其间有经学传统淑世的一面，但新型群学思路的创发则是其更主要的特点。由此其新民学说及各种革命号召的社会动员力极强，而且文学和小说也渐渐收编为开启民智改造国性的武器，塑造并张扬其时的国族认同和革命情怀，凝聚了包括士子文人和下层市民在内的中华民众。

康氏直谓古文经学皆刘歆蓄意伪造，孔子学说不过是"托古改制"，实际上提出了经典文献不过是作者根据己意而制作的认识思路，这其实极大地破坏了经典的可信度，由此引发古文经学出身的章太炎的回应。甲午至戊戌时期，青年章太炎也一度追随康有为维新变法的思路，拥护其爱国救亡事业，但对康氏透过学术搞"托古改制"、神化孔子乃至鼓吹孔教，章一直颇不以为然，一开始用朴学征信之学与之对抗，到后来干脆挑明了逐条反驳，从而针锋相对地批判康有为以今文经学缘饰政治、将儒学宗教化的种种做法。比如在新世纪初年的《訄书》重订本中，章太炎通过学术史检视，梳理出孔子、左丘明、司马氏父子以至刘氏父子等一系列春秋古文学的学术脉络，从而将《春秋》定位为历史和历史之学。《訄书》重订本又有《订孔》篇引日本人话语，称孔子出于中国，是中国之祸，又将孔子从不容置疑的"大圣先师"定名为"古之良史"而非传统所说之"圣贤"和今文经学所谓之"素王"。章氏取舍褒贬，其意多在"订康"，对当时甚嚣尘上的今文公羊学的诸种妄说怪论给予严正的回应。此后，章氏从古文经学传统的辩难，一直到鼓吹发扬国粹以"激动种姓，增进爱国热肠"，乃至在重建国学表彰史学以求"征信"等诸多角度上，章太炎对龚自珍、魏源、廖平和康有为的今文经学进行严正批驳，同时在有意无意地形成对经学的改造，在不期然的中西之学的互格中把经学改造成"史学"。比如，章太炎重提"六艺皆史"，其实就在深层次上改造了章学诚的"六经皆史"理论：章学诚所谓"六经皆史"其实把经史又等同于官书，阐释之权全操于官府之手，不为庶士染指，而在章太炎这里，"六经皆史"内涵是"六经都是古史"，是对古代历史和各种人文智慧的记录，由此，经学走向史学，并且史学也从原先经学之附庸走向现代意义上的史学。另如，章氏极力否定官学而鼓吹私学，这更使近世学人在近世民主化和科学化方向上获得阐释经典而改写经典的权利。总体而言，章氏著述在相当程度上，从另一个角度对所谓尊奉不移的经典和亘古不变之教条的神性，形成真实的消解和莫大的冲击。后来"五四"时期吴虞"打倒孔家店"，"五四"以后顾颉刚搞"古史辨"、发动批孔疑古之潮流，部分思路也是由此发展而来的。

对西学有意识的引介、挪用和消化，是晚清报章崛起而催发文化变革的另一重要思想学术景观，强劲势头直贯整个20世纪。19世纪后期尊王攘夷、洋务自强，乃至变法图强思路都还是主流，但到20世纪初士人和文化精英则已追求器物洋务、制度变革甚至"文化革命"。思路从西来，想象中强大的西方一定如此而来，"每悚夫欧美革新之隆"，而"欲规摹仿效，谓彼一法一制一俗一惯一条一文，若移而殖之我，将且暮可以强吾国"。有学者描摹自清末起"时务"和"西学"从上到下群起效从已成为风起云涌之势云："鼓荡不息的士议一路远播，其间的理路、论说、词汇、事例同时又正在经奏议而传入庙堂。光绪三十三年度支部官员'条陈开馆编定法规'折中所用的'民智'、'人格'、'法典'、'法规'、'组合'、'法政'、'科学'、'义务'、'程度'、'主义'、'权利'、'宪法'等等显然都是从各色报纸里学来的，而前一年的上谕已在'晓谕士庶人等，发愤为学，各明忠君爱国之义，合群进化之理'。这是进化论入圣旨，其源头也应当来自报纸。此外一见再见于庙堂文字之中的还有'文明'、'野蛮'、'尚武'、'军国民主义'，以及'德智体'等等。"亦可见此间士议鼓荡，由变法而破坏，由破坏而立宪，由立宪而革命排满，由革命排满而无政府主义，"主义和宗旨多变，说明立言的人自己还没有想明白。但时当万言竞发之日，这种自己还没有想明白的东西又常常被急匆匆地变成报端的文字,用来吹动社会而影响别人。……"读报纸能获得新学和新知;读报也能获得支离破碎和目迷五色。而支离破碎的新学是一种片面;目迷五色的新知是一种混沌。因此,比梁启超更懂西学的严复极不喜欢梁启超的西学,他说:"英人摩理有言:'政治为物,常择于两过之间。'法哲韦陀虎哥有言:'革命时代最险恶物,莫如直线。'任公理想中人,欲以无过律一切之政法,而一往不回,常行于最险直线者也。故其立言多可悔,追悔而天下之灾已不可救矣。"[1]

即令梁启超本人也曾自责和愧疚,可在世纪之交西潮席卷一切不可遏止。1897年梁启超《湖南时务学堂学约》即指:"居今日而言经世,与唐宋以来之言经世又稍异。必深通六经制作之精义,证以周秦诸子及西人公理公法之书以为之经,以求治天下之理;必博观历朝掌故沿革得失,证以泰西希腊罗马诸古史以为之纬,以求古人治天下之法;必细察今日天下郡国利病,知其积弱之由,及其可以图强之道,证以西国近史宪法章程之书,及各国报章以为之用,以求治今日之天下所当有事,夫然后可以言经世。"[2]维新变法以后很长一段时间,梁对西方文化非常崇拜,其《中国近三百年学术史》自承:"我们当时认为中国自汉以后的学问全是要不得的,外来的学问都是好的。"[3]

从这个角度看,20世纪初出入中西之学的王国维即是一个西潮中人的典型,尽管民国后其学术更多会通化合,但世纪初的王国维辨析"文学"追求的是诗人的感性直观,文学与政治应该分开。传统无不以兼做政治家为荣,而王则认为这会使其创作从属于政治,哲学家与美学家"自忘其神圣之位置与独立之价值"。王国维鼓吹新哲学、新学术

---

[1] 三段引文皆参见杨国强《晚清的士人与士相》,北京,生活·读书·新知三联书店,2008年,第201、202、209、210页。
[2] 《饮冰室合集》文集第二册(总第2册),北京,中华书局,2015年,第160页。
[3] 梁启超:《亡友夏穗卿先生》(1924年),《饮冰室合集》文集第十五册(总第15册),北京,中华书局,2015年,第4274页。

和新文教，标举文艺和学术的独立自立，其纯文学和纯审美的预设鼓吹一种基于世界背景和终极意识的全新真感情、真景物，彼之"真"其实基于某种特定主体的直观，其主体性诉求亦深具浓烈的现代意涵。自表面言王并未张扬政治变革，但其思路在循西方文化理性分化之理路方面相当彻底，以致常苦恼于事实与价值之分裂，而其思想和学说往往意味着迥异于传统的世界观和人生观的重塑，此间的激进程度至今仍令人惊异。由是而言，王国维文论和思想也是顺应西方强势文化，具有彻底重估传统、推行思想启蒙和学术变革的意味，也正是一种地道的激进的"文化革命"。虽则声音微弱，当时应和者也少，但理念上直接顺应西方而诉求文化的整体性变革，其现代性思路及其深广后果比起"五四"时代并不逊色。

论《桐城文派评述》遐思

刘涵之[1]

一

每一次读周作人的《中国新文学的源流》,都忍不住在该书的第四讲"桐城派古文"一段文字上多停留一会儿:"关于桐城派的文献可看《方望溪集》和《姚惜抱集》,该派的重要主张和重要文字,通常可以在这两部书内找到,此外便当可用的还有一本叫作《桐城文派述评》的小书。"[2]我感兴趣的是周作人在严肃的学术演讲场合为何会对《桐城文派述评》的小书予以一定的推介,认为它"便当可用"。猜想起来,周作人说《桐城文派述评》"便当可用",一则可能因为此书的著述体例对读者、听众了解作为文学流派的桐城文派创作主张、师承渊源等有帮助,二则该是此书的评述方式契合了周作人对桐城文派的理解,与演讲的主题保持着一致,三则也许是坊间一时还没有找到类似《桐城文派述评》一类的读物,或者有类似读物也不见得"便当可用"。总之,周作人在

---

[1] 刘涵之,湖南大学中国语言文学学院副教授,文学博士。
[2] 周作人:《中国新文学的源流》,上海,华东师范大学出版社,1996年,第42、43页。

演讲中特地提到这样一本书也许会有两种既定的事实,周作人在演讲前已经参阅过它,或者是知悉有这样一本书再顺便推荐给他的听讲人(辅仁大学的师生),以便他们更好地领会演讲的内容。

我对演讲文字的关注不只在于周作人怎么看待《桐城文派述评》这样一本书,我想到更多的是这本小书的作者姜书阁以及有关他的一些趣闻。1994年秋,我进入湘潭大学中文系念书,入学甫始,中文系的新生当中就不知不觉传起系里有姜(书阁)、羊(春秋)、萧(艾)三大元老的说法来,据说姜书阁先生位居首位。再后来,同学们口耳相传的故事逐渐具体起来,说姜老原是国民党政府的大官,说他在中华人民共和国成立前夕断然拒绝去台湾,说他因为历史问题在"文化大革命"期间遭受不公平待遇,说他耄耋之年每天还坚持写作一万字,说他每天下午都会按时拄着拐杖在校园里散步,等等。其实大家都没有见过三大元老,那时他们相继退休已不再担任教职,同学们的口耳传闻很多毕竟是出于新生对教授们的崇拜,也算是入学专业教育的组成部分。大学两年的"中国古代文学"课,我们似乎没有从几位任课老师那里了解到更多的关于三大元老的趣闻。大概是在1996年冬季的某一天,学校为姜书阁先生九十华诞举行了一场学术活动,有不少姜先生的友人和弟子专程从外地赶来庆贺,我同几位怀着好奇之心的同学赶赴会场,其时姜书阁先生已从会场退出。我记得最清楚的是历史系的才子型教授启良老师发表的演讲,启良称姜先生为湘潭大学的一棵大树,因为这棵大树的感召和呵护,许多小树得以集聚,得以茁壮成长,得以形成一片树林,进而造就学校最亮丽的风景。启良的风景论引发了很多老师的应和,也让不少在座的学生轻声鼓掌,当然也让懵懂无知的我生平第一次近距离感受到学术事业的美好。现在想起来,大学中文系四年的读书生活,其中最宝贵的收获可能就是许多关于教授们的故事,这些故事经一届又一届的学生转述,比课堂上的传道解惑更有兴味,因而总是睡前侃大山的重要内容。

据姜先生哲嗣姜逸波告知，周作人《中国新文学的源流》所称《桐城文派述评》可能为《桐城文派评述》之误。1926年姜书阁进入清华大学政治学系，在中国文学系选朱洪所开设"文论辑要"课程，1927年完稿，1928年暑假经修订送交时在上海的商务印书馆。1930年商务印书馆将该稿列为"国学小丛书"之一种予以出版（笔者写作小文征引的就是这个本子），1933年，该书复列入"万有文库"丛书再版。

就1930年出版的《桐城文派评述》来说，全书结构、体例并不繁复，除"小引"和"附表"以外，另五个篇章分别论述"桐城派以前之古文""桐城派之三祖及其义法""桐城派之别支——阳湖诸子""桐城派之传播""对于桐城派古文之批评"。可以看出，这几个篇章的安排很合乎专书写作的规范，与当下博士论文的要求所差无几。这一体例也许与作者所设的目标有关："一大半叙述它的史实，一小部批评它的内容。"[1]这种纲举目张的结构带来的好处容易给读者留下"论从史出""以史带论"的印象，循着作者的思路去阅读，不难看出该书在处理"史实"方面，不是从一个既有的观念出发，而是坚持从"桐城文派"作为一个文学流派的发展史、变迁史来梳理其创作主张、文学风格以及美学旨趣的形成与表现，裁评其得失，诚所谓"论如析薪，贵能破理"。当然，一旦从流派的层面来思考包括创作主张、文学风格以及美学旨趣内在的共性，则桐城文派的整体特色就不得不考虑。在中国文学史上，桐城文派自康熙年间至民元，大概持续发展了200余年。虽然在文学史上，桐城文派影响"自然，坏的方面多——非常之大"，[2]但并不意味着它一旦被视为"坏"的东西，我们就可完全排斥它、忽略它、抹杀它，事实上桐城文派的"缘起、传衍、发展、递变和衰落的情形"完全可以纳入到文学史的视野得到观照——既然桐城文派贯穿清代文学，那么阐发它在整个清代文学史上的地位、勾勒其成就与不足就有

---

[1] 姜书阁：《桐城文派评述·自序》，上海，商务印书馆，1930年，第2页。
[2] 同上书，第1页。

充足的理由。关于桐城文派,作者这样概述道:"迨方望溪出,标明义法,而以唐宋八家及归氏熙甫之文为宗,时流乃稍稍趋之。至刘海峰而渐大,至姚姬传乃益昌。姚弟子遍四方,辗转称誉,天下翕然宗之。方、刘、姚皆籍安徽之桐城,所为文体,因名曰桐城派。"[1]可以说,这一清晰、简明的界定直接构成《桐城文派评述》一书的论述基础和要则,而在这一基础上讨论桐城文派师承、宗系、影响,考评其得失则成了全书的主要内容,这可谓全书的体例和逻辑,因而五个篇章的设计可谓体例和逻辑要求的结果。究《桐城文派评述》一书,大半史实叙述有详有略,重点在突出桐城文章得势因缘,一小部分裁评则快马飞刀,指陈其教训。叙述史实有尊重传统的必要,而裁评得失又颇见截断众流的胆识。比如,《桐城文派评述》肯定姚鼐为桐城文派的尊师地位和其理论主张对于桐城文派的奠基作用,但也顺便指出:"姚鼐虽以'义理、考据、辞章三者并重'相倡,而其自身实于'义理''考据'二者所得甚微。其足传者,'辞章'而已。前二者,方苞所谓'文之物也';后一项,则'文之序'也。无惑乎曾国藩评'序多物少也。'"[2]"桐城文派虽以姚鼐为祖,而奉其'义理、考据、辞章三者并重'之说,但姚氏本身即系以文章义法相号召。其于义理,既一无所得;于考据,更为茫然。故习其术者,亦惟取其为文之义法而已。"[3]既然姚鼐于义理、考据成绩如此,想必后来者居其上的可能性也不大。与其说这样的评价是针对姚鼐的尊师地位而言,不如说它更多针对的是文派的师承、宗系和创作理念的文学史实际,也吻合这一文派留给读者的总体印象,毕竟桐城文派是一个以辞章取胜的文学流派。可以设想,没有方苞的"义法"的标明和姚鼐对"义理、考据、辞章三者并重"的倡导,进而没有创作实践的展开,也就没有文派赓续200余年的丰赡历史。因而,《桐

---

[1] 姜书阁:《桐城文派评述》,上海,商务印书馆,1930年,第4页。
[2] 同上书,第37页。
[3] 同上书,第68—69页。

城文派评述》依文学史实际围绕着文派的滥觞及其分殊来描述"义理、考据、辞章"三者合一的应然和三者无能合一的实然自然成为我们考量这一文派得失的关键。今天的读者要是提起桐城文派,感慨的是一个文派历经200余年风雨洗礼的不易,推崇的更是被目为一种共同的文章写作要则的生命力,原因无他,桐城文派作为文派实乃其成员是以创作实绩在证明自己,并非以思想和考据见长,尽管思想和考据往往成为我们诟病桐城文派的理由。这样说,相比文章体例背后的所谓思想等一类,在桐城文派这里,文学风格和美学旨趣更可能获得文学史的长久意义和价值。

不得不承认,桐城文派的文章理论和创作实践表面上都注重"义理、考据、辞章"的统一,这也决定了整个文派的特色。就文脉的承续和历史语境的关联而言,桐城文派之强调"义理、考据、辞章"的统一自然有其道理。问题是,一时代有一时代的义理,以不变的义理来统筹和指导相当个性化和具体的写作,这样的义理是否合理,是否能有效地得到坚持、贯彻便不得不成为每个创作者无法绕开的问题。究其实,一方面在于实践和理论的不完全一致,一方面在于理论自身是否恰切。文学史上常常有理论脱离实践的情况,也常常有理论体系自身无法自洽的时候。就桐城文派而言,既然作为宗师的姚鼐在义理、考据方面建树不大,且无几多范例之作,后来者要想将其发扬光大也就更加困难重重,况且由于文派所注重的"义理"多与王朝统治之术相联系,王朝统治衰亡,作为其意识形态重要内容的"道"的式微势必意味着"义理"的不合时宜。作为以辞章取胜的桐城文派委实没有必要死守不变的道,用固化的道来约束原本千变万化的文章著述。考评桐城文派之功罪,不宜以其长处来掩盖短处,亦不宜以其短处来否定长处。虽然桐城文派力倡"义理、考据、辞章"合乎清代的道统和文统,但这样的道统和文统随国势的发展成为一统,文统终究服务于道统,一统既成就了文派的辉煌,又促进了文派的衰亡。桐城文派之盛有盛的原因，之衰有衰的理由，但这里的原因和理由是合一的，毕竟桐城诸子所倡导的"道"在有清一代烙刻下深深的流派痕迹，积极的东西和消极的东西互相缠绕。由此可见，桐城文派之盛是因为道统和文统，之衰亦是因道统和文统。换句话来说，造成桐城文派辉煌历史的是方苞、姚鼐等确定的文章写作要则、"义法"和高悬的"义理"，这个要则、"义法"不因时而变，且过于依附于"义理"，结果比"文以载道"更可怕的是"文以弘道"，文成为道的工具和依附者，于是文派衰亡的颓势最终就难以避免。在文学史上，倘若从复古、守旧的角度来论，桐城的坏影响自然大极了，说这个流派不怎么为人称道自然也不为过，这在1917年2月《新青年》杂志上陈独秀发表的《文学革命论》完全能见出。陈是这么讨伐桐城文派的：

> 归、方、刘、姚之文，或希荣誉（谀）墓，或无病而呻，满纸之乎者也矣焉哉。每有长篇大作，摇头摆尾，说来说去，不知道说些什么。此等文学，作者既非创造才，胸中又无物，其伎俩惟在仿古欺人，直无一字有存在之价值，虽著作等身，与其时之社会文明进化无丝毫关系。[1]

陈独秀视桐城文章为"八家与八股之混合体"，又将自韩愈至曾国藩的载道文章痛贬一番，认为"文学本非为载道而设，而自昌黎以讫（迄）曾国藩所谓载道之文，不过抄袭孔孟以来极肤浅极空泛之门面语而已"。[2] 以今天的眼光来看，陈独秀有所偏好的大批判与将婴孩和洗澡水一起倒掉无异。但也得肯定，陈独秀毕竟看到了一种文体陈陈相因、失去造血机制，最终走向没落的必然结局，他将这个过程揭示出来，靶子便是诞生于其乡泽之地的桐城文派及其近代的后裔，他看到桐城

---

[1] 陈独秀：《陈独秀著作选编》第一卷，上海，上海人民出版社，2010年，第290页。
[2] 同上书。

文派的过去、现在，也预设了其必将走向末路的"未来"，他要急切地否定其过去、现在，绝不给其留下"未来"的空间。这是"五四"的呼声，也是文学启蒙运动潮起之时的主流。透过这个主流去看，桐城文派的"坏"乃是因为它不能适应浩浩荡荡的时代之潮，原来桐城文派的鼎盛期早已过去，它在一个与载道传统发生断裂的转折时代不再有回光返照的可能。

二

在周作人1932年于辅仁大学的演讲"中国新文学的源流"当中，"载道""言志"是这次著名演讲中的标志性提法，桐城文派亦是被纳入到其"载道""言志"二元论文学发展史的整体视野下得到观照。周作人的演讲共分五个部分，桐城文派为第四讲，篇幅约占六分之一。周作人认为在源远流长的中国文学传统中，一直存在"两种互相反对的力量"的主导，故"载道""言志"相互消长。周作人看重言志，故将载道派的文学当作言志派的反动，以今天的眼光来看，周作人的此种表述似乎已成老生常谈，但在80年前出于维护新文学健康发展和为其寻找合法性源头的目的，却显得十分必要，也能引得同仁的喝彩，为新文学呐喊助威。自晚清改良主义者如冯桂芬对桐城文派"义法"的批判，到"五四"时期胡适、陈独秀、钱玄同、傅斯年等树立起倒桐城文派的大旗，所谓的"桐城谬种"一类不无激进的提法容易让人将桐城文派完全当作某种反动、腐朽、没落的文学。事实上，桐城文派的后裔们，即便桐城"中兴之才"如方东树、林纾等人虽多方设法也没能挽文派颓丧之势，不但如此，他们的文章著述还被讥评为"文法不通"。从新文学的时代大背景来看，周作人对桐城文派的评价比较克制，更与一棒子打死的讨伐无关，周作人反对桐城文派的"义法"，肯定的是其创作实绩，"和明代前后七子的假古董相比，我以为桐城派倒有可取处的。

至少他们的文章比较那些假古董为通顺,有几篇还带些文学意味。而且平淡简单,含蓄而有余味,在这些地方,桐城派的文章,有时比唐宋八大家的还好"。[1]与陈独秀、钱玄同等人的讥评相比,周作人的态度显然要温婉、宽容一些。之所以采取温婉、宽容的评价,一方面是因为周作人的为人处世原则,另一方面则与周作人的文学观、创作观不无关系。周作人反对更不会践行所谓"义法",但他对桐城文章"文学意味"的肯定则能说明他文学史观的辩证色彩,他不因自己偏好言志的文学一脉而彻底否定桐城文章的贡献。如《桐城文派评述》一书体谅桐城文派不完全贯彻"义理、考据、辞章"三者合一,周作人也不绝对视文派为不可救药的"义理、考据、辞章"三者合一者。关于考据,周作人如此评价:"本来自唐宋八大家'文以载道'而后,古文和义理便渐渐离不开,而汉学在清代特占势力,所以他们也自以懂得汉学相标榜,实际上方姚对于考据之学却是所知有限得很。"关于义理,周作人如此评价:"他们(指桐城派,引者注)主张'学行继程朱之后',并不是处处要和程朱一样,而是以为:只要文章作得好,则'道'也即跟着好起来,这便是学行方面的成功。"不仅如此,周作人还以为桐城文派推崇的"义法"其实是一种"修辞学",是服务于文章写作的雅正标准,只不过这样的义法在每一代桐城诸子那里都难以说得清楚明白,故桐城文派"不管他们的主张如何,他们所作出的东西,也仍是唐宋八大家的古文"。[2]是"古文"而非其他,这大概是周作人对桐城文章的总体态度。正因为打心里认识到"古文"并非一无是处,或者说"古文"传统有其内在的生命力,即便桐城文派有那么多不合时宜的"坏",周作人还是不忘表彰近代文学史上这个文派的特别贡献,去肯定一个特定时代、特定文学圈内文学实践的价值和某些未必落伍的创作主张。周作人认为,经桐城中兴的"明主"曾国藩的努力,他所影响的吴汝纶、

---

[1] 周作人:《中国新文学的源流》,上海,华东师范大学出版社,1996年,第47页。
[2] 同上书,第45、47页。

严复、林纾非但不是新文学的罪人，相反，他们"一方面介绍西洋文学，一方面介绍科学思想，于是经曾国藩放大范围后的桐城派，慢慢便与新要兴起的文学接近起来了。后来参加新文学运动的，如胡适之、陈独秀、梁任公诸人，都受过他们的影响很大，所以我们可以说，今次文学运动的开端，实际还是被桐城派中的人物引起来的"，[1]真合得上"没有桐城后裔的努力，何来'五四'"的话题。不过，当这样的桐城古文最终和新文学"言志"一脉发生矛盾之时，周作人出于维护"言志"文学的优越性、出于呵护他所珍视的新文学"宁馨儿"，也会不失时机地强调林纾、严复的消极一面，"他们的基本观念是'载道'，新文学的基本观念是'言志'，二者根本上是立于反对地位的"。[2]周作人的温婉、宽容背后还有他作为新文学大家的风骨。

在近代中国，桐城文派的余绪秉持的"载道"传统代表了中国文学史文学工具论的具体展开，汉学家出身的新文学家们接续的晚明的"言志"传统则张扬了文学的独立性和自主性。"载道""言志"既是文学观念的对立，也是文学实践的对立，是反映在文学观念和创作方面的双重对立。新文学作为革命文学的直接目标即便不是要打倒、消灭反动的文学，"言志"一脉也未见得有胸襟和胆识容下原本即将退出历史舞台的"载道"文学和文学所载的封建之道。周作人看到新文学稳步前进的历史合理性、旧文学走向衰败的必然性，也不无认同胡适、陈独秀、钱玄同等人对桐城文派的讨伐。周作人不是从讨伐者一方来检讨桐城派的非，也不是受诱于桐城文派自身的鼓吹并以之来肯定古文，他的"载道""言志"二元论文学发展史观树立的评价标准穿越了历史的重重雾霭，更具有包容、稳妥处和阐释强度，也更能涵盖古今文学演变的此消彼长、曲折前进之格局，这就是周作人此次演讲着重思考的文学史问题。事实上，在"五四"大讨伐的批评热潮消退之后，

---

[1] 周作人:《中国新文学的源流》，上海，华东师范大学出版社，1996年，第48页。
[2] 同上书，第49页。

周作人以相当个性化的风格一直持续着对文学史上革新与守旧现象的探讨,他始终反对文学的功利性,赞同文学的自主性,即所谓的"文学是无用的……只是以达出作者的思想感情为满足的,此外再无目的之可言"。[1]他的文学观和文学史意识都是统一于对文学"无用"的鼓吹,甚至以之为基点来重建中国文学史。在《自己的园地》中,"言志""载道"的双核模式雏形稍具,而到了《中国新文学的源流》,这个模式既能检验历代的文学变迁,也能检验新文学运动的实绩。中国文学史走着"言志""载道"并行的路——在某些时候,"言志"被突出;在某个时候,"载道"被突出;在某些时候,"言志"可嘉;在某些时候,"载道"无碍,只要这个"道"能促进"志"更好地得到表达。这个观念,周作人在演讲的近结尾处这样表述:"我的意见是以为中国的文学一向并没有一定的目标和方向,有如一条河,只要遇到阻力,其水流的方向即起变化,再遇到即再变。所以,如有人以为诗言志太无聊,则文学即转入'载道'的路,如再有人以为'载道'太无聊,则即再转而入于'言志'的路。现在虽是白话,虽是走着言志的路子,以后也仍然要有变化,虽则未必再变得与唐宋八家或桐城派相同,却许是必得对于人生和社会有好处的才行,而这样则又是'载道'的了。"[2]很多时候,文学的历史之河不是"言志"压倒"载道",就是"载道"压倒"言志",不管周作人建构的文学史观念或模式是否真能充分有效应用于我们对文学史的观察,他毕竟尝试用它来解释和评价中国文学古今演变的实绩,以至于我们今天讨论中国文学史还受惠于周作人的"载道""言志"二元模式。由此看来,周作人对桐城文派的态度是一种独具史家意识的对文学潮流做历史化处理而形成的一种态度。我们也不难理解,在这样的历史意识中,"古文"的好、"古文"的坏最终等同于桐城文派的好、桐城文派的坏,在"载道""言志"交替循环模式下坏和好都是因为观察者

---

[1] 周作人:《中国新文学的源流》,上海,华东师范大学出版社,1996年,第14页。
[2] 同上书,第59页。

立论的角度之异,周作人的见解确实没有什么不妥。

三

将《中国新文学的源流》和《桐城文派评述》相互对照,不难发现周作人对待桐城文派的态度和姜书阁多有相似之处,这当然不是说周作人沿袭了姜书阁的一些说法,可能是新文学运动如火如荼发展态势下文学史研究、文学史写作的弄潮儿的所见之趋同。不妨先从两书的文化历史意识着手:《中国新文学的源流》的开篇,周作人有言在先:"既然文学史所研究的为各时代的文学情况,那便和社会进化史、政治经济思想史等同为文化史的一部分,因而这课程便应以治历史的态度去研究。"[1]《桐城文派评述》的开篇,姜书阁则重点指出:"文章之变,以时代潮流为转移。世事更易,文体亦随之而不同。"[2]"文变染乎世情、兴废系于时序",两书不唯论文学而文学,因而文学之变其实是时代之变的反映,总是能适当得到照顾,两书的旨趣、立场由此可见。《桐城文派评述》虽是以桐城文派为个案,梳理其"缘起、传衍、发展、递变和衰落的情形",背后却有自觉的文学史观和文化意识。表面上看,桐城文派的兴衰只是某一个文学流派的兴衰,实际上从立于中国文学史的宏观角度看,这一流派的历史也是中国文学发展史的一个折射,尤其是古典文学表现形式、手段的终结几乎都可以从其中找寻到共同的规律和原因。正如我们愿意看到的:桐城文派的好、桐城文派的坏等同于"古文"的好、"古文"的坏,桐城文派的好、桐城文派的坏是一代文学的好与坏的集中表征,也是整个古典文学的好与坏的集中表征,经验和教训足以殷鉴未来,对于处于对立状态的新文学亦有启发。姜书阁这样归纳文学史上文体演变、文派承续的兴衰历程:"新旧文体递变

---

[1] 周作人:《中国新文学的源流》,上海,华东师范大学出版社,1996年,第6页。
[2] 姜书阁:《桐城文派评述》,上海,商务印书馆,1930年,第1页。

之过渡时期,每有截然不同之两大派或数大派,驰骋于文坛之上。杰出者倡之于前,庸弱者乃随声附和,以相标榜,而应之于后。始则面目新颖,一扫旧日积习,人皆厌故习新,故趋之如鹜,遂成当时惟一之大派。久则其体之用渐尽,为文者乃沿袭旧调,专务摹仿,无所改进,不能予世人以新刺激。世人亦习闻而厌,莫肯稍加注意。于是习者渐减,其派乃不得不衰。"[1]用桐城文派主盟清代文坛200余年的演变轨迹来证实,姜书阁的观点实乃相当平实、有根有据:桐城文体的生命力造就的文派的生命力大体说明一个信守"义法","文章整洁平通,不为华辞艳语,不做考据名物"的创作路径的效用和影响,这是"古文"的长处。反之,这个效用和影响的丧失也说明"义法"不能保证"古文"的万古长青,也同样不能保证桐城文派的万古长青。不注重创新,过于相信"义法"的灵妙,结果只能处"义法"的牢笼、受"义法"的束缚而不能专擅"古文"的好,"古文"的坏也就格外突出。

前文说过,姜书阁能体谅桐城文派不完全贯彻"义理、考据、辞章"三者合一,这有史实为据。在姜书阁写作《桐城文派评述》一书时,新文学蔚为大观,主流地位不断强化,桐城文派已然为新文学倡导者打倒,其光芒也为新文学的创作实绩掩盖,其影响几乎消失,甚至为识时务的世人所彻底鄙弃。可以想见,姜书阁要为这个被激进的新文学发起人视为"谬种""余孽"的文学流派写作专史所遭遇的困难。即使没有被人当作"桐城余孽"的嫌疑,也得颇具一番理论勇气来处理。姜书阁体谅桐城文派不完全贯彻"义理、考据、辞章"的三者合一,不是要为他们在新文学一旁争得位置,再续"古文"的传统,而是尽可能恢复一个文派、一个有自身个性和成就的文派真实的历史面貌,并总结其文学史教训。不说《桐城文派评述》第四章"桐城派之传播"从时代大氛围造就的文化语境讨论曾国藩振兴桐城文派的功绩,严复、

---

[1] 姜书阁:《桐城文派评述》,上海,商务印书馆,1930年,第1页。

林纾翻译的别开生面（他甚至认为曾国藩闳通知远，当居桐城文派之首），单就《桐城文派评述》第五章"对桐城派古文家之批评"而言就能体会作者的用心。此章设四小节，分别为"桐城派自己之批评""非桐城派古文家之批评""白话文家之批评""述者对于桐城之总评"——这一设计自然保证了作者视野的开阔，既能立足文派实际，又能跳出门槛之限，充分照顾到各种观点和立场，因而"照隅隙，观衢路"的史家意识也得到格外彰显。如"桐城派自己之批评"一节针对桐城之文空疏无学，引用曾国藩对桐城大成之祖惜抱的评价——"惜抱名为开辟汉学，而未得宋儒之精，故有序之言虽多，而有物之言则少"，认为"实则桐城派人，全坐此病……初时习桐城者，尚能得其形似，后乃并其貌而不得也"；如"非桐城派古文家之批评"一节对宗宋、宗汉的学术传统做出缕述，从宗汉者对桐城文派褒贬兼备的批评来细致分析戴震、钱大昕、章炳麟立论的确切，并指出梁启超对桐城文派的盲目崇拜有悖文派的文学史实绩；如"白话文家之批评"一节，以胡适、陈独秀、钱玄同为代表，肯定文学革命持论者对桐城文派"有深切之认识与批评"，尤其是胡适的"勉强应用"的断语。《桐城文派评述》的结尾这样来定性桐城文派："以历史之眼光言之，桐城派已为过去之遗迹，陈旧尸骸，不可复生。今而后设有人欲更兴其说者，则直眉目而已，吾断其必无成矣。时代关系，兴文派之兴替，不可忽也。"[1]作者秉笔直书的客观处理在此可见一斑。不薄今，不厚古，作为桐城文派的"第一本专书"，正因为有"论从史出""以史带论"的保障，《桐城文派评述》一书的眼光在今天也才颇不过时。

《桐城文派评述》发表约半个世纪后，姜书阁先生在新著的《骈文史论》的"序"文里对自己少时的著述有过简短的回忆："一九二五年，余在唐山学铁道工程，不惬于衷。明年，入清华，学政治，时年十九，

---

[1] 姜书阁：《桐城文派评述》，上海，商务印书馆，1930年，第81—97页。

课余著《桐城文派评述》(有商务印书馆1930年"国学小丛书"本及1933年"万有文库"本),旨在撰史,非欲为桐城家张目也。而世之读我书者多疑余少好其道,老而不移。噫!岂其然欤?"[1]不像很多学者到了老年悔其少作,姜书阁就事论事的洒落、坦率个性于此力透纸背般分明。也许正是秉持了"旨在撰史,非欲为桐城家张目"的初衷,作为评述桐城文派的奠基之作,《桐城文派评述》因体例的严谨、规范,因"便当可用",才会进入周作人的视野,而在姜书阁本人,"旨在撰史,非欲为桐城家张目"的文学史写作理念成就的则是他披荆斩棘开创桐城文派研究先河的功绩,他本来在起点上就占据了一种高度。

顺便要说的是,姜书阁写作《桐城文派评述》,时为清华大学大二学生,年龄二十岁,正当青春年华。他那个时期,清华园里好读书,大学校园也许还没有老耄的散步者,但那些后来名声显赫其时正年当少壮的教授们一定感召和吸引了他。他在一个最恰当的年纪写下一本书,这本书又似乎推动他在生命的中年、晚年回到文学史著述的起点,他的《中国文学史纲要》《中国文学史四十讲》《说曲》《骈文史论》《文史说林百一集》《文史说林百一续集》就是明证。无疑,这更是螺旋式的上升。

---

[1] 姜书阁:《骈文史论·序》,北京,人民文学出版社,2010年,第1页。

作为理想与经验的"说唱文学"

——以赵树理编辑《说说唱唱》为中心

程 帅[1]

[摘 要] 中华人民共和国成立初期,赵树理曾投入大量精力组织创办大众文艺创作研究会,并主持编辑通俗文艺杂志《说说唱唱》。从创研会到《说说唱唱》,二者的活动都围绕"说唱"文艺展开,而其中也透露出赵树理对新中国文艺建设的某种全局性思考与关怀。在赵树理看来,"说唱"文艺既是民族形式的根本,又是"新的人民文艺"的核心。"说唱"意味着要在传统民族形式的基础上,发现和吸纳新社会、新生活、新现实,并将其"歌舞化",从而创造出兼具政治性和艺术性的新形式。然而,赵树理所主张的"说唱"文艺植根于解放区土壤,产生于群众的生产生活,是文艺工作者与群众"共事",为群众"打算"的结果。离开农村后,赵树理在城市似乎并没有找到新的"生活",而其所主导的"说唱"文艺也失去了赖以生长的土壤。

[关键词] 赵树理;"说唱"文艺;"歌舞化";"赶任务"

---

[1] 程帅,清华大学人文学院中文系2017级博士生,主要从事中国现当代文学研究。

1949年2月，北平和平解放，各地文艺工作者相继"会师"北平，4月初，赵树理也随《新大众报》入京。进入和平环境的赵树理，并没有如自己之前所言[1]迅速开始个人创作，写出能够体现"重大题材"的作品，而是几乎投入其全部精力，与老舍、王亚平、苗培时等人组织创办了一个具有统战性质的文艺组织——大众文艺创作研究会。与此同时，他还主持编辑了由该会主办的通俗文艺杂志《说说唱唱》。

中华人民共和国成立初期，文艺建设面临改造旧文艺、普及新文艺的艰巨任务，代表了解放区文艺方向的赵树理自然义不容辞，要挑起"普及"的重担。然而，这远远不足以解释，一位"文化志愿人"为何会放弃创作"重大题材"的写作计划，以极大的热忱和执着投入到这"一会一刊"的建设中来。事实上，中华人民共和国成立之初的赵树理之所以对创研会和《说说唱唱》表现出别样的热情，与其对整个中华人民共和国文艺建设的思考与探索关系甚密，那么，在新文艺建设的大背景下，以"一会一刊"为平台，赵树理究竟进行了哪些文艺实践？他所熟悉的说唱文艺资源在其中又发挥了怎样的作用？中华人民共和国成立初期，赵树理对建设"新的人民文艺"又有何独特的设计与思考？他围绕"一会一刊"开展的一系列文艺实践背后是否包含更大的理想和抱负？

近年来，关于大众文艺创作研究会与《说说唱唱》杂志的讨论已日渐增多，从已有的研究来看，这些讨论都在不同程度上肯定了赵树

---

[1] 1947年1月，赵树理在接受美国战地记者贝尔登的采访时曾谈道："有志愿战士，就有志愿文化人。正因为如此，我为人民的创作完全是出于自愿的。……我应该投入社会生活，我要跟上革命的各个阶段。现在最重要的事情是搞土地改革，以后大概就是搞工业化。我们将来要组织合作社，需要美国的机器，所以我想去美国看看。我很想写重大的题材，也许内战结束后，我可以安顿下来专心专意写它一阵子，不过我决不愿完全脱离人民。"参见赵树理：《和贝尔登的谈话》，《赵树理全集》（三），北京，大众文艺出版社，2006年，第167页。

理在筹建"一会一刊"中所起到的关键性作用。[1]然而,现有研究大多以创研会与《说说唱唱》为主要研究对象,致力于勾勒当时北京市通俗文艺实践的全貌,而未能详细考察赵树理自身的文艺资源——"说唱"文艺在"一会一刊"建设过程中的落实与转化。因此,本文将以更加微观的角度,围绕赵树理在这一时期的文艺主张和实践,对其"说唱"文艺的具体内涵进行详细讨论,从而思考赵树理意义上的"说唱"文艺在建设"新的人民文艺"过程中所发挥的作用与遭遇的危机。

一、"打入天桥去":大众文艺创作研究会的建立

1949年10月15日,大众文艺创作研究会在京成立,赵树理在成立大会上发表讲话。他谈到入京以来自己常常会去北京城南天桥一带的小戏园,却发现这里并没有表演新文艺,广大群众更"愿意花钱甚至站着去听那些旧东西",显然,新文艺并没有为城市大众所真正接受。尽管如此,赵树理仍然信心十足地认为"群众很需要新的文艺作品",只是群众的需要和文艺工作者的作品"接不上头"。

在他看来,知识分子和大众属于不同的"情感系统","天桥"则是衡量知识分子的文艺创作能否被大众接受的标准。然而,问题在于"大众"本身就是一个相对模糊的概念,尤其是新文艺"进城"后,工人、农民和小市民群体都属于"大众"的范畴。中华人民共和国成立初期,"天桥"的文艺代表着小市民群体的审美趣味。赵树理一面强调要与工农沟通感情,一面又强调文艺"应以天桥做测验"。赵树理并非不明白"天

---

[1] 详见张霖:《新文艺进城——"大众文艺创研会"与五十年代北京通俗文艺改造》,《文学评论》2006年第6期;张霖:《两条胡同的是是非非——关于五十年代初文学与政治的多重博弈》,《文学评论》2009年第2期;王满军:《通俗文艺领衔——〈说说唱唱〉(1950—1955)研究》(学位论文,2010年);王力:《通俗文学的转轨与大众审美趣味的变迁——〈说说唱唱〉的兴与衰》,《中国现代文学研究丛刊》2012年第6期;张均:《王亚平与〈说说唱唱〉杂志的改版及停刊》,《汉语言文学研究》2014年第3期。

桥"与"工农"的距离,相反,正是意识到"天桥"代表的市民趣味与"工农兵文艺"之间的距离,他才如此在意"天桥"作为文艺检验标准的价值。更重要的是,"天桥"不仅仅使赵树理意识到工农兵与市民在审美趣味上的不同,也使其敏锐地意识到沟通两者的桥梁正是"说唱"的文艺形式。因此,赵树理希冀将新文艺"打入天桥去"的愿望并非无中生有,而"说唱"文艺为之提供了具体的艺术目标和创作方向。或许可以这样理解,赵树理试图以"天桥"为纽带,沟通知识分子、农民、工人、市民群体之间不同的艺术趣味。也就是说,"天桥"存在着整合"五四"新文学、解放区文艺、传统民间文艺以及城市通俗文艺诸种不同资源的可能性,而大众文艺创作研究会的创建,在一定程度上为赵树理文艺理想的实现提供了契机。

  赵树理及其同人积极筹建创研会的初衷甚为明了:"我们想组织起这样一个会来发动大家创作,利用或改造旧形式,来表达一些新内容也好,完全创作大众需要的新作品也好,把这些作品打入天桥去,就可以深入到群众中去。"[1]在赵树理的观念里,新文艺在内容上具有先天的优越性,老百姓对旧形式"喜闻乐见",对传统戏曲的旧题材却似乎并不感兴趣。而事实上,从后来"说唱"文艺在城市的发展来看,他的考虑似乎过于单纯乐观了。不同身份的"群众",其审美趣味也不尽相同,至少中华人民共和国成立初期市民群体对农村根据地文艺的接受,并没有想象中那样顺利。正如"说唱"文艺在解放区的成功,绝不可简化为"新内容"和"旧形式"的结合,它在"进城"之后遇到的一系列问题,恐怕也并非以"新"与"旧"、"内容"与"形式"这样简单的命题便可概括。可以说,"说唱"文艺本身就是复杂的,较之其他文艺形式,"说唱"文艺的创作、传播、接受都更加复杂,牵涉文学、曲艺、音乐,甚至美术等不同的文艺行业。因此,在中华人民共和国

---

[1]《在大众文艺创作研究会成立大会上的讲话》,《赵树理全集》(三),北京,大众文艺出版社,2006年,第358页。本文原载《大众文艺创作研究会会刊》第1集,成立大会于1949年10月15日举行。

建立的大背景下,创研会的创建除了具有"统战性质"外,其所涉成员的复杂、组织结构的庞大,都在客观上为"说唱"文艺的创作与传播提供了条件。[1]

创研会建立后,曾在两个方面着力颇深。首先,该会对"说唱"文艺的文本创作给予充分重视,赵树理在担任创研会执行主席的同时,兼任研究部部长一职(创研会内部专门成立创作部和研究部,分别负责创作新作品和研究文艺创作方法),《说说唱唱》因此一度成为创研会会员作品发表的重要园地之一。[2] 其次,赵树理及其同人不仅将作品以书刊形式出版,而且通过剧团、游艺社、广播等途径为新作在城市的传播开辟了阵地。[3]

有趣的是,这两方面的工作恰好构成了"说唱"文艺创作的整个过程,即首先以文本形式完成"说唱"文学的创作,接着通过艺人演出,完成由"说唱"文学到"说唱"文艺的第二次创作。艺人根据观众的反应调整自己的创作,在多次演出后,将作品打磨到最佳状态,并由此形成该部作品较为固定的演出经验,经典之作也往往随之产生。因此,对于一部成功的"说唱"文艺作品而言,文本创作固然重要,但艺人反复演出,对演出细节精雕细琢,与观众达成某种默契,也同样必不可少。然而,这仅仅是理论上的假设,仅以长篇剧本创作为例,在实际的创作中,情况就要复杂得多。缪克沣曾在《交流一点经验》

---

[1] 张霖在《新文艺进城》一文中提到:"……该组织的作用就是团结在北京的旧文化人,使之能够进入新文艺阵营,为新政权服务。由此可知,大众文艺创研会是一个具有统战性质的半'同人'文学组织。"

[2] 根据陶君起的说法,康濯的《李福泰翻身献古钱》、马烽的《周支队大闹平川》、崔蓝波的《小力笨》等,都是由创作部小说组集体讨论后才发表在《说说唱唱》的作品。参见陶君起:《半年来小说组的活动情形》,《大众文艺通讯》1950年第2期,第26页。

[3] 张霖在《新文艺进城》一文中曾详细考察了这一时期创研会为"新文艺的传播"所做的努力,如多次开办艺人讲习班,说书艺人组织了"群英社",改造了旧书店"宝文堂",在新华电台设立了广播小组,在前门箭楼创办了大众游艺社。

一文中详述了创研会的创作经验,剧本主要通过三种方式产生:第一种是大家来谈材料,几个人负责组织材料,加上演员创造的"精彩口语",最后由一人执笔写出故事;第二种是根据已有的材料写出"骨架",再按照各部分的需要搜集整理材料,拟出故事大纲,再由艺人"过排",以收集语汇;第三种则根据一段故事"抓住要写的中心",收集整理与主题相关的"论文指示",拟写提纲并集体讨论,再写对话。从这段回忆来看,当时创研会的剧本创作显然具有集体创作的性质,是文人与艺人"合作化"的结果。这里的记录仅仅是剧本创作的过程,如果将艺人演出时与群众的互动关系也纳入考量,情况恐怕将更加复杂。

凭借在解放区从事文艺工作的经验,赵树理很早就意识到,在"说唱文艺"的创作过程中,集体创作几乎是一部优秀说唱作品完成的必由之路,这也成为赵树理20世纪五六十年代深化其"说唱文艺"理论的落脚点之一。然而,对于新中国成立初期大众文艺创作研究会的日常活动而言,"集体创作"的重要性绝不仅仅局限于说唱文艺的内部,1958年赵树理在一篇谈曲艺创作的文章中曾表达了自己在中华人民共和国成立前后的一个隐忧:

> 1949年的时候,我以为曲艺工作的主要问题在于创作,估计到几方面的情况:艺人同志还不十分了解革命胜利后的新形式和生活的远景,写不出来;文艺界原走的又不是曲艺这条路,而一向是为知识分子服务的;解放区来的同志有的在解放区还有路道,进了城就认为山里那一套不算文艺了,因为他们本来就是城市里的人;而从山上生长起来的同志呢,大风已经倒在这一边了,也没有太多的办法。[1]

---

[1] 赵树理:《我们要在思想上跃进》,《赵树理全集》(五),北京,大众文艺出版社,2006年,第93页。

根据赵树理的自述,他在中华人民共和国成立初期确实对"曲艺"[1]的创作心存忧虑,主持建立一个旨在"共同学习、研究、创作"的专业创作组织自然也在情理之中。从其忧虑来看,创作的问题是多方面的,但是核心矛盾在于不同的文艺资源无法被统筹转化为新的创作动力,如果没有一个可以依赖的核心资源,新文艺的发展可能会在方向上首先遭遇困境。"大众文艺创作研究会"不仅将工农兵群体、市民群体与知识分子群体一起纳入了这个组织,而且以集体创作的方式为会员提供了彼此学习和交流的机会。

在创研会建立之初,集体创作的方式就有组织上的保障:"我们依据工作的需要,会内分组织、联络、研究、创作四个部,及编辑出版委员会。又由于会员们的研究、创作的习惯、爱好、技术不同,分为小说、戏剧、曲艺、工厂文艺四个小组,每组选举专人负责领导,大力开展研究、创作工作。"[2]"小组"是集体活动的组织单位,活动包括集体学习、集体讨论、集体创作、集体改稿等不同的内容。显然,这样的"研究"活动,虽然旨在帮助会员学习、创作,但在客观上却增进了会员之间的交流沟通,这一过程恰恰为"五四"新文艺、工农兵文艺、民间文艺以及城市通俗文艺提供了相互碰撞、彼此融合的可能。可以说,赵树理在新中国成立之初就已隐隐意识到各种文艺资源在新中国文艺建设中可能存在的抵牾,而如何调和转化这种矛盾,使之成为新文艺建设的合力始终是赵树理尝试努力的方向。虽然1958年赵树理的这段文字是事后追述,但即使仅从当时创研会的具体工作及其努力方向来看,至少在客观结果上,创研会以代表大众的"说唱"文艺为纽带,通过集体"创作、研究"的方式,为中华人民共和国成立初期各种文艺资源的交流融合提供了平台和机会。

---

[1] 赵树理曾多次谈到曲艺、通俗文艺与"说唱"文艺的关系,后文对此有专门论述,此处赵树理所谈的"曲艺"基本可以理解为"说唱"文艺。
[2] 王亚平:《创刊词》,《大众文艺通讯》1950年第1期,第1页。

二、赵树理的"说"与"唱":《说说唱唱》创刊

大众文艺创作研究会成立三个月后,《说说唱唱》于 1950 年在北京创刊。创刊号不仅在扉页上刊发了郭沫若、茅盾和周扬的题词,[1]而且该期作品分别出自赵树理、苗培时、王亚平、康濯、马紫笙、景孤血之手,[2]其阵容可谓"豪华",由此足以见得《说说唱唱》在创刊之初就得到了来自官方和文艺界同人的双重认可。另外,根据李士德对苗培时的采访,当时《说说唱唱》发行 30 万册,而《人民文学》也不过 6 万册。[3]可见,当时的《说说唱唱》并没有遇到特别的困难,不负周扬寄予其"在群众中生根开花"的厚望,而这不得不归功于主编赵树理清晰的编刊思路。

《说说唱唱》在创刊号的《订阅启事》中对自己的读者群体有着非常明确的定位:"它的对象是城市里面的工人、市民、大中学生,乡村里面的区村干部、小学教员,部队里面的中下级干部、文化干事,城市和乡村里的戏曲、曲艺工作者。"[4]显然,《说说唱唱》定位的阅读群是那些识字的、具有阅读能力的人民大众,而农民并未被纳入这个读者群体之中。在乡村,《说说唱唱》面向的群体是区村干部、小学教员以及乡村的戏曲、曲艺工作者。在赵树理看来,农民中"不识字"的人比例较高,其主要文艺生活也并非"阅读"文学:"农民懂诗歌散文

---

[1] 彼时,郭沫若担任全国文联主席,茅盾担任文化部部长,周扬担任中宣部副部长。三人的题词分别为:郭沫若"《说说唱唱》要表现出新时代的新风格,不仅内容要改革,说唱的身段、服装也要改革。请大家认真考虑一下",茅盾"民族的、大众的、科学的《说说唱唱》",周扬"在群众中生根开花"。

[2]《说说唱唱》创刊号发表的作品包括:赵树理的《石不烂赶车传》、苗培时的《双喜临门》、王亚平的《老婆子和小金鱼》、康濯的《李福泰翻身献古钱》、马紫笙的《工人科长牛占梅》、景孤血的《香炉回家》、辛大明的《烟花女儿翻身记》以及苗培时所辑的《大众诗选》。

[3] 根据《说说唱唱》编辑部 1952 年的说法,当时的实际销量应该在 3 万至 5 万册之间。

[4]《订阅启事》,《说说唱唱》创刊号 1950 年第 1 期,创刊号扉页。

不论古今中外都有一定的隔阂，小说也接触得少，戏剧这个形式就成为最接近农民的了。"[1]但这并不意味着农民不需要文艺生活。赵树理认为广大群众有的是文盲，但并非艺术盲，也非社会盲，而文学作品并非"学校"，无须承担提高人民群众文化水平的任务，"作品是要求作者即时能懂，能及时起到它的社会作用的"。[2]因此，乡村的戏曲、曲艺工作者便成为《说说唱唱》特别要针对的一部分人群，正是通过他们的演出，文艺才能以"说唱"的形式对农民产生及时的作用，从这个意义上来讲，经由创研会组织和团结艺人就显得更加必要和迫切。也正是出于这样的原因，《说说唱唱》编委会在征稿启事中，特别强调作品形式要"力求能说能唱，说唱出去大众听得懂，愿意听"，而对于"不能说唱者"，由编辑部将其改写为"能说能唱者"，然后再予以发表。甚至，后来杂志对"能说能唱"的形式追求发展到了"形式主义"的地步，以至于1952年赵树理卸任主编时，也不得不在《我与〈说说唱唱〉》一文中为此特别做出检讨。

既然《说说唱唱》编辑社如此重视能"说"能"唱"的形式，那么，在主编赵树理看来，"说唱"是否仅仅只是一种文艺形式？其具体内涵是什么？在整个新文艺建设中又有着怎样的地位和作用？这些问题的解决，恐怕都需要我们将赵树理的说唱文艺理想放置在一个更长的历史时段中加以考察和理解。

《说说唱唱》在创刊号的扉页上刊发了一则《订阅启事》，专门介绍该刊：

> 内容有评话、小说、快板唱词，都是咱们人民大众喜闻乐见的各种文艺形式。散文能"说"，韵文能"唱"；认识字的看得懂，

---

[1] 赵树理:《戏剧为农村服务的几个问题》,《赵树理全集》(六)，北京，大众文艺出版社，2006年，第181页。

[2] 赵树理:《做生活的主人》,《赵树理全集》(六)，北京，大众文艺出版社，2006年，第143页。

不识字的,说说唱唱听得懂。[1]

这里,"说唱"的内容包括了评话、小说、快板唱词等多种文艺形式,如果说评话、快板唱词属于"说唱"文艺并不难理解,小说又如何能"说说唱唱"呢?这便是赵树理对"说唱"理解的独特之处。1958年,赵树理在《我们要在思想上跃进》一文中曾谈到自己一开始写小说就是要使其成为"能说"的,并且强调自己的这一想法"至今不变"。在他看来,"评书是正经地道的小说",显然,这里的"小说"是区别于现代小说的。赵树理认为,以"唱"为表现手段的"韵文"和以"说"为侧重的"评话",分别代表了"唱"与"说"的文学,都有其自身的文学传统与发展脉络:"曲艺的韵文是接受了中国诗的传统的,评话是接受了中国小说的传统的……"也正是从这种意义上,直到1958年,赵树理道出了自己对"说唱文学"地位的认识,曲艺可以被视为"中国文学的正宗"。[2]

这一点,在1979年王亚平分析赵树理创作特点的一篇文章中,得到了印证:

> 他所探索的是能说能唱的文学。他认定散文能说,韵文能唱,纵然不能说是全部中国的民族形式,也是主要的民族形式。我们看看传播较为久远的广泛的民歌、民谣、快板、各种能唱的词、能说的书、古典诗词、乐府诗中能唱的优秀作品,以及"五四"到今天所创作的能说能唱的东西,都是民族形式的发展、创造。抱着这种想法,沿着这条道路创作的,就是赵树理探索的民族形式。[3]

---

[1]《订阅启事》,《说说唱唱》创刊号1950年第1期,创刊号扉页。
[2] 赵树理:《从曲艺中吸取养料》,《赵树理全集》(五),北京,大众文艺出版社,2006年,第259页。
[3] 王亚平:《赵树理创作的几个特点》,《永远结不成的果实》,北京,文化艺术出版社,2014年,第221页。

身为赵树理多年的同事和朋友，王亚平与赵树理共同组织了大众文艺创作研究会，创办了杂志《说说唱唱》，应当说，他对赵树理文学道路的把握和理解是准确的，"说"与"唱"确实是理解赵树理的关键。中华人民共和国成立初期，从创研会到《说说唱唱》，赵树理对中华人民共和国文艺建设是有某种全局性思考与关注的。基于解放区群众文艺运动的经验，在他看来，"说唱"文艺与工农兵文艺方向具有某种内在的一致性；而根据赵树理"进城"后的观察，"说唱"的形式也并不为城市旧文艺所排斥，"天桥"就是最好的例证。在这样的经历和观察中，赵树理发现，"说唱"文艺形式是一种颇具中国传统文化气质的"民族形式"，是中国老百姓自觉选择的艺术趣味，而其在艺术上的灵活性，也似乎更适合表现现代生活中的新内容。因此，在他看来，"说唱"文艺不失为统筹各种文艺资源的"民族形式"，这种在解放区文艺中曾经起过重要作用的文艺形式，在新中国的文艺环境下似乎同样具有生长性。

正是在这种意义上，赵树理对"说唱文艺"有了更为宽泛的理解。他在《我们要在思想上跃进》一文中，曾对"说唱文艺"和"曲艺"做了详细的区分。文章认为有人管曲艺叫"说唱文艺"不妥当，原因有二：其一，曲艺不应被单独归类为"说唱文艺"，它和诗歌、戏剧、小说"都是一家"，作家作品和曲艺是一回事，写曲艺本身应当被列入作家的创作计划。其二，"曲艺"不足以概括"说唱文艺"，"能说能唱"是诗歌、戏剧、小说和曲艺一切文学体裁都应当追求的艺术性，小说要成为"能说"的，"好的唱词应该是诗"，甚至社论、通讯"最好也是能说的"[1]。从这个角度讲，"说"与"唱"已经成为赵树理衡量新文艺的重要标准之一。

另外，从这段文字来看，无论强调评书是"正经地道的小说"，还是为曲艺正名其与"诗歌、戏剧、小说"本为一家，或者要求文艺工作者将"曲艺"列入创作计划，这些似乎都隐隐地透露出赵树理对"曲

---

[1] 赵树理：《生活·主题·人物·语言》，《赵树理全集》（六），北京，大众文艺出版社，2006年，第134页。

艺",乃至整个"说唱文艺"不为文艺界所接受的担忧。那么"说唱"文艺究竟是否能产生"高级"的艺术作品呢?赵树理的答案是肯定的。1958年9月,赵树理曾在《人民文学》杂志社召集的一次曲艺座谈会上发言:"我认为曲艺应该产生高级的东西,而且事实上已经产生过高级的东西。曲艺是高级的,同时又是普及的。"[1]赵树理认为"曲艺"这种艺术形式并不缺乏高水平的作品,它同其他文艺作品一样,"好坏都有"。换言之,"说唱文艺"本身是可以达到较高艺术水准的,同时较之其他文艺形式,其"能说能唱"的特征又使之更具有普及性,能够为更广大的人民群众所接受,而这正是新的人民文艺所试图努力的方向。那么,在赵树理看来,代表了主要民族形式的"说唱文艺"如何产生高级的作品,达到"新的人民文艺"的要求呢? 20世纪50年代中期以后,赵树理曾多次提到了一个概念——"歌舞化"。

1954年年底,赵树理在《我对戏曲艺术改革的看法》一文中,首次从有关"歌舞化"的角度对"说唱"的文艺形式做了探讨。文章一方面承认无论是古典的大戏还是民间的小戏,其形式仍为大众所喜爱;另一方面又强调这种喜爱是有限的,因其表现内容的陈旧、思想的僵化,戏曲正面临着"死亡"的危机,[2]而将新的现实生活"化入歌舞"才能挽救戏曲。"歌舞化"意味着以高度概括的方式,将一些常见的生活场景、人物动作、思想情感转化为"说念做打"的艺术程式。这些艺术程式对于演员而言是需要日常修炼的"功夫",而对于观众而言正是戏曲的"艺术性"之所在。

那么,如何实现这种"歌舞化"呢?赵树理认为,行之有效的方法是"用人工缩短旧剧在自然状态下发展、变化时要占去的年代"。[3]

---

[1] 赵树理:《从曲艺中吸取养料》,《赵树理全集》(五),北京,大众文艺出版社,2006年,第259页。
[2] 赵树理:《我对戏曲艺术改革的看法》,《赵树理全集》(四),北京,大众文艺出版社,2006年,第157—163页。
[3] 同[2]。

生活被"歌舞化""艺术化"是需要时间的,而其过程或许也可被视作一种历时性的集体创作。旧形式之所以能成功,是因为它并非由一人创作所得,而是经由群众"长久考验",历代创作者"千锤百炼"的结果。按照传统"说唱文艺"的创作方式,一部优秀的作品需要长期打磨,甚至是历经几代艺人的共同努力才能得以成形。[1]然而,代表新文化方向的艺术作品很难再等待历时性的"千锤百炼",在统一的文艺组织下,新的集体创作方式似乎更能发挥优势,而这也正是创研会采用小组形式集体讨论创作的优势所在。

然而,问题并不仅仅在于艺术形式。虽然赵树理将"歌舞化"的困境归因于"新事物纷至沓来",旧的艺术形式没有能力消化吸收如此纷繁的现实因素,但是,他所强调的"歌舞形式"实际上是灌注了"新内容"的"新形式"。从本质上讲,其"新"在内容,而非形式。现代生活需要被高度概括,变成能为戏曲演员所表现的艺术程式,以"歌舞化"的形式与群众之间形成新的艺术约定,从而提供给观众新的现实感受和艺术体验。赵树理正是在这一层面上将"说唱"作为新文艺的艺术标准之一,因此,"歌舞化"绝不仅仅是艺术形式的问题。进入城市的"说唱"文艺,如何重新找到现实性,将新的现实生活转化为艺术的内容,使之"入戏",才是"说唱"这一传统文艺形式所真正要面对的问题。

那么,产生于解放区革命土壤的"说唱文艺",其现实性究竟何在?赵树理为此做了哪些努力?进入城市的"说唱文艺"所遭遇的危机究竟从何而来?这都需要我们进一步把握赵树理对文艺与政治关系的理解。

---

[1] 赵树理曾提到:"……《白蛇传》《梁祝哀史》的故事,在前人笔记中就有,但非常简单,经过后人发展,不知出来多少《白蛇传》《梁祝哀史》,经过很多作者丰富和加工,加上每个作者自己的生活经验,把他自己的生活变成了艺术。"参见赵树理:《从曲艺中吸取养料》,《赵树理全集》(五),北京,大众文艺出版社,2006年,第259页。

三、"看透人心":"说说唱唱"如何"赶任务"

1950年7月,《说说唱唱》第七期发表了《半年来编辑工作检讨》一文,对前六期的编辑工作进行了反思。文章着重检讨的问题之一是:"未能使每篇稿子都与当前的现实任务结合得很紧密,未能使每篇作品的思想性与艺术性都提到我们主观上要求的高度。"之所以存在这样的问题,并不是因为赵树理反对文艺配合现实任务,相反,他对"任务"的认真态度是超越一般文艺工作者的,可以说,赵树理对"政治任务"的理解有其独特的出发点和归宿。

1951年2月,一些作家面对"抗美援朝保家卫国运动"这个创作任务表示"心里不舒服",为此,赵树理专门撰文,谈"赶任务"的问题。面对其他作家认为"赶临时任务"耽搁自己创作的说法,赵树理提出,抗美援朝保家卫国并非一个"临时任务",而是统一于"建国"这一历史任务。这一时期,《说说唱唱》也确实始终高度配合"抗美援朝"这一现实任务。自1950年10月参战后,杂志第十一期即刊发张景华创作的《抗美援朝把军参》,以配合参军动员工作,此后"抗美援朝"这一主题一直延续到了1951年10月。对于一些作家的情绪问题,赵树理一针见血地指出:"如果本身生活与政治不脱离,就不会说临时任务妨碍了创作,因为人民长远的利益以及当前最重要的工作才是第一位的……"[1]在他看来,某阶段的中心工作是统一于人民长远利益的,两者并非对立关系。显然,赵树理对于"政治任务"的理解,其出发点和落脚点在"人民",或者说在"群众"。

因此,赵树理才认为,"赶任务"并不妨碍写作,有些作家之所以产生这样的问题,恰恰是因为其自身"生活与政治不能密切配合,政

---

[1] 赵树理:《谈"赶任务"》,《赵树理全集》(四),北京,大众文艺出版社,2006年,第77页。

治水平还不够高"。在赵树理看来,即便是"赶任务"的作品,也应当有真实情感的表达——对社会主义事业的热爱,对群众生活的关心。作为一个真正的革命者,维护人民长远利益必然是其自觉追求和感情需要,而非政治任务,赵树理曾把自己的这种群众观点归纳为"政治修养"。[1]

可以说,创研会和创刊初期的《说说唱唱》之所以能迅速取得较大影响,与主编赵树理身上所具有的这种"政治修养"不无关系。1950年9月,《说说唱唱》编委会在第九期的扉页上刊发了一份"调查问卷"——《请把你的意见告诉我们》。从"问卷"的几个问题来看,这是《说说唱唱》对群众意见的一次全面调查,其中几乎涉及杂志编发工作的方方面面,从杂志本身的内容、作品形式、传播效果,到对编委会的意见,甚至杂志美工都一一向群众征求意见,力图能够"完全符合读者的要求"。事实上,这一时期《说说唱唱》杂志的制作是相当精致的,不仅体裁形式多种多样,包括评话、鼓词、民歌、儿歌、歌曲以及通俗诗选等,创作题材也颇为丰富,在表现新生活的同时,还改编了"五四"新文艺作品、外国作品,甚至以"说唱"形式报道时事。[2] 封面请郭沫若题词、彦涵作画,每期着力推荐的作品都配有与文章场景相匹配的插图。向群众征求意见,是出于对杂志质量的进一步追求,至于"完全符合读者的要求",所谓众口难调,这几乎是不可能完成的目标,因此,这样的措辞更多的是出于对读者意见的重视与尊重。这次调查,也可被视作赵树理"研究群众"的方式之一。从实际影响来看,"调查"并未给后来《说说唱唱》的编辑带来过多实质性的改变。可以说,

---

[1] 赵树理在其专门针对农民编辑的《下乡集》序言里谈道:"我们写小说的,想叫自己劝人劝得不错,就得先端正自己的认识……一方面要靠学习马列主义,一方面要锻炼自己的思想感情使它和劳动人民的思想感情融洽起来,简截(洁)地说来,就叫作政治修养。"参见赵树理:《随〈下乡集〉寄给农村读者》,《赵树理全集》(六),北京,大众文艺出版社,2006年,第163页。

[2] 如1950年3月第3期《说说唱唱》,老舍创作的《中苏同盟》就以"毛主席去到莫斯科"为题材。

赵树理主编时期的编辑风格是最为稳定的，但这种稳定性并不意味着僵化，相反，这一时期的《说说唱唱》，无论内容还是形式都是颇具生命力的，而这种生命力的获得恰恰又是因为主编赵树理所持的这种"研究群众"的态度。

事实上，在创研会的成立大会上，赵树理便特别提出"研究群众"的问题。他认为过去的文艺工作者缺乏"新观点"，而建立"新观点"的途径有二：一要"了解政策"，二要"研究群众"。那么究竟怎样"研究群众"呢？上世纪五六十年代以后，赵树理在谈到自己的创作经验时，曾多次提到创作者应当具备"看透人心"的能力：

> 业余作者在社会上除了要做一个好的从业员，还要做一个好的公民，对周围的事情不能不关心。这也是属于政治修养方面的问题，没有这个，对生活就会熟视无睹，对生活感受、理解也不会一样。说各行各业都可写，是不是提倡写身边琐事呢？我们说写自己熟悉的事不一定就是琐事，有的琐事能反映出大问题。比如，有一个大杂院住十来户人，什么人都有，什么事都有，这里发生的事，并不都是没有社会意义的琐事。如买米买面，小孩子打架，琐碎是琐碎，可在琐碎中可以见人心。[1]

显然，其所谓"人心"就是群众的日常生活，而"看透人心"就需要有深入群众、深入生活的感受力和理解力。唯有"看透人心"，才能在思想感情上和群众"融洽起来"，才能获得"政治修养"。那么，这种"看透人心"的"政治修养"，赵树理自己是怎样获得的呢？他在《也算经验》一文谈到收集写作素材的两个"简易办法"，即"在群众中工作和在群众中生活"，这两条"简易办法"正是其"群众观"的独特之处。

---

[1] 赵树理：《与青年谈文学》，《赵树理全集》（六），北京，大众文艺出版社，2006年，第90页。

在群众中工作和生活是指要切实参与到群众的生产生活中去，不仅仅是做一个观察者和记录者，而是要与群众"共事"，[1]为群众"打算"，这恰恰是"说唱文艺"赖以产生与生长的土壤。赵树理早年曾记录过根据地的农村剧团在民革室创作的场景："每逢夜间或吃午饭后，村里的青年们便都集拢到民革室，你说一句我说一句凑一个剧本，然后便你一扭他一扭演成了。"[2]虽然这样的记录或许相较真实的创作状态多少有点轻巧，但其中值得注意的是，解放区的群众性文艺之所以具有生命力，正是由于其产生于生活、完成于生活。进入城市的新文艺工作者，也唯有融入群众的生产生活，才能"看透人心"，创作出让群众"喜闻乐见"的作品，而这或许正是赵树理及其"说唱"文艺进城之后所遭遇的最大危机。

四、《说说唱唱》的"失败"："说唱"文艺的危机

1966年，赵树理在其生前最后一篇文章《回忆历史 认识自己》中，提到《说说唱唱》编刊的"失败"时不无遗憾。事实上，就当时杂志的编辑、发行及其作品的传播和影响而言，很难说赵树理当时的编辑工作本身是"失败"的。那么对赵树理所言"失败"，究竟又应该做何理解呢？

1951年12月，根据中华全国文学艺术界联合会关于调整北京市文艺刊物的决定，《说说唱唱》和《北京文艺》合刊，并且在内容上做出

---

[1] "共事"是20世纪五六十年代赵树理在谈到深入生活、深入群众时，经常强调的："为了避免下去做客，我每到一个村子里，总要在生产机构中找点事做——后来有了干部下放的制度，这事就不需要自己找了。我常把我的做法叫作和群众'共事'——即共同完成一样事。"参见赵树理：《谈"久"——下乡的一点体会》，《赵树理全集》（五），北京，大众文艺出版社，2006年，第399页。

[2] 赵树理：《一群快乐的人——×××农村剧团》，《赵树理全集》（一），北京，大众文艺出版社，2006年，第219页。

调整，除了继续"组织、介绍优秀的'说唱'文艺作品"外，还要"就通俗文艺工作的具体问题发表简短的指导通俗文艺工作的文字"。[1] 这一调整看似给予了《说说唱唱》比肩《人民文学》《文艺报》的地位，但也使《说说唱唱》渐渐偏离了自己创刊之初的定位。

随之而来的，更加实质性的调整是，《说说唱唱》编委会的改组，主编改由老舍担任，赵树理与李伯钊、王亚平并列副主编的位置，曾经囊括了王春、苗培时、田间、辛大明、马烽、康濯、凤子、章容的编委会名单被从版本介绍页面删除，[2] 编辑者则由创研会和北京文联联合署名。而短短七个月后，1952年6月，创研会不再作为编辑者署名，此后在《说说唱唱》上也基本再无活动的痕迹。

1951年12月第二十四期到1952年2月第二十六期，《说说唱唱》先后发表了七篇具有检讨性质的文章，从主编赵树理、副主编王亚平、编委苗培时到创研会小说组的青年作家，都不同程度地检讨了自己以及同事在编辑和创作中的"错误思想"。王亚平在其检讨文章《为彻底改正通俗文艺工作中的错误而奋斗》中，对由创研会主持的，包括《新民报》《大众诗歌》《说说唱唱》在内的多份报纸、杂志的编辑工作都做了检讨，文尾特别提出"把已组成的通俗文艺队伍（如大众文艺创作研究会，业余艺术学校等）进行严格的整顿，展开思想教育与思想改造……"[3] 而针对苗培时的检讨，编委会则在《编后记》中强调其错误在于"立场不稳、政治水平不高，对政策没有足够的了解"。显然，在这次刊物调整的过程中，受到影响和冲击的并非仅仅是《说说唱唱》杂志社，而是整个大众文艺创作研究会倡导的文艺活动，其需要检讨之处在于思想立场和政治水平。这次调整导致的直接结果是杂志主编

---

[1] 王亚平：《提高说唱文学的思想性和艺术性》，《说说唱唱》1952年第2期，第4页。

[2] 《说说唱唱》编委会成员在创研会多担任一定的职务：辛大明任执行委员会秘书长，苗培时和马烽分别担任创作部部长和副部长，康濯和凤子则同为编辑出版委员会副主任委员。

[3] 王亚平：《为彻底改正通俗文艺工作中的错误而奋斗》，《说说唱唱》1951年第12期，第8页。

易人,创研会活动受限,因此,赵树理几乎就此失去了自己为"说唱"文艺苦心经营的阵地,其以"说唱"文艺构建新中国文艺的理想也确实遭遇了重挫,这或可成为理解赵树理所谓《说说唱唱》"失败"的一个入口。

1952年1月,赵树理在发表的自我检讨文章《我与〈说说唱唱〉》中,也谈到自己最大的问题是不懂"今日的文艺思想一定该由无产阶级领导",并且认为这是由"我们这国家的性质"决定。对于这一问题,王亚平似乎更加敏感,很快意识到了人民大众的"落后性"与无产阶级的"先进性"之间的差异。一个月后,他在《提高说唱文学的思想性和艺术性》一文中专门就杂志稿约的变化,[1]针对这一问题做了讨论:"这个'人民大众的眼光',意思很不明确,'人民大众的眼光'是有高有低的,我们是应当站在先进的阶级——无产阶级的立场,来从事编辑工作,才能使我们的《说说唱唱》成为教育群众、提高群众的文艺刊物。"显然,"无产阶级领导"的文艺创作意味着要以无产阶级先进的眼光、态度来看待大众的"落后性",这种对"先进"与"落后"的区别,是伴随着新中国对社会主义因素的不断追求而产生并持续变化的。对于"说唱"文艺而言,在新的历史环境下,想要在短期内从思想和艺术上同时完成这种由"落后"到"先进"的突破,达到"无产阶级文学特有的高度",[2]几乎是不可能的。

赵树理在《我与〈说说唱唱〉》中就谈到这一问题,认为编委会未能"丰富和改变那些通俗的形式",使之适合表现现实生活中的"新因素",王亚平则更清楚地陈述了这一时期"说唱"文艺在艺术上

---

[1] 与刊物调整计划同时,《说说唱唱》的稿约也做了相应调整,其中变化最大的是关于来稿内容的要求:"用无产阶级的立场、观点来写新社会、新人物、新生活。"而在此之前,编委会对稿件内容的要求则是:"用人民大众的眼光来写各种人的生活和新的变化。"

[2] 赵树理在《回忆历史 认识自己》一文中谈到"普及"与"提高"民间艺术传统的问题时,认为"其提高的成品"应当具有"无产阶级文学特有的高度"。参见赵树理:《回忆历史 认识自己》,《赵树理全集》(六),北京,大众文艺出版社,2006年,第479页。

的困境:

> 运用旧形式,如果不能突破它,就一定还会投降旧形式,做旧形式的俘虏。因为旧的说唱文学,所以被广大群众所喜爱,不单单是一个形式问题,主要的是它使用了人民易懂、易唱、易听的形式,表达了当时被群众所熟悉的生活内容(有些是落后的甚至是反动的,有些是进步的、革命的)。今天,我们来利用它,就必须"取其精华,去其糟粕"来表达新的生活内容。[1]

如前文所述,新形式的创造不仅仅是对旧形式"说唱"水平的突破,更重要的是"说唱"形式要与新的现实生活相结合,在对群众生活的理解与把握中不断改造艺术形式,使之适合表现生活中的"新因素"。然而问题在于,艺术形式的探索本身就是一个较为漫长的过程,而现实因素又在不断变化,如何在现实中不断分辨"落后"与"进步"、"反动"与"革命",就显得更为关键。如果说20世纪40年代的"人民大众立场"是基于反抗"三座大山"的斗争性,意味着"进步"与"革命",那么在50年代新的政治语境下,"人民大众立场"的内涵是否存在被重新定义的可能呢?随着中华人民共和国的成立,"人民大众立场"不仅意味着为"社会主义"的共同目标而奋斗,同时也包含着同非社会主义因素的斗争。在文艺创作中,如何以艺术的方式把握和呈现这些现实生活中微妙的变化,是新文艺创作者不得不面对的巨大挑战。尤其对于"说唱"艺人而言,在政治和艺术上的双重高标准无疑更使得其原本就较为复杂的创作过程,更加困难重重。

在赵树理卸任主编后,1952年的《说说唱唱》遇到了新的困境——一面积极致力于探索"指导全国通俗文艺工作"的方向和路径,另一

---

[1] 王亚平:《提高说唱文学的思想性和艺术性》,《说说唱唱》1952年第2期,第5页。

方面又不断检讨自己"脱离群众"的错误。就杂志的"指导"任务而言,仅从理论上说,"说唱"文艺的地方性和农村性,就使得这种"指导"在业务上很难实现,更何况在实际工作中,《说说唱唱》面对各种"舆论"压力,常常毫无招架之力,所谓"指导",几近有名无实。而针对"脱离群众"的问题,编委会曾试图通过"下厂""下乡""组织通讯员"等方式重新联系群众,获得现实感受,然而,不断调整编辑思路的《说说唱唱》并没有真正拓展出一条能够联系群众、联系生活的有效途径。

随之伴生的问题是,杂志在群众中的接受度大打折扣。相较之下,《说说唱唱》创刊初期的成绩就显得颇为难得:"当时,在《说说唱唱》上面发表的作品被艺人演唱,在电台上广播,被采为教材,被编为单行本,在群众中的实际工作和文艺运动上都起了广泛的作用,甚至刊物的编辑工作本身,对各地文艺刊物来说,也起到了一些影响。"[1]显然,当时的《说说唱唱》找到了自己为群众所接受的传播路径,而这些途径几乎又都是以创研会的活动为基础的,可以说,创研会在为《说说唱唱》的作品提供传播平台的同时,也成了其与大众沟通的桥梁。因此,从这个意义上讲,赵树理所构想的"说唱"文艺在后来发展中所遭遇的危机与大众文艺创作研究会活跃度降低关系甚密——这意味着"说唱"文艺活动空间在一定程度上的丧失。1955年后的"说唱"文艺的活动空间越发紧张,甚至刊印传播都成问题。[2]

1953年以后,随着全面建设时期的到来,《说说唱唱》又面临"一个新的开始",其主要任务转向三个方面:一是反映现实,"创造民族形式的新风格";二是"钻研民间艺术",接受、介绍民族遗产;三是

---

[1] 编辑部:《努力学习毛泽东文艺思想 坚决改进编辑工作——纪念毛主席〈在延安文艺座谈会上的讲话〉发表十周年》,《说说唱唱》1952年第5期,第5页。

[2] 赵树理在《"普及"旧话重提》中谈到"新文艺传统"与民间文艺传统之间的实力悬殊时,不无感慨地说道:"作家、艺术家、文学艺术团体、各种报纸杂志,几乎全部是新文艺传统的成员",而反观民间传统文艺则"力量可怜得很,写写不出来,印印不出来……"《赵树理全集》(五),北京,大众文艺出版社,2006年,第35页。

阅读、研究、整理、推荐各地的通俗文艺作品。杂志"指导"色彩被淡化，"创造""钻研""研究"则成为新的任务，这使得杂志在实践层面恢复了一定的生命力，其作品类型更加丰富，大量发表神话、传说、谜语、绘画、音乐，尤其是有计划地收集整理了部分少数民族的文艺作品。而作者群体也更为广泛，郭沫若、游国恩等专家学者都曾为其撰稿，介绍、普及文艺知识。然而，在这样的调整下，赵树理构想中的"说唱"文艺，其整体性却已然消解于戏曲、曲艺、民间文学等现成的文艺体制之中，《说说唱唱》终于丧失了原本的革命性与挑战性，更像是以《说说唱唱》冠名的《北京文艺》。因此，1955年《说说唱唱》停刊，《北京文艺》复刊也几乎成为必然。

经历《说说唱唱》"失败"后，赵树理很快意识到自己在城市有"脱离实际""脱离群众"[1]的危险。他曾多次以"下乡"的方式回到农村，试图重新找回自己熟悉的"现实生活"，在现实的生产劳动中"跟上革命的各个阶段"。1958年，赵树理索性回到农村担任行政工作，时任阳城县书记处书记。与此同时，他对"说唱"文艺似乎也有了更为理性的反思。20世纪五六十年代的赵树理，借由曲艺、戏曲、民间文艺等艺术形式梳理了其有关"说唱"文艺的一系列理论与主张。在某种意义上，"说唱"的整体性被拆分为更加具体的因素，灌注于不同的艺术形式中。赵树理对戏曲"歌舞化"的强调，对民间艺术"文言一致"的强调，对大戏演历史剧、小戏演现代戏的坚持，恐怕都不无当初其对"说唱"文艺寄予的厚望，而随着对文坛整体挑战性的消解，"说唱"文艺反而在地方获得了一定的活动空间。

然而，赵树理对当年"说唱"文艺的失败，终究是难以释怀的。在《回忆历史 认识自己》中，当他再次提到文艺界普遍认为中国文艺

---

[1] 1952年5月卸任《说说唱唱》主编六个月后，赵树理撰文称自己"近三年来没有多写东西"，而"真正的原因只有一个，就是脱离实际、脱离群众"。参见赵树理:《决心到群众中去》，《赵树理全集》（四），北京，大众文艺出版社，2006年，第119页。

的正统为"五四"传统而非民间传统,到底意难平:"……其提高的成品,应该另具有无产阶级文学艺术特有的高度,不能以资产阶级成品的高度为样板的,而且按那个正统所要求的东西,根本要把现在尚无文化或文化不高的大部分群众拒于接受圈子之外的。"[1]或许,这里赵树理所言的无产阶级文艺"特有的高度",正是其"说唱"文艺理想曾经致力生长的方向。

---

[1] 赵树理:《回忆历史 认识自己》,《赵树理全集》(六),北京,大众文艺出版社,2006年,第479页。

西方文论与中西交流

论列奥·施特劳斯的元理论批判

汪尧翀[1]

[摘　要] 在德国战后哲学的语境中，列奥·施特劳斯主要从三个方面发展其思想：首先，通过对自然概念的现象学分析，施特劳斯阐明了古典理性的标准，据此，他建构了理智异质性学说，确立起以常识为起点的认识论批判，最终，上述研究导致他彻底拒绝意识分析而走向了古典目的论。笔者认为由这三个方面构成的施特劳斯的基础哲学，是延续自胡塞尔—海德格尔思想传统的一种理性的元理论批判。对施特劳斯基础哲学的分析，元理论批判有助于厘清与其现代性批判密切相关的思想史语境，把握其思想建构的独特针对性和结构脉络，为进一步反思这位对我国当代学界有着重要影响的思想家提供必要的理论视野。

[关键词] 列奥·施特劳斯；元理论批判；基础哲学

---

[1]　汪尧翀，中国社科院文学研究所助理研究员，主要从事西方马克思主义及德国思想史研究。

1992年，理查德·罗蒂在自传《托洛茨基与野兰花》中，将一种柏拉图式的、历久弥新的哲学魅惑描述为"在单纯一瞥中把握实在和正义的某个途径"。[1]站在两大主要哲学思潮——即通常所谓大陆哲学与分析哲学的汇聚点，罗蒂敏锐地看出了决定着现代哲学基本视域的、不妨专题性地把握为"主体性－主体间性"（Subjektivität-Intersubjektivität）的核心问题。对哲学而言，能否奠基于一个客观有效的"不可动摇的支点"，或者"寻求客观性只不过是一件尽其所能地获取更多主体间同意（intersubjective agreement）的事情"，[2]此两种旨在解决现代性危机的思想取径似乎冲突不可调和。

"二战"后"主体性－主体间性"问题逐步成为哲学讨论的焦点问题之一，大量的反思基本上集中于两条互动的思想路向中，其影响已经远逾地缘：（1）对主体性的重新反思，包括对自我意识的重新分析（迪特·亨利希），对康德遗产的重新审视（赫费），对胡塞尔先验哲学的重新转换（丹·扎哈维），等等，这些思想家立足于德国观念论（尤其强调实践理性），对语言学转向或者说主体间性范式转型提出了强烈的质疑；[3]（2）倡导哲学范式的语言学转向，包括对"自我－概念"（Ich-Begriff）做语义分析（恩斯特·图根哈特），坚持具有反讽效力的语境主义（罗蒂），坚持普遍语用学、商谈理论（哈贝马斯、阿佩尔），等等，这些思想家都坚持分析哲学与德国观念论的融合，对意识哲学的研究

---

[1] Richard Rorty, *Philosophy and Social Hope*, London: Penguin books, 1999, p. 19.
[2] Ibid., p. 15.
[3] 参见［德］迪特·亨利希：《在康德与黑格尔之间》，乐小军译，北京，商务印书馆，2013年，第75—77页；Otfried Höffe, *Kants Kritik Der Reinen Vernunft-die Grundlegung Der Modern en Philosophie*, Müchen: C. H. Beck, 2004, p.17；Dan Zahavi, *Husserl und Die Transzendentale Intersubjektivität: Eine Antwort auf die sprachpragmatische Kritik*, Dordrecht: Kluwer Academic Publishers, 1994, Einleitung.

范式进行不懈的批判。[1]

上述简略区分当然远远无法容纳纷呈的差异性,列奥·施特劳斯不属于其中任何一类思想家。施特劳斯明确拒绝了对自我意识结构做进一步澄清,也排斥语言哲学的分析进路,从而在思想立场上告别启蒙现代性,以独特的方式倡导"回归古希腊"——特指苏格拉底—柏拉图为代表的古典政治哲学。不过,施特劳斯对于理性元理论的诉求,细致解读历史文本的治学理路,却令人惊讶地靠近上述第一条思路,[2]以至于哈贝马斯虽然认为迪特·亨利希与所谓"反对'1789年理念'的伟大同盟"(列奥·施特劳斯、海德格尔、阿诺德·盖伦、卡尔·施米特等)在政治意义、思想抉择上完全相反,但仍然将他们关涉起来,作为对形而上学的回应。[3]这充分提醒人们:重新解读自康德以降的德国观念论,旨在提供解决现代性危机的新出路,已然构成了战后德国哲学最强劲有力的思潮之一,并在一种国际哲学沟通的层面上开辟了种种知识愿景,是否应该全盘抛弃现代理性方案的问题,已成必然之势。

施特劳斯的学生斯坦利·罗森曾在《维特根斯坦、施特劳斯与哲学的可能性》一文中开门见山地写道:

> 施特劳斯受到柏拉图和亚里士多德的决定性影响,他有一次告诫弟子们,要以他来抵制海德格尔,抵制作为结果出现的历史

---

[1] 参见[德]恩斯特·图根哈特:《自我中心性与神秘主义:一项人类学研究》,郑辟瑞译,上海,译文出版社,2007年,导论;[美]道恩·威尔顿:《另类胡塞尔:先验现象学的视野》,靳希平译,上海,复旦大学出版社,2012年,第198、199页;[德]哈贝马斯:《后形而上学思想》,曹卫东、付德根译,南京,译林出版社,2001年,第3—9页;倪梁康:《从"海德堡学派"看"自身意识"的当代诠释与诘难》,赵汀阳主编《论证3》,桂林,广西师范大学出版社,2003年。

[2] Dieter Freundlieb, *Dieter Henrich and Contemporary Philosophy: The return to subjectivity*, London: Routledge, 2003, p. 129.

[3] 参见[德]哈贝马斯:《后形而上学思想》,曹卫东等译,南京,译林出版社,2001年,第12页。

自我及语言哲学这种现象学的变种——这种说法的重要性远超出趣闻逸事。读者要心中有数,切莫把施特劳斯看成一个隐秘的尼采主义者。[1]

无独有偶,在分析哲学家内部,也有人探究分析哲学的现象学源头。[2]罗森展现了广泛存在于当代思想图景中隐匿又亟需阐释的思想关联,可另一方面,罗森也许不会同意如下说法:存在着施特劳斯的某种"基础哲学",而这一断言既吸引人去阐释,又似乎抵制人去阐释。[3]

"基础哲学"(Fundamentalphilosophie)一词,来自赫费,他从捍卫康德哲学的视角出发,认为存在着一种与语言学转向并列的"基础哲学的可能性"。[4]实际上,就康德解释而言,施特劳斯、赫费、迪特·亨利希之间存在着某种一致性。在施特劳斯早年的通信中,他认为自17世纪以来的哲学运动,都是在反传统意义上复兴的希腊思辨,但"在所有这些'奠基行动'中,在所有心理学和历史主义中所孜孜以求的都是发现、重新发现一个原初的自然的基础"。"在现代哲学家中,康德的确是唯一的柏拉图追随者"。[5]赫费和亨利希也都声称康德的哲学乃是解决柏拉图哲学问题的榜样,即现代科学与哲学之间应达成某种和解。[6]在我看来,上述问题意识亦是施特劳斯基础哲学的出发点。基础哲学本身乃是一种具有可能性的,旨在对哲学的基础、任务以及性

---

[1] [美]罗森:《维特根斯坦、施特劳斯与哲学的可能性》,张志林、程志敏选编,郝亿春等译《多维视界中的维特根斯坦》,上海,华东师范大学出版社,2005年,第193页。

[2] 参见[英]迈克尔·达米特:《分析哲学的起源》,王路译,上海,译文出版社,2007年,序。

[3] 参见[美]罗森:《金苹果》,刘小枫选编《施特劳斯与古今之争》,上海,华东师范大学出版社,2010年,第297页。

[4] Otfried Höffe, *Kants Kritik Der Reinen Vernunft*, a.a.O., p. 17.

[5] [美]施特劳斯等:《回归古典政治哲学》,朱雁冰等译,北京,华夏出版社,2006年,第42、258页。

[6] 参见 Otfried Höffe, *Kants Kritik Der Reinen Vernunft*, a.a.O., pp. 23, 39;[德]迪特·亨利希:《在康德与黑格尔之间》,乐小军译,北京,商务印书馆,2013年,第108、146页。

质做出规定的理性方案，元理论即是指此种对理性的理性反思，对基础理论的理论思考。因此，"元理论批判"这一说法就更进一步地表明，施特劳斯的基础哲学方案，其性质表达为对现代理性之根基的彻底批判。

对施特劳斯"元理论批判"的分析旨在彰显施特劳斯与康德、胡塞尔这一思想传统的紧密关联：（1）施特劳斯的"自然"概念应当从现象学的意义上来理解；（2）理智异质性学说，不妨视为一种康德式的认知批判，旨在将常识表述确立为对整体现象分析的起点；（3）施特劳斯力图复兴古希腊意义上的目的论宇宙观，旨在克服现代科学与哲学之间的裂隙，其必然结果是抛弃主体哲学的自我意识分析。

形式指引：对自然概念的现象学分析

在施特劳斯看来，"自然"概念所引起的误解，伴随着哲学与科学之关系的历史演变。17世纪科学基于现代物理学的成就从哲学中分离，并被确立为规范一切经验事物及其认知的标准；同时，现代科学将古代的自然宇宙论分裂为一种自然科学的非目的论宇宙观，与一种关于人的科学目的论宇宙观。[1]作为现代性图景中最核心的部分，现代自然科学成就虽然在哲学发展的各个阶段都备受质疑，却无法被简单地抛弃。相反，施特劳斯坚持对哲学的原初理解，即希腊意义上的科学与哲学是一回事，是对所有存在物之本性（存在物的本质区分）的探寻。[2]因此，施特劳斯赞同现象学—解释学传统，认为哲学认识论并不等同

---

[1] 参见［美］列奥·施特劳斯：《自然权利与历史》，彭刚译，北京，生活·读书·新知三联书店，2006年，第8页；［美］施特劳斯：《古今自由主义》，马志娟译，南京，江苏人民出版社，2012年，第239、240页。

[2] 参见［美］施特劳斯：《德意志虚无主义》，刘小枫编《苏格拉底问题与现代性》，北京，华夏出版社，2008年，第117页。

于在现代科学方法论中发育成熟并自我封闭起来的数学的普遍性方法与原则。[1]与通常依据哲学的历史来规定哲学的做法不同，施特劳斯依赖于一种特殊的希腊经验来解释哲学，[2]他将之视为古典自然正义论的兴起，或称为"苏格拉底"问题。

施特劳斯重建自然正义论的工作，较为集中地表明了其基础哲学的思路。自然、自然正义的出现，源于哲学这一特殊的人类活动从政治生活中诞生：

> 自然一经发现，区别于神话的哲学就出现了，第一位哲学家就是第一个发现自然的人。整个哲学史不是别的，就是记录了人们反复不断地试图充分把握那一至关重要的发现的内涵；那个发现是一些希腊人在两千六百年前或更早时候作出的。[3]

施特劳斯认为，对自然的发现，意味着对政治生活中固有权威的质疑。权威可以追溯至政治生活、政治行动中人们固有的"习惯"或"方式"，尤其是"'我们的'方式，'我们'生活于'此地'的方式，一个人所从属的独立团体的生活方式"。[4]人们最终将对自身所处的时空环境的认同，追溯至对作为神或神子的祖先的尊崇，因此，习俗的最高表达方式是对神和神法之权威的认可和尊崇。[5]

在施特劳斯看来，权威的来源和性质，决定了不同语境、不同表达下的权威必然产生冲突。人们不得不去追问，哪一种权威才是可凭

---

[1] Leo Strauss, *Studies in Platonic Political Philosophy*, Chicago: University of Chicago Press, 1983, p. 30.
[2] [美]列奥·施特劳斯：《自然权利与历史》，彭刚译，北京，生活·读书·新知三联书店，2006年，第83页。
[3] 同上书，第83页。
[4] 同上书，第84页。
[5] [美]施特劳斯：《柏拉图〈法义〉的论辩与情节》，程志敏等译，北京，华夏出版社，2011年，第4、10页。

信的。在追问过程中,"耳听"与"眼见"的区分成为决定性的。耳听意味着反思关于事物的陈述或断言,眼见则意味着对事物的直观和个人体验,这两者实际上既传达了思维与存在的关系,又涵盖了知识论意义上反思与直观的区隔与互动。

>借助于耳听与眼见之间的区别的普遍运用,人们可以区分清醒时所看到的一个真实无妄的共同的世界,和那许多个由梦境和幻念所产生的虚幻的个别的世界。这似乎表明,衡量一切事物之真与假、有与无的,既非任何特殊团体的"我们",也非某一独一无二的"我",而是人之作为人。最后,人们就学会了区别那些他由耳听而知道的、因不同群体而异的事物之名,以及那些他自己和任何别人一样可以亲见的事物本身。如此,他就可以开始用事物之间"自然的"区别,代替那些因群体而异的事物之间的武断任意的区别。[1]

这种追问的过程本身便是搞哲学,因此与以神祇(权威)为标准的生活区分开来。哲学理性史发轫于对"自然"的发现,此前"自然"一直被权威的裁断所隐匿,这种发现使得政治生活中的习惯或方式分裂为"自然"概念和"习俗"概念。"自然与习俗,physis 与 nomos 之间的分野,就此与自然之发现,从而与哲学相依相存。"[2]施特劳斯明确地指出,"自然"并非通常意义上的实体:

>如果把自然理解为"现象之全体"的话,发现自然的要旨就无从把握,因为自然的发现恰恰在于把那一全体分成了自然的现

---

[1][美]列奥·施特劳斯:《自然权利与历史》,彭刚译,北京,生活·读书·新知三联书店,2006年,第88页。
[2]同上书,第91页。

象和不属于自然的现象:"自然"是一个用于区分的名辞。[1]

这表明,自然是一种理性的奠基标准,其意义堪比现象学意义上的形式指引(formally indicative)。此处取海德格尔现象学解释的含义:"'形式'或'形式的东西'是这样的内容,它指出指示的方向,标划道路。这里的'形式的——指示'在哲学上不能拆分,形式的东西不是'样式'或对其内容的指示,毋宁说,'形式的'是规定之开始,具有开始的特性!"[2]正是在这种意义上,施特劳斯宣称"无论怎么理解,自然都不是被天然认知的,自然必须被发现"。[3]对自然的认识不是政治生活中的原有常识,而是理论生活的结果。自然,作为先天的"生成"(growth),便与人工的"创制"(making)区别开来,并分别为古典意义上的不同领域分化奠基。就此而言,"自然"无法被抽象为世界的始基,毋宁说,"自然"仅仅指示着世界的始基,即"原初物"(first things)。而这种形式指引的真正对象,恰恰是使"自然"成为有环节的、有秩序的整体的那种关联,或者说统一性。[4]苏格拉底对自然的重新提问,意味着哲学希望获得一种关于全体存在物的新见解,哲学依赖着"自然"这一形式指引,重新去提出关于存在物的问题。

理智异质性学说:一种康德式的认知批判

对自然的发现,进一步导向了一种对整全之为整全进行分析的学

---

[1] [美]列奥·施特劳斯:《自然权利与历史》,彭刚译,北京,生活·读书·新知三联书店,2006年,第83页; Leo Strauss, *City and Man*, Chicago: University of Chicago Press, 1978, p. 14.

[2] [德]海德格尔:《对亚里士多德的现象学解释:现象学研究导论》,赵卫国译,北京,华夏出版社,2012年,第31页。

[3] Leo Strauss, Joseph Cropsey ed, *History of Political Philosophy*, Chicago: The University of Chicago, 1987, p. 3.

[4] 参见[美]列奥·施特劳斯:《自然权利与历史》,彭刚译,北京,生活·读书·新知三联书店,2006年,第123页。

说,该学说旨在将表达在人之意见陈述中的常识现象确立为政治哲学分析的起点。在施特劳斯看来,哲学起始于对日常事物的反思,它必然会寻求某种关于存在物的知识(自然)作为标准,或者说,它必然奠基于某种宇宙论。苏格拉底不同于前人的地方,就在于他使哲学转向了对人间事物(human things)的研究。一般而言,该说法标示了苏格拉底自然哲学与苏格拉底政治哲学的根本区别。苏格拉底不仅对具体的人间事物,也对人间事物"本身"提出了"什么是"(what is)的问题,而认识到人间事物与非人间事物(神圣之物或自然之物)之间的区分,又必须以对神圣之物或自然之物的某些了解作为前提。那么,苏格拉底的研究,就必须以对"所有事物"或"现象之全体"的完备研究作为基础,苏格拉底不得不思考"每一个存在物是什么"的问题。[1]

> "什么是"这个问题指明了"本质",指明了"本质性"的差异——即整全是由异质性(heterogeneous)的部分组成的这一事实,不仅是感性上的(如火、空气、水和土),也是纯粹理性上的:理解整全意味着理解这些组成部分的每一个是"什么",理解诸存在的种类,以及它们如何与别的部分相联系。如此理解不能是将一种异质类还原为其他类,或是其他任何原因,或是超过类本身的其他原因;类的本身,或者类的性质,是终极因。苏格拉底将其对"什么是"问题的返回设想为一种转向,或者说是向理智,向"常识"("common sense")的一种回归:当那整全的根隐藏着的时候,那整全显得是由异质的部分组成的。[2]

这便是施特劳斯的"理智异质性"(noetic heterogeneity)学说,为了便于阐明施特劳斯论点的独特性,我将引述康德的一段原文来做比

---

[1] [美]列奥·施特劳斯:《自然权利与历史》,彭刚译,北京,生活·读书·新知三联书店,2006年,第123页。
[2] Leo Strauss, *City and Man*, Chicago: University of Chicago Press, 1978, p. 19.

较。这段原文出自《判断力批判》的导言,该导言是康德阐明自己哲学体系自身结构的唯一出版物。康德试图解释"自然的形式的合目的性原则"作为先天原则的必要性。按照康德的理解,人类知性先天地具有普遍的自然规律,否则自然根本不可能成为某种经验对象;同时,知性也需要某种蕴含在自然特殊规则中的自然秩序,虽然这种秩序对知性而言只是出于经验,隶属偶然。但康德认为,这些规则却必须被知性当作规律,当作必然性来思考,必须赋予这些经验性的所谓规律以一条先天的原则,从而保障一种可认知的自然秩序。

> 在自然中有一个我们所能把握的类和种的从属关系,那些类和种又按照一个共同的原则而互相接近,以便从一个向另一个的过渡并由此向更高的类的过渡成为可能;如果说我们的知性一开始似乎是不可避免地必须为自然作用的这种特别的差异性设定正好这么多各不相同的原因性种类的话,这些种类却可以从属于我们必须从事于搜寻的少数原则之下,如此等等。[1]

康德要求通过意识生活的假定,用判断力辅佐知性,来赋予自然之异质类的同一性。这种判断力的先天原则所起的作用,恰恰在于帮助知性将自然产物划分为类和种,以便把对一种产物的解释和理解的原则,普遍运用到解释和把握另外一种产物上,使自然勾连为有序的整体。康德并不追问异质类产生的原因,而仅仅表明,对自然秩序的把握在人的意识生活中成为可能的假设条件。对于康德而言,"认知意识的先验同一性"是其出发点,他要提供的是一种基于自我意识概念的演绎,而非追求对自我意识的性质的描述和解释。[2] 在这一点上,对异质性和统一性的强调,不过是问题的一体两面。

---

[1] [德] 康德:《判断力批判》,邓晓芒译,北京,人民出版社,2008年,第19页。
[2] [德] 迪特·亨利希:《在康德与黑格尔之间》,乐小军译,北京,商务印书馆,2013年,第123—125页。

对施特劳斯而言，整全的异质性构成这一事实不仅是经验性的，同时也是理性的。对异质性的体认起始于被称为"纯粹真理被污秽了的片段"的常识意见，对于事物的常识意见则"基于人们对某一事物的某种意识或某种心灵的知觉的"，政治生活中诸如此类的最初感知，乃是"通向实在的最为重要的渠道"。[1]换言之，两者不能相互还原，并具有"形式"与"质料"意义上的本质关联，这与康德关于感觉（sensation）与认知（cognition）的独特区分如出一辙。[2]同康德一样，施特劳斯关注现象本身，关注对所有人都可见的理念，并将此种理性与感性的作用视为知识构成的根基。在另一处关涉相同主题的文本中，施特劳斯描述道：

> 只有存在本质的异质性，在政治事物与非政治事物之间才能有一种本质性的差异。理智异质性的发现使人们让事物成为它们之所是，不再强求消除本质差异以混同万物。……苏格拉底发现了悖谬性的事实，即在一种意义上说，最重要的真理就是最浅显的真理，或者说就是表面真理。进而，在种类或等级的意义上存在一种多样性，这一事实意味着不可能有针对存在的一种单一而总体的体验，不管是神秘地还是浪漫地理解这种体验——典型浪漫式断言就是，感觉或情感或某一种情感才是这一总体体验。[3]

如果借助基于理智异质性学说的认识论，将基于某种形而上学关于本质与现象的二元假定消解为"表面—深层"的感知结构，那么在科学活动中，研究者首先考虑的是人们直接经验到、关于事物的"常

---

[1] [美]列奥·施特劳斯：《自然权利与历史》，彭刚译，北京，生活·读书·新知三联书店，2006年，第125页。
[2] [德]迪特·亨利希：《在康德与黑格尔之间》，乐小军译，北京，商务印书馆，2013年，第113页。
[3] [美]施特劳斯：《苏格拉底问题五讲》，见《古典政治理性主义的重生》，郭振华等译，北京，华夏出版社，2011年，第207页。

识"。无论研究者所发现的关于事物的自然规律(同一性)如何逾出常识,这种规律本身都不可能否定常识现象(多样性),换句话说,它只能反过来将观察到的自然规律运用于对常识现象的解释上(统一性)。这种观点已经十分靠近现代自然科学方法论反思的成果:"自然反对从内部进行理解和重建,而只接受通过观察得到的有悖直觉的规律知识,但社会整体性和文化传统却从内部展示出一种同参与者的直觉知识密切相关的解释文化。"[1]

与现象学传统一致,施特劳斯将对整体的一种根本意识或洞见视为所有理解的先决条件。[2] 换句话说,任何科学知识,都是以主体所普遍具有的某种前理论直观知识为基础的。看来,这种直观知识似乎在某种程度上承认了理论领域与实践领域分野的必要性,从而暗示了柏拉图与亚里士多德之间的一个根本区分。而理智异质性理论的主要目的,在于将对整体的同一性预设转渡为一种现象上的统一性——前者乃是本体论的假定,而后者是对人之理智的认识论呈现,从而保证了对政治事物认知的合理性。这种合理性通过现象学—解释学传统,冲击了现代科学的宇宙论观的僭越。[3] 因此,理智异质性理论旨在消弭尤其在现代科学意义上充分对立的"常识"与"整体"(真理)之间的冲突。作为哲学出发点的任何现象,其向人类显现的方式都是常识性的。即便是人所眼见的事物(类似感性直观),如果不与"耳听"(类似理性认知)进行区分比较,人们也不会获得关于此事物的任何知识。因此,对于施特劳斯而言,"耳听"反而是决定性的,这不禁使人想起了海德格尔在《存在与时间》第四十四节中关于真理问题的著名表述。[4]

---

[1] [德]哈贝马斯:《后形而上学思想》,曹卫东、付德根译,南京,译林出版社,2001年,第35页。
[2] [美]列奥·施特劳斯:《自然权利与历史》,彭刚译,北京,生活·读书·新知三联书店,2006年,第126页。
[3] [德]伽达默尔:《实践理性》,见《真理与方法:补充和索引》,洪汉鼎译,北京,商务印书馆,2010年,第410页。
[4] [德]马丁·海德格尔:《存在与时间》,陈嘉映等译,北京,生活·读书·新知三联书店,2006年,第250页。

从主体到自然：对自我意识的批判与替代

在施特劳斯对哲学史的阐释中，对宇宙论的修改，决定了其哲学主题的变化。宇宙论提供了对整体的分析，而人既是整体的一部分，也是一个微观宇宙。在施特劳斯看来，柏拉图—亚里士多德所持的此种目的论宇宙观认为："一切自然的存在物都具有其自然目的，都有其自然的命运，这就决定了什么样的运作方式对它们是适宜的。就人而论，要以理性来分辨这些运作的方式，理性就会判定，最终按照人的自然目的，什么东西本然地就是对的。"[1]同样一个问题也对从属于自然整体的人自身提出："人到底是一种盲目进化的偶然产物，还是某种朝向人并以人为顶点的进程的产物？"[2]换句话说，有关人类自身的目的论观念，乃是有关宇宙或整体的目的论观念的一部分。

但是，当现代科学以机械论的宇宙观来代替目的论的宇宙观时，出现了截然不同的两种解决方案，两者都关乎人在宇宙中的位置。在施特劳斯看来，如果以非目的论的、自然主义的人生观来配合机械论的宇宙观，就会将人仅仅视为由欲望和冲动（激情）所支配的产物；在难以完全接受这一点的前提下，一种根本的、典型的"现代二元论"出场："在自然科学上的非目的论和在人的科学上的目的论。"[3]施特劳斯认为上述进程规定了现代哲学的任务：

---

[1]［美］列奥·施特劳斯:《自然权利与历史》，彭刚译，北京，生活·读书·新知三联书店，2006年，第8页。

[2] Leo Strauss, "Social Science and Humanism," *The Rebirth of Classical Political Rationalism: An Introduction to the Thought of Leo Strauss*, selected and Introduced by Thomas L. Pangle, Chicago: University of Chicago Press, 1989, p. 7.

[3]［美］列奥·施特劳斯:《自然权利与历史》，彭刚译，北京，生活·读书·新知三联书店，2006年，第8页。

首先确保认知能力，然后才可能实施机械物理学，并因此而能够理解宇宙，这便是笛卡尔的《形而上学沉思录》——现代哲学这部基础读本的内容。《圣经》——经院哲学的主题只是参与其事：现代科学即现代哲学，根本上应从内在哲学上，应从内在理论上来理解。[1]

这样，自然科学的自我理解问题，便成了对人之认知能力的说明：认知能力的明澈性必须依赖于自我意识的严格反思。主体哲学的危机，某种程度上体现为一种内在的奠基性的冲突要求——非目的论的理论理性与目的论的实践理性如何能作为主体性之结构环节得以统一。[2]贯彻了科学主义的时代精神，在康德的体系中，便表现为以认知能力去保证现代科学成就之合理性的同时，又必须捍卫启蒙意义上人的自我理解。因此，判断力批判既要说明自然秩序对于人之认知能力的必然性，又要将形而上学问题转渡为对人之理性形象的哲学证成。公正地说，正是康德哲学对"自在之物"的预设，否定了认知理性骄傲的特权，限制了工具理性的膨胀。不过，当黑格尔以其历史意识辩证法的绝对概念实现了先验反思作为"所有领域的最高审判官"的合理性，[3]并企图在主体哲学内部克服主体性的分裂时，理智异质性就彻底地从黑格尔的哲学体系中被扬弃了。认识主体与客体在认识能力中的同一性，终于在主体性的内部催生了一种统一的理性概念。在总体化的理性概念之下，哲学的反抗只有通过奠基于不同的分化领域才有可能，并且这

---

[1] [美]施特劳斯等:《回归古典政治哲学》，朱雁冰等译，北京，华夏出版社，2006年，第332页。

[2] 施特劳斯在很大程度上接受了胡塞尔对欧洲科学危机的诊断，这个诊断的关键点在于，对自然的研究属于人事之一，但现代哲学通过自然科学的物理—化学成就的特权，反过来却不承认精神科学，或者说，不承认自然科学的真正合法性来源于并从属于"周围世界"。胡塞尔的这个看法，贯穿了整个现象学—解释学传统。参见[德]胡塞尔《欧洲科学的危机与超越论的现象学》，王炳文译，北京，商务印书馆，2001年，第385—388页。

[3] 参见[德]哈贝马斯:《现代性的哲学话语》，曹卫东译，南京，译林出版社，2011年，第23页。

种奠基都带有一种深刻的和解要求。不管是通过实践论领域奠基，还是通过感性论领域奠基，对此种属人能力的合理性论证，都赋予了此种能力以"理性的他者"的合法性。然而，对理性的否定，哪怕是对理性的非理性的否定，也必须是理性的。基于此种悖论性，"理性的他者"作为基础领域获得合法性，意味着理性本身的无力：随着黑格尔体系的崩溃，启蒙的理念无论是从激进的还是保守的一面，都被要求抛弃。更何况对于施特劳斯而言，启蒙的理念，不过是晚近西方精神没落——这一没落被把握为古典政治哲学理想降格——的结果。[1] 那么，即便是从一种对自然科学和精神科学的优先性进行转换的视角出发，施特劳斯也抛弃了从自身意识（精神）的反思进行论证的要求。

那么，施特劳斯以什么来代替了这种主体性分析？——该分析最终在历史相对主义的视域下蜕化为对理性的彻底否定。历史相对主义所坚持的多元论价值观念，实际上是与实证主义科学的价值观协调一致的。[2] 施特劳斯极力反对这一点，并返回到一种特殊的经验，即"苏格拉底"问题。不过，基于不同的文献差别（主要是阿里斯托芬—色诺芬—柏拉图），出现了两种对自我意识的替代选择，第一种对自我意识的替代出现在对阿里斯托芬的喜剧的分析中。在如下论述中，施特劳斯表明了一种建立在对黑格尔研究的修正的基础上的拒斥：

> 在阿里斯托芬谐剧中，黑格尔看到了主体性对一切客体性事物的胜利——亦即对城邦、家庭、道德和诸神的胜利。主体，自主的（autonomous）主体，意识到自身乃一切客体性事物的源头，并把客体性事物带回到它自身。这一点适于阿里斯托芬的几乎每

---

[1] Leo Strauss, "The Three Waves of Modernity," *An Introduction to Political Philosophy: Ten Essay by Leo Strauss.*, Detroit : Wayne State University Press, 1989, p. 81.

[2] [美]施特劳斯：《海德格尔式存在主义导言》，见《古典政治理性主义的重生》，郭振华等译，北京，华夏出版社，2011年，第79页。

个方面,只有一个方面除外,而这个方面的确至关紧要。这种"带回"(不管如何来称呼它)的基础,这种主体主义的基础,在阿里斯托芬那里并不是主体的自我意识,而是关于自然的知识,这恰是自我意识的对立面。……阿里斯托芬谐剧的基础是有关自然的知识,而这对古人而言意味着哲学。[1]

从对自然的发现导向对自然正义的追问,这一哲学活动最终产生了古典主体主义的基础。从理论生活中诞生的主体性理念势必以某种方式来重新规范政治生活,阿里斯托芬看到了理念的此种"渎神"的性质。换言之,哲学具有非政治性或非公民性的性质,这被胡塞尔认为是希腊理论生活的本质,[2]因此,着眼于公民社会的整合,诗(爱欲或激情)就必须取代哲学的第一位置。相反,站在哲学这一方,施特劳斯指出了第二种思路,即哲学的基础不是阿里斯托芬意义上的"自然学",而是柏拉图所主张的"灵魂学"。要系统地陈述施特劳斯关于灵魂学的阐述,限于篇幅十分困难,在此只需要指出,根据施特劳斯的看法,古希腊人将灵魂理解为实体,并将之解析为三个具有等级秩序的部分(理性、血气或意气、欲望),这种理解不同于在现代意义上将灵魂理解为心理学的"自我"(self)。作为具有等级秩序的灵魂实体使得激情始终被掌控于理性之下,其各个部分的有序运行便会引导人超出关于良善生活的意见而去寻找知识(德行即知识)。而"自我"这一意识活动则导向某种"生存观念":生存观念无法导向知识,只能在存在论的意义上导向了比知识更高的"筹划或决断"这一饱受批判的

---

[1] [美]施特劳斯:《苏格拉底问题五讲》,见《古典政治理性主义的重生》,郭振华等译,北京,华夏出版社,2011年,第181页。
[2] [德]胡塞尔:《欧洲科学的危机与超越论的现象学》,王炳文译,北京,商务印书馆,2001年,第395、403页。

海德格尔式的激情理念。[1]鉴于此,就不难理解为何施特劳斯多次提到一个具有强烈隐喻色彩的事实,即苏格拉底笑过一次,而从来没有哭过;而耶稣则哭过两到三次,却从未笑过哪怕一次。[2]正如柏格森所言:"在一个纯粹理智的社会里,人们也许不再哭泣,然而他们可能笑得更多。"[3]这就暗示了施特劳斯对理性主义的坚持,便将之与信仰生活,也与海德格尔式的现代性氛围区分开来。也正是在这个意义上,可以说,施特劳斯的元理论批判延续了胡塞尔的思想,在当代意义上试图重新恢复柏拉图的学说。

---

[1] [美]施特劳斯:《古典政治理性主义的重生》,郭振华等译,北京,华夏出版社,2011年,第92、232页。

[2] Leo Strauss, *City and Man*, Chicago: University of Chicago Press, 1978, p. 60.

[3] [法]柏格森:《笑》,徐继曾译,北京,北京十月文艺出版社,2005年,第3页。

门外读《聊斋志异》

——论杰姆逊教授关于"画马"的符号学分析

吴泓缈[1]

[摘 要] 弗雷德里克·杰姆逊教授在《后现代主义与文化理论》一书中辟专章讲格雷马斯的符号矩阵:他以《聊斋志异》中的《鸲鹆》和《画马》为例,简明扼要地演示了符号矩阵——作为抽取文本之根本意义对立的理论模型的妙处。本文依然以格氏的矩阵和叙述流程理论为依据,对《画马》重新进行了分析。分析发现,杰姆逊教授从本故事中提取出的关于"货币再生产"和"艺术再生产"的二元对立,不符合历史逻辑也不符合国人常识,而比较符合大多数中国读者审美感觉的对立,应是"德"与"利"。

[关键词] 格雷马斯;弗雷德里克·杰姆逊;符号矩阵

---

[1] 吴泓缈,武汉大学外语学院和语言信息研究中心教授。

一、背景交代

弗雷德里克·杰姆逊（Fredric Jameson），毕业于耶鲁大学，曾在哈佛大学、加州大学圣迭戈分校、耶鲁大学、杜克大学任教。2003年后辞去杜克大学文学系主任职务，继续担任批评理论研究所所长，兼任杜克大学人文科学学术委员会主任。他是当代西方著名文学理论家、思想家之一，曾先后三次应邀来华讲学。第一次是1985年秋，在北京大学讲学四个月，讲课内容汇集成书，名为《后现代主义与文化理论》，有中译本，[1]因此有人称他为后现代文化理论进入中国的"启蒙"人物。第二次是2002年7月到华东师大作题为《现代性的幽灵》的演讲，并引发一轮争论：王岳川在《社会科学报》撰文批评，杰姆逊的门生张旭东给《社会科学报》写信呼吁"参与讨论的人士以文本为根据，以避免一些不必要的误读和空论"。第三次又是在北京大学，2012年12月，他讲演的题目是《奇异性美学：全球化时代的资本主义文化逻辑》。

在北大讲演录《后现代主义与文化理论》里，杰姆逊教授专辟一章（第四章：文化研究—叙事分析）谈法国符号学奠基人格雷马斯的理论，并将后者的符号矩阵应用于《聊斋志异》的两个故事：《鸲鹆》与《画马》。他对《鸲鹆》的分析，已有人撰文评介，[2]本文不再赘言，只打算深入谈谈他对《画马》的阐释：在叙述结构上，《画马》更含蓄更曲折；再者，杰姆逊的结论与一般汉语读者的直觉有些抵牾。

---

[1]［美］弗雷德里克·杰姆逊：《后现代主义与文化理论》，唐小兵译，北京，北京大学出版社，2005年。
[2] 康健伟：《对"符号矩阵"在文学批评实践中的反思》，《西北大学学报》2008年第1期；钱翰、黄秀端：《格雷马斯"符号矩阵"的旅行》，《文艺理论研究》2014年第2期。

二、《画马》原文

画马

　　临清崔生,家窭贫,围垣不修,每晨起,辄见一马卧露草间,黑质白章,惟尾毛不整,似火燎断者。逐去,夜又复来,不知所自。崔有好友,官于晋,欲往就之,苦无健步,遂捉马施勒乘去,嘱家人曰:"倘有寻马者,当如晋以告。"

　　既就途,马骛驶,瞬息百里。夜不甚啖刍豆,意其病。次日紧衔不令驰,而马蹄嘶喷沫,健怒如昨。复纵之,午已达晋。时骑入市廛,观者无不称叹。晋王闻之,以重直购之。崔恐为失者所寻,不敢售。居半年,无耗,遂以八百金货于晋邸,乃自市健骡归。

　　后王以急务,遣校尉骑赴临清。马逸,追至崔之东邻,入门不见。索诸主人,主曾姓,实莫之睹。及入室,见壁间挂子昂(即赵孟頫)《画马》一帧,内一匹毛色浑似,尾处为香炷所烧,始知马,画妖也。校尉难复王命,因讼曾。时崔得马资,居积盈万,自愿以直贷曾,付校尉去。曾甚德之,不知崔即当年之售主也。

三、杰氏之言

　　读罢这篇小故事,每个读者,因其人生阅历和理论背景不同,关注之点都会有所不同,所谓百个读者百种读法也。下面让我们来看看杰姆逊教授对这个故事的兴趣之所在:

> 我们可以注意货币在这个故事里的新的作用,钱在这里有了再生产,这是这个故事的要点,《画马》也就成了对新兴商业市场经济的思考。除了金钱,还有什么东西再生产(复制)了呢?可

以说是艺术。……弗洛伊德说过货币是无意识所不能把握的，因为它不是儿童经验的一部分，是不自然的。这个故事可以说是对货币现象的艺术思考……[1]

最后一句话，即"这个故事可以说是对货币现象的艺术思考"，颇有点盖棺论定的味道。这句话谈到了两个现象——货币现象与艺术现象，以及二者间的关系，用艺术现象来解释货币现象。用一种人类可以理解的方式来解释一种人类无法理解的现象（见洛特曼文化符号学中关于神话思维与历史思维的对立），[2]如炎帝女儿之于精卫鸟，纳尔西斯之于水仙花，盘古身体之于山川河流，这在东西方神话、童话或民间故事中皆屡屡发生，于是，杰姆逊教授福至心灵，[3]认为该故事在用"画摹自然"来解释"钱能生钱"，这便是符号矩阵分析出来的隐藏在故事深层的认识论或神话学意义，[4]因为"弗洛伊德说过货币是无意识所不能把握的，因为它不是儿童经验的一部分，是不自然的"，因为"列维－斯特劳斯认为部落时代的人是靠相似性来思维的……"[5]而本故事中的相似性，或者说古人对钱能生钱的解释，就是"艺术对自然的复制"，或曰"货币的再生产和艺术的再生产"。[6]

---

［1］［美］弗雷德里克·杰姆逊：《后现代主义与文化理论》，唐小兵译，北京，北京大学出版社，2005年，第113—114页。

［2］郑文东：《文化拓扑结构中神话思维的作用》，《中国俄语教学》2008年第2期。

［3］其原话："这像科学发明，有时灵感一来，一切便会迎刃而解，有时却总也解决不了问题。在这'画马'的故事里，我们已经找到了'再生产'，货币的再生产和艺术的再生产……"参见［美］弗雷德里克·杰姆逊：《后现代主义与文化理论》，唐小兵译，北京，北京大学出版社，2005年，第115页。

［4］托多罗夫（Todorov）将叙事分为两类：神话型与认识型，前者是单线行为连续发展，后者是成对行为前后呼应。参见［法］托多罗夫：《巴赫金、对话理论及其他》，蒋子华、张萍译，天津，百花文艺出版社，2001年，第46页。

［5］［美］弗雷德里克·杰姆逊：《后现代主义与文化理论》，唐小兵译，北京，北京大学出版社，2005年，第114页。

［6］同上书，第127页。

上述论述在逻辑上似乎持之有故，言之成理，但是，一般中国读者却有可能陷入彷徨，他们会问：怎么与我读后的第一感不一样呢？西方现代文学理论，真的很玄！其实，玄的还在后边：为了套用格雷马斯的符号矩阵，杰姆逊教授先得在故事中抽象出一对基本对立，本故事所特有的基本对立：货币的再生产和艺术的再生产。然后再由此推衍出另一对与其相关度最大的对立（矩阵所必需的四要素），以构成一个具有一定解释力的矩阵：

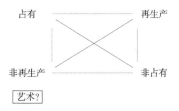

但这个故事的主题我想是清楚的，是关于货币再生产这种魔法般的现象，而且和艺术复制也联系在一起了。[1]

四、理论与想象

真的"清楚"了吗？此处似乎需要问三个问题：其一，占有/再生产之对立的依据（杰姆逊教授似乎认为这不言自明）；其二，这一深层结构是否是故事欲传达之意？其三，杰姆逊教授的矩阵是否与格雷马斯的设计相吻合？在回答这三个问题之前，先讲点题外话，并多少解释一下什么是符号矩阵。

假设读者是一个有理性且具有一定理论修养的正常人，具有内在说服力的理论有可能让他先是困惑，继而惊喜，最终折服；但倘若该理论始终与他的直觉不符，他当然有权怀疑该理论本身或者该理论在

---

[1] [美]弗雷德里克·杰姆逊：《后现代主义与文化理论》，唐小兵译，北京，北京大学出版社，2005年，第116页。

此的应用，不仅怀疑自己，也有权怀疑别人。我的理性不一定可靠，但这世上还有什么比它更可信、更可靠的东西吗？怀疑导致理性思考，最终判断来自理性思考，于是我们将自己培养成一个有判断力的、不易被忽悠的理性人。在忽悠技巧越来越高的今天，人们必须提高警惕。上位者一拍脑袋，学者们一时疏忽（或不懂装懂），常会让理性训练有缺陷的我们丧失自我，因为他们的身份极易让人对自己的直觉产生怀疑。

此乃题外话，再来简单地介绍一下符号矩阵。矩阵是法国符号学家格雷马斯为表达最基本的表义结构而设计的，其抽象形式如下：

简言之，它有四元，六个关系（即六根线条所连接的二元间的关系），构成一个完整的语义场（亦可看成一个集合）。

上述的二分是意义赖以生存的基础，是表义的基元结构，它们包含了两种分法或曰两种析取，即 A vs –A，A vs B，也就是亚里士多德的矛盾关系与对立关系。A vs –A，放在颜色语义场，即白 vs 非白，除了白皆为非白，整个颜色语义场皆涵盖在二分之中；白 vs 黑则不然，二者之间至少还存在着一个中间项，即不白不黑（灰），其他颜色姑且不论。

矩阵上边的横线被格雷马斯称为对立关系，下边的横线被称为次对立关系，亦可借用黑格尔的术语，将二横线分别叫作强对立和弱对立：上边是白与黑的强对立，下边是非黑与非白的弱对立，前台分明，背景浅淡，一显一隐，既囊括了整个语义场，又强调了当下选择的重点对立，并为三分、四分预留了余地。另外，非白与黑显然不是两个相互独立的单元，前者蕴含（并孕育）后者，非黑与白亦然。若将矩阵视为一个集合，非黑与非白似乎相当于两个子集合。符号矩阵含有三类关系：横线→对立关系，竖线→蕴含关系，斜线→矛盾关系。[1]

所谓对立关系，也就是非此即彼、正邪不并立的关系。杰姆逊教授的矩阵让"占有"与"再生产"构成上边的一对强对立，似乎暗含了这样一层意思：资本家（或本文中的马主）只"占有"却不"再生产"，善于再生产（或卖马投资）者才是财产增值或历史进步的原动力。由此解释展开，《画马》中的情节似乎还可以被看作一个暗喻，即占有画中马不可能进行任何再生产活动；反之，下画后的马方可代步，是真正意义上具有使用价值的商品。《聊斋志异》教益之一：企业拥有者（董事长）不得兼任企业生产主管（总经理）。

> 我们可以注意货币在这个故事里的新的作用，钱在这里有了再生产，这是这个故事的要点，《画马》也就成了对新兴商业市场经济的思考。[2]

我们知道杰姆逊教授对马克思主义深有研究，他似乎在本故事中发现中国人在蒲松龄时代便已开始思考《资本论》所涉及的问题：钱为何能再生钱的问题。抽象地思考货币增值的原理及实质，非国人所长；蒲松龄即便是国人的另类，在没有掌握另一门拼音语言的情况下要想达到

---

[1] 参见［法］格雷马斯：《符号学约束规则之戏法》，见《论意义》，吴泓缈、冯学俊译，天津，百花文艺出版社，2005年，第139—161页；吴泓缈：《符号学矩阵理据考》，见《理解与阐释》，天津，百花文艺出版社，2005年，第7页。

[2]［美］弗雷德里克·杰姆逊：《后现代主义与文化理论》，唐小兵译，北京，北京大学出版社，2005年，第113页。

此等抽象度，似乎也有难处。至于当时所谓的中国"新兴商业市场经济"，与马克思时代工业社会的"市场经济"，则更是无法相提并论。联想灵动的杰姆逊教授，对此自然也有些感觉，所以他笔锋一转："列维-斯特劳斯认为部落时代的人是靠相似性来思维的……"于是国人的思维水平便一下子从《资本论》的深度滑落到原始思维（即神话思维）的相似性上，于是他在货币再生货币与艺术复制现实之间建起了一座诗意的桥梁。

杰姆逊教授到底是在挖掘文本的言外之意呢，还是在根据自己的灵感、直觉和知识结构进行"再"创作呢？让我们回到文本。

五、"德/利"之争

杰姆逊在本章另一处曾说："在传统的概念中，故事里的角色总被认为体现着一些道德上的困境，代表着某种道德主张。"[1]格雷马斯的叙述理论也将故事的起因定义为一个"缺憾"：因缺憾而生欲，欲望成为故事主角投入行动的动因。显然，"道德上的困境"也是一种"缺憾"，但却是一种比较复杂的"缺憾"，因为在讲究"修身"的儒家文化中它涉及人欲与道德的冲突：

不知哪儿跑来一匹马，
面对无主之马，我待如何？

家贫的崔生对马的态度较有意思，他似乎未生出过将其据为己有的欲望，只是简单地将其撵走，并假设它有主："逐去，夜又复来，不知所自。"君子心态，"贫贱不能移"也。"缺憾"或曰"道德上的困境"出现在第三句"好友官于晋，欲往就之，苦无健步"，于是"缺憾"有了，

---

[1]［美］弗雷德里克·杰姆逊：《后现代主义与文化理论》，唐小兵译，北京，北京大学出版社，2005年，第117页。

"道德上的困境"也就顾不得了,为了往见好友(或亲人),且从权。当然,崔生在心理上并非全然的心安理得,所以他又嘱咐家人:"倘有寻马者,当如晋以告。"

在西方的文化传统中,人与物、主体与客体,二者的关系在本质上从来就是前者"占有"或"支配"后者的关系,[1]因此杰姆逊教授在设定其第一对对立时首先想到的便是"占有"与"再生产",这种思维方式到了很晚才有所改观(与动物和环境为友)。面对"无主"之物,西方人的第一个念头一定是据为己有并立即付诸行动:为己为得理直气壮,不需要理由!但中国的儒家文化强调"克己复礼":崔生不为"己欲"所动,甚至不应有"欲",但事急时或为"他故"时却可从权。在这种文化背景中不存在一种在任何情况下都必须遵守的统一原则,例如,自己犯错应老实承认,长者犯错应为之加以掩饰,"为尊者讳"也。

以"占有"名义而实施的行动,是一个主动行为,它视所有潜在竞争对手乃至障碍为敌,战胜之以获得最后奖励(所欲对象),所以格雷马斯的叙述理论设计了四大板块,以概括一个简单的故事流程:起意、养成、实施、奖罚。[2]换言之,即生出想要的欲望,培养自己的能力,然后付诸行动,最后由故事中代表权威者进行奖罚。由于篇幅原因,我们不想深入探讨此流程的缘由及内容,只想说它除了以占有为宗旨外,还具有主动性和单线性(据[法]托多罗夫:《单线性乃神话型叙事特征》)。将上述流程应用在《聊斋志异》故事上,似乎有点勉强:此故事的关键问题似乎不在于战胜或蒙骗对手以获得所欲对象,而在于如何在伦理上站住脚,做到有利有德(即我们常讲的有理、有利、有节)。

---

[1] 吴泓缈:《〈结构语义学〉的启示》,《法国研究》1999年第1期。

[2] 此处乃意译,相对应的法语是:manipulation, compétence, performance, sanction。参见[法]A.J.格雷马斯:《结构语义学:方法研究》,吴泓缈译,北京,生活·读书·新知三联书店,1999年。关于manipulation,我们原来曾将其译成"生欲",因为在该概念的背后始终有一个上帝的影子,即主体是否"产生欲望"取决于上帝——或弗洛伊德之后的比多,而不是取决于主体自己的意志,将其译成"起意"有过于同化之嫌。

为了说明崔生的"借马"无伤其德,故事给出了数个理由:

家贫;
马可能无主;
撵走又来;
一时急需;
马非真马(先暗示后挑明)。

关于最后一个理由,故事还特意留下几处伏笔:"黑质白章"+"惟尾毛不整,似火燎断者",据这两个细节读者在故事末了将会明白此马即画中马;"瞬息百里"+"夜不甚啖刍豆,意其病。次日紧衔不令驰,而马蹄嘶喷沫,健怒如昨"。不仅跑得飞快,而且不吃食也照跑不误,岂非神马?故事始终没有说明马下画后画中是否还有马。既然该马非马,既然失之等于未失,捡了也就捡了:满足了去就友人之急需,有利且无伤其德。

所有描写,似乎都在强调"占有"的种种借口,自有其不得已的理由。占有并非本意,其动因绝非"占有"欲,所以崔生行为的另一个重要特征就是被动性:(1)马自己反复跑来家;(2)事急从权;(3)晋王强购之。所谓事急从权,"天予不取,反受其咎";情系友人,即称高德;避让权贵,不算昧心(君子惜身,不立危墙之下)。至于说钱生钱,对于擅长做生意的山西人来说应该不算难事,蒲松龄也就一笔带过:"崔得马资,居积盈万。"

到此为止,我们发现,本故事的主线是从德、利之争走向二者的和谐,这符合中国讲究融合的精神,也符合文学在感性上的一个追求:化二为一,化对立为佳偶。它还拥有两条副线:画马幻马,钱生钱。画马幻马:故事中的故事,它不仅为崔生得马隐晦地提供了一个道德上的避嫌所,还为故事染上了一层艺术的雅色,使其变得更"曲"、更丰富。至于第二副线"钱生钱",则有以下特征:

获得商品（无奈）；
营销（无意为之）；
重金出售（被迫）；
获利（自然现象）。

为见好友，崔生不得已借马一用，并隐隐地表达了马主寻来便归还之的意思（"倘有寻马者，当如晋以告"）；崔生骑马"入市廛，观者无不称叹"，并非一个有意识的营销行为；晋王欲购，崔生恐失主寻来，拖了半年方售；用售马之资做生意，崔生可能亏本也可能赢利，只不过最后发了财而已。第二副线似乎在说，崔生从未有过借马赢利的念头（"起意"阙如也），一切皆是境遇使然，说得好听一点也叫作"顺势而行"，之所以发财纯属天意。受封建道德愚弄，我们这些无理性小民在潜移默化中可能都接受这样一种逻辑：家贫未敢忘"德"，崔生命中注定不会亏本只会大富大贵。至于说钱生钱之技巧乃至钱生钱的经济学原理，蒲松龄和崔生并不在意也无须在意。上述逻辑的荒诞之处在于：有德者富贵，于是富贵者有德。

第二副线服务于主线，还在于，根据格雷马斯的叙述板块理论，它构成了最终"德"之圆满的必要条件（有钱才能以"贷"助人）。本故事在叙述上具有复调意味，而且是双重的复调：首先是一主线伴以两副线；其次，据格雷马斯的四板块，我们还可以视其为两故事（两个四板块）的镶嵌：一曰"得利"，二曰"守德"。四板块，用通俗语言讲，也可以称为"动念""备战""实施""成果"，那么"得利"的四板块便是决定取马、卖马、经商、发财。至于"守德"，则是：（1）因取马而有了失德的危险，于是生出守德的欲望；（2）因发财而有了守德的能力；（3）于是用钱补偿"苦主"；（4）最后得曾某感谢。

再生产板块的引入，从叙述角度而言，满足了一个最后皆大欢喜的需要。艺术的复制和金钱的再生，一方面提高了故事的格调（审美），另一方面肯定了商业的必要性，或曰"无钱万万不行"的正确性，对如何讲好故事（丰富内容）添加内涵具有一定启示。

分析到此，我们得到了一个与杰姆逊完全不同的矩阵：

按照格雷马斯的习惯做法，我们选四个字（褒/贬、私/傻）来描述本故事的价值观：唯有兼顾利、德，才值得称道。上文说过，本故事由双重复调构成，仅仅用上述矩阵来描写，似乎不够全面。比如说本文关于画马的描写，即第一副线，便隐含了这样一个矩阵：

其中为"幻"的反而是具有使用价值的"妖"马，为"真"的却是具有审美价值的画中马。一个绝佳的颠覆例证，文学的功能之一。它既可以简单地被视为对赵孟頫画的赞美：马画活了！也可以被当作一种互文性（intertextualité）现象来研究，上溯到庄周梦蝶、一枕黄粱，或色即是空（佛教）；比如说在形式上本故事打破了聊斋故事的嵌套结构（mise en abyme），意义上颠覆真、幻甚至让画中马为世俗之德（德=得，原本蕴含利益）服务。当然，这涉及另一视角下的文本阐释，本文不再深究。

另一对次要的对立是主动/被动，谋利皆被动，守德应主动：不主动取马,不主动卖马,但当曾某因马被起诉时,崔生则主动贷之("自愿以直贷曾,付校尉去。曾甚德之,不知崔即当年之售主也")。为何是"贷"而不是"赠"呢?因为马又回到画上,对方并未失马(好理由)!怕"赠"了会引起怀疑(好心计)!或者干脆说讲德者也要言利!换言之,本故事的伦理观如下:拿人之物而引发不良后果,即使别人不知,亦须仁至义尽,尽量补救;不主动谋利,不告诉别人自己是祸因,要爱惜羽毛,在名利上都不要因之而受损(隐瞒不算失德)。崔生之德,因一"贷"字而略显虚伪,但读者很容易忽视这个细节。假若不出事,崔生是否应将无主之马视为己有然后闷声发大财呢?

上述说法有点过分,正面地站在中国君子的立场上,答案应该是否定的。其精髓就在于,解决一个缺憾(需马代步)必将在君子心中引发另一个更为严重的缺憾(不告而取心不安)。[1] 在经济上的步步成功,例如"售马""发财",在心理上,却是未明言的越来越紧张的失衡(déséquilibre):把别人的马卖了,并因之而获大利,今后拿什么来还、来补偿或报答人家?本文对这种紧张度的步步加强从未明说,只是为他取马找种种理由,只是说他最后主动助人。对这种张力(内心越来越强烈的负疚感),非真有君子之风者,很难体会。

话说到此,把上述种种对立都纳入同一个框架,我们就有可能构思出一个更复杂、更能反映故事真实意蕴及其丰富性的矩阵:

将上述词语皆纳入两个相互对立的语义场,便能较好地揭示本故事

---

[1] 在叙述学上,这可能是一个值得探讨的现象:同一个叙述功能块在满足前一个缺憾的同时,又启动了另一个缺憾。这种一功能兼两职的情况,普洛普、托多罗夫或格雷马斯似乎从未提到过。

所建构的特殊意义，且有助于理解中国人伦理的种种无须明言的守则。

六、结语

杰姆逊在北大讲演中选了两个《聊斋志异》故事为例，用中国人习惯的方式（举例）和熟悉的材料（《聊斋志异》）来讲一个比较抽象的理论（格雷马斯的叙述理论），应该说大师是位有心人。

站在"门外"读《聊斋志异》，可以说是利弊参半。利当然是思维上的"身在外"和艺术上的间距效应，但弊也很明显：西方人解读中国文本，西方的人文理论应用于《聊斋志异》故事，很容易信口开河。科学追求普遍性，格雷马斯的符号学理论也打上了科学主义的烙印。表面上看，它致力于揭示文本叙述的客观结构和根本对立，但实际上，作为人文学科的理论，它永远不可能摆脱西方文化中某些因子、某些预设，如聚焦主、客关系，故事中最根本的事件是一个转变：主体从不占有客体到占有客体，或反之。西方的主体，面对的是上帝和所欲客体；《画马》中的崔生，表面上面对的是马而实际上是自己内心的道德观；其重点不在主、客而在主、主关系（主体间性，甚至是我与我心的关系）。格雷马斯的叙述板块是单线的，《画马》的结构是复调兼镶嵌；格雷马斯矩阵中的对立是不兼容的，而《画马》的崔生则追求名利双收，或曰"君子爱财，取之有道"。

"奇怪的平衡，我们已知的事物和用这些事物来制造惊奇感觉之间的平衡。"[1]中国文化讲究融合，讲究双赢（主/主，德/利），于是审美与赢利不再矛盾，于是人进入主、客交融乃至主、客同一（而非占有）的化境。综上所述，缺乏分析精神的国人，需要从西方理论中吸取营养，但应用于中国则须慎之。

---

[1] [美]弗雷德里克·杰姆逊：《后现代主义与文化理论》，唐小兵译，北京，北京大学出版社，2005年，第105页。

意大利汉学界的中国文论研究

李 蕊（Lavinia Benedetti）[1]

意大利现当代的中国文学研究经过一段时期的酝酿与发展之后，已趋较为繁荣的局面，远远超越了16世纪意大利传教士刚刚接触中国语言与文化时的状况。相对而言，对中国文论的研究则起步较晚，也一直没能在大学里设置专门的研究专业，大约到了20世纪60年代，意大利学者才真正地步入这一领域。由于在研究的全面性和系统性上，意大利学者在这方面的成就还不能与其他一些欧美国家的汉学研究相比，以致在很大程度上使得这些成果未能得到应有的关注。

第二次世界大战结束后，意大利汉学界与海外的交流始趋活跃，一些学者的研究引起了国际汉学界的瞩目，并获得了一定的认可和赞扬，如白佐良（Giuliano Bertuccioli，1923—2001）教授和兰契奥蒂（Lionello Lanciotti）教授即是其中最为著名的两位。著名法国汉学家——戴密微

---

[1] 李蕊（Lavinia Benedetti），意大利卡塔尼亚大学（Università di Catania）研究员。

(Paul Demiéville,1894—1979)[1],就曾赞扬同行白佐良刚出版的《中国文学史》:"我祝贺你新出的《中国文学史》,它不仅仅有丰富又有益的书目,而且它和你之前出版的出色作品相比,进步很大。我看,目前它是西方语言领域内数一数二的好作品。"[2]与之同时,白佐良教授和兰契奥蒂教授在还没有意大利语版的中国文学史的20世纪60年代,便开始对中国文学进行了较为全面的研究,在他们的著述中也出现了一些对中国文论的介绍,可将之看作那一年代中国文论研究的关键性成果,随后,在这一领域中也涌现了一批重要的意文翻译。意大利汉学界内在中国文论研究领域做出重要贡献的还有那不勒斯大学的史华罗(Paolo Santangelo)教授,史华罗自20世纪80年代以来所进行的"情感论"研究引起了不少学者的注目,令汉学界耳目一新,不仅受到欧美汉学界的好评,也赢得了中国学术界的赞同。除以上几位学者之外,我们也需要关注那些尚未引起充分关注的中国文论研究成果,并从意大利汉学史研究的角度对该国学者的中国文论与文学思想研究状况做出系统的梳理与展现。

一、中国文论研究的开场与发展("二战"以后)

虽然意大利的汉学研究在欧洲是最古老的,而且在19世纪中期已

---

[1] 兰契奥蒂在1957年翻译了戴密微的作品,而到20世纪60年代意大利学术界只有一部有关中国学的书,那就是戴密微的,可见兰契奥蒂和白佐良是当时意大利人了解中国文学的最大功臣,从而也是意大利真正地开始对中国文论研究有所涉入的学者。戴密微的意大利译本名为 P. Demiéville, *Letteratura cinese*, Roma: Casini, 1957。

[2] "Je vous félicite cordialment de votre nouvelle histoire de la littérature chinoise qui, avec le grosse et utile bibliographie et tout le reste, est tellement au progrès sur le première déjà excellente. Je n'en vois guère de meilleure pour le moment en aucune langue d'Occident."(1969年1月12日戴密微发给白佐良的信)参见 F. Masini, "Italian translations of Chinese literature", V. Alleton, *De L'un Au Multiple: Traductions Du Chinois Vers Les Langues Européennes,* Clermont-Ferrand: Maison des Sciences de l'Homme, 2000, p. 46。

经日趋精深,但作为专业汉学,却是在"二战"以后才真正地确立起来的,这可能与此之前意大利还没有多少学校提供有关中国语言和中国文学的课程有关。"二战"结束以后,意大利中国语言与文化的教学与研究快速增长,到20世纪60年代,意大利那不勒斯东方大学、罗马智慧大学和威尼斯卡佛斯卡里大学都已经设立了中国语言与文学专业。有关中国文化的一些学术杂志也是在这个时期纷纷创刊的,如"意大利中东远东高等学院"——现称"意大利非洲与东方学院"创办的《东方与西方》杂志、意中基金会创办的《中国世界》杂志以及意中协会创办的《中国》杂志等。

直到20世纪60年代,意大利尚未出现有关中国文学通史的著作,但不久就有了白佐良教授和兰契奥蒂教授主编的两种不同的《中国文学史》。[1]白佐良教授和兰契奥蒂教授这两位学者在中国文学史、文学翻译、文学批评等方面都为意大利汉学做出了重要的贡献,两种《中国文学史》均涉及一些中国文论的内容。

白佐良教授与亚洲的关系较深,他曾经被任命为意大利驻韩国大使(1969—1975)、越南大使(1975—1978)和菲律宾大使(1978—1980),直到1980年辞世,他一直是罗马大学中国语言及文学教授。白佐良教授的研究领域涉及中国文学各个时代,并对唐朝诗歌、明清小说等均有研究。他所写的《中国文学史》从历史的角度出发研究中国文学作品,同时也会用一些西方文学理论的方法去观照中国文学的特点,当他以分章的方式介绍中国历代文学时,会将一些文论家的思想引入自己的论述中来。例如,在介绍汉代文人对写作的看法时,就提到了东汉时期杰出的思想家王充(公元27—97)《论衡》中的一些观

---

[1] 参照 G. Bertuccioli, *Storia della letteratura cinese*, Milano : Nuova Accademia, 1959; L. Lanciotti, "Letteratura cinese", O. Botto (diretta da), *Storia delle letterature d'Oriente*, Vol. IV, Milano, Vallardi, 1969, pp. 1-210. 需要说明的是,白教授后来将他的书的内容补充了并重新发行于米兰,参照 G. Bertuccioli, *La letteratura cinese*, Milano: Sansoni-Accademia, 1968。

点。对白佐良教授而言,《论衡》不管在思想上还是在文字的用法上都是有悖于汉代儒家正统思想的一本书,他甚至将王充称为"文学革命的先行者"。[1]

白教授的研究涉及中国近现代维新派的"文学界革命"及白话文运动中有关文学思想的论述,他对这些中国知识分子的关注,很有可能跟当时欧洲特殊的政治状况对意大利学者的影响有关。"二战"后的社会混乱和流行文化的出现或多或少都对意大利知识分子的思想产生了某种冲击。据此,白佐良也会对中国近现代以来所发生的社会转型有特殊的关注。白佐良将他的《中国文学史》一书中的最长一个章节留给了对近现代中国文学革命的描绘,他不仅提到了"新文化运动"思想家们的古典文学研究成果,还介绍了《新青年》月刊中那些倡导"新文学"的文章,以此反映其时的文学思想倾向。[2]能够放在"中国文论"这一大框架里的还有白佐良的其他几篇文章,如《中国古代批评及当代批评理论中的李商隐的"无题"诗歌》《晚明文学家》等。[3]这些文章的撰写,也采用西方文学批评理论和中国现代文学概念相融合的方法。[4]

就中国文论研究而言,兰契奥蒂教授或许是一位更为重要的学者,他曾担任威尼斯卡佛斯卡里大学中国语言和文学教授(1966—1979)、

---

[1] G. Bertuccioli, *La letteratura cinese,* Milano: Sansoni-Accademia, 1968, pp. 118-119.

[2] Ibid., pp. 326-416.

[3] G. Bertuccioli, "Critica tradizionale e critica moderna delle poesie 'senza argomento' di Li-I-shan", *Accademia dei Lincei. Rendiconti della classe di scienze morali, storiche e filosofiche*, s. 8°, No. 4, 1949, pp. 439-444; 和 "Prosatori della tarda dinastia Ming", *Rivista degli Studi Orientali*, No. 26, 1951, pp.150-157.

[4] 除了一大批翻译作品外,白佐良对中国文学(兼涉文学思想)的论述值得一提的还有: G. Bertuccioli, "Il viaggio in Italia di K'ang Yu-wei (3-13 maggio 1904)"(《康有为的意大利旅行》), *Cina*, No. 4, 1958, pp. 82-91; "La letteratura classica"(《古代文学》), G. Melis e F. Demarchi (a cura di), *La Cina contemporanea*, Roma: Edizioni Paoline, 1979, pp. 605-620; 和 "Un melodramma di Liang Qichao sul Risorgimento italiano: Xin Luoma (Introduzione, traduzione e note)"(《有关梁启超的意大利统一剧本:新罗马》"引言、翻译及注脚"), *Catai*, No. 1, 1981, pp. 307-349.

那不勒斯东方大学中国文献学教授(1979—1997),自1966年起担任"意大利中东远东高等学院"(后来更名为"意大利非洲与东方学院")副院长。这所学院是中西学术交流的重要窗口,它的主要工作任务之一是编辑出版《东方及西方》《中国》《日本》和《非洲》四本刊物,这些刊物作为反映学院教学和科研成果的学术期刊,在发表学术成果、促进学术交流、推动东方学发展、培养后备人才、传播中东和远东文化研究等方面发挥了重要作用。兰契奥蒂从1974年到2002年一直负责"威尼斯和东方"研究所,在杜齐创办的《东方与西方》担任联合主编,至今已编辑了30多册"中国"丛书。1956年创建的《中国》杂志是当时涉及中国思想、中国艺术批评、中国历史批评,尤其中国文学批评的最为重要的意大利杂志之一。像白佐良一样,兰契奥蒂的研究领域以中国古代文学、中国古代思想和中国美学为主,尤其注重中国古代文学渊源和发展规律的研究。

在文论研究领域,兰契奥蒂教授通过对王充《论衡》的研究,探索了中国文学"美学"的起源。他写的这篇精彩论文题为《探讨中国古代文学审美观:王充以及独立文学的起源》[1],兰契奥蒂教授分析了《论衡》中所提出的一系列文学批评理论的原则和方法,他认为王充的"务实诚"和"疾虚妄"的思想不仅仅是《论衡》一书最基本的原则,而且开辟了文学审美学领域中的一个新纪元。1982年那不勒斯东方大学文学博士普雷加迪奥·法布里齐奥(Fabrizio Pregadio)也在《论衡》研究范围内做了一些工作,并写了《王充和道家思想——翻译并讨论〈论衡〉中的"道虚"篇》一文[2],由于他的研究目标主要是中国道家和

---

[1] 参照 L. Lanciotti, "*Considerazioni sull'estetica letteraria nella Cina antica: Wang Ch'ung ed il sorgere dell'autonomia delle lettere*", *Orientalia Romana. Essays and Lectures*, No. 2, 1967, Roma: IsMEO, pp.171-203。有关兰教授对王充的研究还有 "*Wang Chong l'iconoclasta*"(《反传统观念的王充》), Venezia: Libreria Editrice Cafoscarina, 1997。

[2] F. Pregadio, "*Wang Chong e il Taoismo. Traduzione annotata del Lun Heng, cap. 24, Falsità sul Dao*", *Cina*, No. 18, 1982, pp.7-49.

道教思想，所以从严格的意义上来讲，这一研究还不能归入"中国文论"的范围。

兰契奥蒂教授另有一篇关于"中国美学"的论文，从比较理论的视角出发，他认为"美学"一词虽然来自希腊语（aesthesis），但在中国古代文献中也可以寻找到它的踪迹，该文的目的便是要针对于此而发掘"中国美学"的起源和发展。依据手头掌握的文献和资料，兰契奥蒂教授认为，所谓"中国美学"的起源大概可定位于佛教传入汉地的两汉时期，在汉代和六朝之间初步形成了文学批评中的审美原则。而在追溯中国美学最初的起源时，兰契奥蒂教授又通过具体地分析《论衡》一书所含的社会观、历史观和文学观，并借鉴国内外的一些研究成果，指出了王充对汉儒"新不如旧"看法所持的批判态度有其时代的特殊意义，因此也可将之视为"中国美学"发生的一个理论起点。

兰契奥蒂教授还撰写了《中国小说：在儒家圈子里不受欢迎的一种文学体裁》《中国文学史：中国和西方释义》《文学集在中国》等一些值得关注的论文[1]，这些论文均有所涉及中国古代美学以及中西文学

---

[1] 参照 L. Lanciotti, *La narrativa cinese, un genere letterario malvisto dai confuciani*, Torino: Società Italiana per l'Organizzazione Internazionale, 1960; "La storia della letteratura cinese: sue interpretazioni in Cina e in Occidente", *Problema e problemi della storia letteraria*, Roma: Accademia Nazionale dei Lincei, 1990, pp.131-140; "L'antologia in Cina"（《文学集在中国》）, *Critica del testo*, No. 2, 1999, pp. 1-11. 兰契奥蒂的另外一些文章也多少涉及中国的文学思想，如："Il sogno del 'vecchio rifiuto' (Introduzione e traduzione del Lao-ts'an yu-chi di Liu E)"（《引言，以及刘鹗的〈老残游记〉第一章的翻译》）, *Cina*, No. 1, 1956, pp. 101-115; "Dal 'Libro delle Odi'"（《有关诗经》）, *Cina*, No. 3, 1957, pp.77-79; "Il Giappone e la narrativa cinese"（《日本与中国小说》）, *Il Giappone*, No. 5, 1965, pp. 123-126; "La letteratura cinese"（《中国文学》）, *Pan. Enciclopedia Universale*, Vol. IX, Roma: G. Casini Editore, 1968, pp. 149-186; "Lo sviluppo storico-letterario"（《历史和文学的发展》）, *Cina a Venezia. Dalla dinastia Han a Marco Polo. Catalogo a cura di Museo della Storia cinese di Pechino, Seminario di Lingua e letteratura cinese dell'Università degli studi di Venezia*, IsMEO, Milano: Electa, 1986, pp. 50-51; "An introduction to the work of Pu Songling"（《蒲松龄的作品介绍》）, *Ming Qing Yanjiu*, 1993, pp. 67-80。

史研究方法之差异等方面的问题。兰契奥蒂的研究特点也表现在，通过对中国古代儒家文献与道家文献等的梳理，去寻找并阐述中国文学中的审美意识，尤其对儒家美学研究和儒家文献中所包含的审美特征及其演变做过一番深入的分析。他的研究不是停留在浮浅的、表面的"介绍性"层次上，而是有深刻独到的见解，十分有助于意大利学者深入地了解儒家的整体思想，更深刻地把握中国文人对美学、文学、艺术所进行的积极探索。

《中国文学史：中国和西方释义》一文最能代表兰契奥蒂教授的方法论模式，这篇文章以分析文学观念在中西文化中的差异为主，阐述了先秦儒家文学思想的形成过程及它的理论特征。他认为在先秦尚未形成系统性的文学理论的情况下，孔子的思想在传统文学理论建构中具有重要的地位，而《论语》所含的"文学为生活之师"（magistra vitae）这一概念是古代文学审美观的基本原理，也是文学批评理论的原点。另外，兰契奥蒂认为虽然在《论语》中"文学"一词已经出现了，但是直到6世纪的中国才把"经学"和"文学"区分为两个不同的学问，南朝刘勰创作的《文心雕龙》对兰契奥蒂而言是文学理论批评史上的第一部专著。兰契奥蒂教授认为一直到20世纪初中国还没有出现真正的、有系统性的"中国文学史"，这与中国文人圈中的传统文学观念有关，因此直到20世纪初，中国知识分子才在西方的影响下进行这方面的研究。为了更好地阐述他的这个观点，兰契奥蒂还从比较文学的角度探讨了中西方各自的"中国文学史"撰述中所依据的不同原理，其所论及的胡适、鲁迅、戴密微、白佐良等学者的观点多少都涉及两种文化对文学的不同见解以及由此形成的审美差异。

白佐良和兰契奥蒂两位学者的研究与课程是促成中国文论研究在意大利传播的关键和前提。在他们的推动下，意大利汉学家对中国文学批评、文学理论和文学观念的研究更趋深入。60年代，中国四大名著中的《水浒传》《西游记》和《红楼梦》的意大利译本横空出世[1]，吸引了更多学者去研究中国文学审美观和中国文学观念的特点，很多中国文学理论和中国美学理论的范畴都被纳入到了学者的研究视野中。中国古典长篇小说《红楼梦》由马熹（Edoarda Masi，1927—2011）教授于1964年直接从中文翻译成意大利语[2]，这位年轻的汉学家是在"意大利中东远东高等学院"学的中文，并在这个学校研习中国法制与俄罗斯语，她的研究视域开阔，涉及中国文学与中国政治制度等。她于1957年和意大利报界的知名记者、汉学家、翻译家和作家比素（Renata Pisu）一起抵达北京，成为最早在北京大学学习的意大利学生。

马熹是一位在思想上走在时代前面的汉学家，并在译介中国文学作品上做出了重要的贡献。马熹教授的主要研究领域是中国古、现代文学观念以及"五四运动"以后的知识分子思想遗产。在中国古代思想遗产继承问题上，马教授写了一篇虽短但很精彩的文章，题为《关于思想遗产》。[3]这篇文章主要梳理北京大学教授冯友兰于1956年至1957年之间在中国媒体上所发表的文章，以及他在1958年出版的《中国哲学史论文集》所涉及的一系列问题。[4]马教授的论文以一个重要问题为展开探讨的起点，即如何解决中国思想遗产的继承问题。这也是冯友兰在他所撰写的文章中试图解决的一个大问题，用他的话来讲，"我

---

[1] Wu Cheng'en, (tr.), *A. Motti, Lo scimmiotto*, Torino: Einaudi, 1960; Cao Xueqing, (tr.) E. Masi, *Il sogno della camera rossa di Ts'ao Hsüeh-ch'in*, Torino: Einaudi, 1964; C. Bovero, (tr.), *I Briganti*, Torino: Einaudi, 1956.

[2] 马熹还编辑了《中国文学一百部杰作》（*Cento capolavori della letteratura cinese*），这是从公元前五六世纪直到毛泽东时代的一个中国文学作品大略，它不仅仅从中西文学批评角度上解读了中国古典及现代小说，如中国古代哲学思想著作《荀子》、长篇章回小说的开山之作《三国演义》或蒲松龄的《聊斋志异》，还包括意大利汉学史上曾被忽视的几部中国文学杰作，参见 E. Masi, *Cento capolavori della letteratura cinese*, Milano: Rizzoli, 1991。

[3] 参照 E. Masi, "*A proposito dell'Eredità del pensiero*", *Cina*, No. 6, 1961, pp. 81-87。

[4] 参照冯友兰《中国哲学史论文集》，上海：上海人民出版社，1958年。

们近几年来,在中国哲学史的教学研究中,对中国古代哲学似乎是否定的太多了一些,否定的多了,可继承的遗产少了"。马熹认为冯友兰是"中国哲学史研究领域中目前在世的最伟大的学者"[1],所以在他撰写的文章中是可以寻找到上述所提的问题的答案的。为此,她重点讨论了冯友兰在书中述及的包括中国"哲学"命题在内的诸问题,并在文章最后几页提到当时批判冯友兰的一些文章,她认为这些"所谓"的当代马克思主义者对中国古代哲学和思想"否定的太多,继承的太少",将中国哲学做了静止的、简单化的处理,相反,只有冯教授才真正地以马克思理论为工具,对中国古代哲学遗产进行了全面的总结。

在中国文论研究领域,马熹教授最值得瞩目的是她在"红学"范畴中所做的研究。1963年,她发表了题为《有关〈红楼梦〉新的解读理论》一文[2],重点分析了所谓"新红学派"创始人胡适和俞平伯两位学者所倡导的方法。马熹教授认为俞平伯的现代考证方法和理论把《红楼梦》的研究往前推进了一大步,在"红学"研究领域具有最为重要的地位。很值得注意的是,马熹的文章并没有给意大利读者解释"新红学派"如何为"新"的原因,也没有谈到"五四运动"以后的知识分子批判所谓"旧红学派"的理由,以及他们在建立"新红学派"的过程中都提出哪些观点,更没有论及"新红学派"对"旧红学派"的批

---

[1] 参照冯友兰《中国哲学史论文集》,上海:上海人民出版社,1958年,第83页。

[2] 参见 E. Masi, "Nuove interpretazioni dello Hongloumeng", *Cina*, No. 7, 1963, pp. 68-85。马熹翻译《红楼梦》以前,意大利只有一些未完成的译本,如 Cao Xueqing, *Il sogno della camera rossa* (《第一章的翻译》), *Cina*, No. 5, 1959, Roma: IsMEO, pp. 105-115; 当时还有从德语译成意大利语的《红楼梦》版本,名为 Carla Pirrone Ricci, (tr.), *Il sogno della camera rossa*, Torino: Einaudi, 1958。马熹的译本以后还出现了其他的《红楼梦》节选的译本,例如 L. Allampresco, (tr.), "Specchio di vento e luna. Il sogno infinito di Bao Yu", J. L. Borges, S. Ocampo, A. Bioy Casares, (eds.), *Antologia della letteratura fantastica*, Roma: Albatros, 1989, pp. 549-551; G. Guadalupi, (tr.), "Il sogno di Pao-yu. Lo specchio di vento-e-luna", AA.VV., (ed.), *L'ospite tigre*, Milano: Mondadori, 1979, pp. 119-125。

评与否定含有哪些新的内容,而是直奔主题,进而展开对俞平伯的文学思想的讨论［集中讨论了俞平伯在《红楼梦简论》(1954年)一文中所涉及的文论思想］,这或许也从另一角度证明了当时的意大利汉学家对"中国文论"已经有了比较深入的了解,并基于自己的立场展开对中国文学思想界内部论争的对话式研究。

在具体论述中,马教授认为俞平伯的研究颇具价值,这是因为他对某些历史事实的真相做了细致的考证,从而将胡适提出的问题做了进一步的发掘与拓展,其结论是可靠的,即以为《红楼梦》不是一本旨在批评封建制度的著作,而是作家曹雪芹对自己生活经验的描述。马教授不仅对俞平伯的这些解读做了充分的肯定,而且还站在"新红学派"的立场上,对李希凡、蓝翎二人写的批判文章《关于〈红楼梦简论〉及其他》进行了批评。马熹教授认为李、蓝所写的这篇文章带有浓厚的政治色彩,其论述已经远远超出《红楼梦》研究的范畴。马熹1968年还翻译了鲁迅的许多作品,通过如《而已集》中的《革命时代的文学》等杂文向意大利学界介绍了鲁迅的文学思想。[1]

上列研究大概都可以归为广义或狭义的"中国文论"范畴,由此可见,20世纪60年代的意大利汉学已经走向专业化,进入了汉学的繁荣期。以中国文论而言,60年代的汉学家已不限于从文学史的角度出发分析作品,而且能够把中国古代、现代文学作品放置在古今中外所形成的文学批评、文学理论的视域中加以考察和把握,借用古今中外的各种文学评论资料来完成对中国文学和中国文学思想的探索。随着汉学的专业化,意大利汉学界中的中国文学、中国文论研究的思维路向也日益趋于复杂化。与此同时,中国现代文学批评理论自然也受到了广泛的关注。导致这种现象的原因可能有二:首先是在六七十年代欧美所处的特殊政治状况下,欧美的汉学家或多或少都对中国革

---

[1] 参见 Lu Xun, "*La letteratura di un epoca*", Edoarda Masi, (ed.), *La falsa libertà*, Torino: Einaudi, 1968, pp. 128-135。

命抱有一些理想化的认识与期待，意大利汉学家也不例外；其次，自20世纪60年代以来中国在意大利的影响日益扩大，直到1970年中意建交将两国之间的关系推入一个纵深发展的历史时期。

二、意大利"中国文论"研究的繁荣时期

在中意两国文化交流日益活跃、汉学研究日趋兴盛之际，意大利汉学学者愈益感到译介中国文论著作的重要。在兰契奥蒂和白佐良出版《中国文学史》的同时[1]，鲁迅的《中国小说史略》也随之被翻译成意大利文并发行于罗马[2]。1975年中国哲学家冯友兰的《中国哲学小史》从英文被译成意大利文[3]，而这本以西方哲学概念完成的中国思想史著作也是意大利大学中国哲学史和文学史课程中必用的教材，从而也自然成了20世纪70至90年代意大利学者了解中国思想和与之相关的文学观念的主要门径之一。

20世纪70年代有关中国文论研究的若干文章几乎均刊登在《中国》杂志上，在该杂志的第13期（1976年）上，柯拉蒂尼教授（Piero Corradini）发表了重新讨论中国批评界有关"红学"论争的《〈红楼梦〉和西方的关系》一文。[4] 该文主要围绕着《红楼梦》一书中所含的"西方因素"，对《红楼梦》一书的时代背景、主题思想、人物形象进行了

---

[1] 1970年又出现一部新的《文学史》，由柯拉蒂尼教授（P. Corradini）所撰，题为 *Storia della letteratura cinese*, Milano: Fabbri Editore, 1970。可是因为柯拉蒂尼教授所涉及的问题也多停留在表面，所以在这里只提及而已。

[2] 本书的译本分为两册，参照 L. Pavolini 和 G. Viviani, (tr.), *Storia della letteratura cinese. La prosa I*, Roma: Editori Riuniti, 1960; R. Angelozzi 和 G. Viviani, (tr.), *Storia della letteratura cinese. La prosa II*, Roma: Editori Riuniti, 1960。

[3] 参照 Mario Tassoni, (tr.), *Storia della filosofia cinese*, Milano: Oscar Mondadori, 1975。

[4] 参照 P. Corradini, "*I contatti con l'Occidente nel 'Sogno della Camera Rossa'*", *Cina*, No. 13, 1976, pp. 61-68。

探讨。作者首先提及毛泽东1954年写的《关于〈红楼梦〉研究问题的信》一文支持李、蓝两个"小人物"对《红楼梦》解读的文章,从而展开了对《〈红楼梦〉评论集》(1975年)的深入讨论。尽管这次具有批判资产阶级色彩的斗争,已经超出我们为"中国文论"所划定的时间领域,但柯拉蒂尼的特殊观点还是值得一提,因为他也涉及对古代作品的文学批评。柯拉蒂尼教授正好站在"新红学派"和"当代红学派"之间的立场上,认为《红楼梦》一书中虽然不存在"好人物"和"坏人物"的对立,可它一定含有社会批判的要素,因为故事中所出现的西方物品,与具有"西方特征"的人物都将小说推向了一种理想化的境地,于此可以推理,小说是含有反抗封建制度意识的,只不过其批判力度还不够大罢了。

1978年中国迈入改革开放的新时期,随着中国的国际环境日渐宽松,中国和意大利两国的交往也愈趋频繁,这个现象自然会影响到意大利的汉学研究,从而使这一时期的汉学研究课题更呈现出丰富多彩的面貌。20世纪80年代,意大利对中国文论与文学思想的研究主要是在两条线路上进行的,一是清末民初时期在文坛上所发生的思想论争越来越受到意大利学者的关注,这与六七十年代的研究有着某种延伸和继承的关系,二是将中国文学批评史上重要的文论著作翻译成意大利文并进行文献和思想的分析。20世纪80年代也是史华罗教授开始自己具有独特性的中国文学思想研究的时期,虽然史华罗的著作主要是在20世纪90年代以后才真正产生影响的。

20世纪80年代有关中国文学思想与批评研究的论文,也大多还是发表于《中国》杂志上,由此可见,兰契奥蒂教授主编的《中国》杂志是当时意大利汉学界展开中国文论研究的最主要平台。其中,1980年白莱慕(Annamaria Palermo)所撰的《1918年5月的〈新青年〉杂志》[1],卡多纳(Alfredo Cadonna)的《关于"五四"时期文言与白话之

---

[1] 参照 A. Merlino Palermo, "La rivista Xin Qingnian nel Maggio 1918", Cina, No. 16, 1980, pp. 229-263。

争：胡适及其有关唐宋时期白话文献的研究》，史华罗的《陈独秀 1915 年和 1919 年之间思想中的"个人自由"概念》和 1982 年卡萨齐（Giorgio Casacchia）发表的《鲁迅的〈中国小说史略〉中的通俗文学研究》等几篇文章[1]，都带有一些文论研究的特征。

白莱慕的《1918 年 5 月的〈新青年〉杂志》主要围绕着"五四运动"期间在《新青年》杂志上倡导"新文学"的那些文章，通过对胡适、陈独秀、鲁迅三人的文学思想所做的分析，探讨了中国知识分子的新美学与现代文学的审美性特征。该文以 1917 年胡适发表的《文学改良刍议》一文中提出的文学"八个主张"——后来修正为"八不主义"为展开对象，对"八不主义"所涉及的有关文学内容与形式的看法做了分析，进而探讨鲁迅在《新青年》杂志上发表的有关新文学审美特征的文章所包含的意义，并对《狂人日记》在后来中国文学评论中的地位与意义做了充分的肯定。

卡萨齐一生的贡献主要体现在对白话短篇小说的翻译上[2]，他的《鲁迅对于中国通俗文学的研究》一文集中在鲁迅对中国小说史研究的分析。卡萨齐将鲁迅的研究活动分为八个主要方面，并以为有两种著作涉及对中国通俗文学的研究，这就是鲁迅的《中国小说史略》和 1924 年在西安大学所作的《中国小说的历史的变迁》。卡萨齐指出鲁迅

---

[1] A. Cadonna, "*Il dibattito linguistico avviatosi con il movimento del quattro maggio: Hu Shih e le ricerche sul cinese 'vernacolare' in epoca T'ang-Sung*", *Cina*, No. 16, 1980, pp.133-154; P. Santangelo, "*Il concetto di libertà individuale nel pensiero di Chen Duxiu nel periodo fra il 1915 e il 1919*", *Cina*, No. 16, 1980, pp. 295-303; G. Casacchia, "*La letteratura in volgare negli studi di Lu Xun sulla narrativa cinese*"（《鲁迅〈中国小说史略〉中的白话文学》），*Cina*, No. 18, 1982, pp. 131-139. 有关鲁迅的文学思想还有 F. Coccia, "*Lu Xun e la cultura cinese del primo Novecento: note bibliografiche e rilettura degli scritti del periodo giapponese (1902—1909)*"（《鲁迅与 20 世纪初中国文化：书目以及其"日本时期"（1902—1909）的作品的重读》）*Annali dell'Istituto Universitario di Napoli*, No. 43, 1983, pp. 83-132。

[2] 卡萨齐主要翻译冯梦龙（1574—1646）许多短篇小说，参照 G. Casacchia, *Apparizioni d'Oriente. Novelle cinesi del Medioevo*（《古典白话小说集》），Roma: Editori Riuniti, 1986。

的研究深受近代维新派人物和胡适实证主义的影响,尽管鲁迅在很多方面都同意胡适的看法——如他也认为《红楼梦》一书是曹雪芹根据自己的自传而写的,但他绝不能接受胡适的调和主义立场。卡萨齐一文的第二部分对《中国小说史略》一书进行了详细的分析和讨论,涉及此书的主要内容和研究方法。卡萨齐认为鲁迅的观点与中国文学史著作的陈旧观点迥然不同,对他而言,鲁迅最值得重视的研究成果可简述为以下四点:

一、有关小说的来源。鲁迅认为唐人已有"有意为小说"的倾向,这意味着唐人已经开始了对小说审美功能的认识,这当然也意味着唐代传奇注重的是小说所具有的愉悦性情的功用而不是小说的说教功用。卡萨齐对鲁迅认为的唐代传奇植根于古老传说的意见也表示赞同。

二、鲁迅认为《水浒传》一书是施耐庵所著,并由罗贯中整理的。

三、鲁迅认为清末小说《海上花列传》是中国近代文学史上最早的一部白话方言小说。

四、鲁迅最早提出了"讽刺小说"这个概念,他以《儒林外史》为例对清代讽刺小说进行了开拓性的探究。卡萨齐也还谈到,鲁迅虽然深爱讽刺小说,但他还是觉得像吴趼人(1866—1910)那样的讽刺方式有些过于直接并含有语言的暴力。

卡萨齐进而介绍了鲁迅的研究方法。他认为鲁迅的《中国小说史略》主要是以专题研究的方法为主,因此对语言研究的重要性有所忽视。最后,卡萨齐还探讨了《中国小说史略》的成书目标,认为作为大学教材的《中国小说史略》,其目标主要是培养学生的批判能力。1982年,加布里埃莱·佛卡尔蒂(Gabriele Foccardi)在他的《12、13世纪的中国文人以及文艺人》一书中也探讨过通俗小说的来源问题,其所受鲁迅思想的影响也非常明显。[1]

威尼斯大学卡多纳教授对胡适的学术思想进行了探讨与批评，他的《"五四"时期文言与白话之争：胡适及其有关唐宋时期白话文献的研究》论及胡适的文学批评思想及敦煌研究等，并将胡适的思想分为三期：

> 一、白话研究初期，即"五四"之前胡适的研究，包括《文学改良刍议》《历史的文学观念论》和《建设的文学革命论》等文章。
> 二、胡适从欧洲返国之后所写的文章。
> 三、五六十年代，胡适关于慧能弟子的研究。

卡多纳通过对"五四"前后胡适言论的论述，分析了胡适所发动的思想批判运动的根源及其特点。本文的第二部分则对敦煌史料进行了独特的解读，并探讨了胡适所用的语言研究方法。卡多纳认为胡适的研究方式虽然还不够成熟，但其对"古白话"的研究仍然具有重要的启示。

有关"五四"时期的论争包括胡适所持的意见，1990年史芬娜（Stefania Stafutti）教授撰写了题为《胡适与文言白话论争——〈白话文学史〉中的白话文学历史渊源》一书。[2] 本书主要探讨胡适在论述白话文学的出现与发展时所依据的理论预设，清晰地描述了白话文学的历史渊源，并深入地分析了当时中国知识分子是如何以不同的审美观和价值观跳出与超越传统文学思想体系的。该书尽管未得到学界应有的关注，但却以全新的思路与结构框架揭示出了中国新文学发展的规律与特质，因此具有开创性和里程碑的意义。该书分为三大部分，在第一部分中，作者简述了胡适在《白话文学史》一书中所持的态度，并

---

[1] 参照 G. Foccardi, *Cantastorie e letterati in Cina nei secoli XII e XIII*, Venezia: L'altra Riva, 1982。

[2] 参见 S. Safutti, "*Hu Shi e la Questione della lingua*": *Le origini della letteratura in baihua nel Baihua wenxue shi. Storia della letteratura in lingua volgare*, Firenze: Le Lettere, 1990。

对有关本书的一些评论做了介绍。在对"五四"新文化运动的兴起做了全面的回顾后,作者对胡适的文论思想进行了重新评估。史芬娜教授认为,"五四"之后,由于政治上的变化,以及知识分子受极左思想影响等原因,一直以来对胡适的这部著作缺乏客观的评价。第二部分主要集中在对《白话文学史》研究方法和研究成就的讨论,作者分析了《白话文学史》的理论构成模式,并认为,像胡适那样将中国文学史描绘成一种自汉朝以来白话文学不断地战胜文言文学的历史,尽管具有开拓性的意义,但在前提上却是存在问题的。在第三部分,撰者对《白话文学史》进行了局部翻译,主要偏重于选择胡适一书中带有论辩性和突破性的那些文学批评思想。

20世纪八九十年代在《中国》《中国世界》等学术杂志上出现了许多对"白话论争"、现代文学思想的产生、现代文人思维模式进行研究的论文,但均未能达到上述所提诸书的思想深度。这些论文中值得一提的有米诺·布洛内蒂(Mino Brunetti)的《中国政治思想论争范围中的一部16世纪小说》,维尔玛·克斯谭蒂尼(Vilma Costantini)的《清末中国:革命与文学》,赛巴斯蒂亚娜·罗密欧(Sebastiana Romeo)的《20世纪初中国小说的更新换代:梁启超的角色》,菲利波·克加(Filippo Coccia)的《鲁迅与20世纪初的中国文化:书目及其"日本时期"(1902—1909)作品的重读》等。[1]凭借这些论文的标题就可以看出,中国白话小说在意大利当时的汉学界受到特殊的关注,与之相承接,在八九十年代,意大利出现了翻译中国通俗小说和相关理论的热潮。在文论研究方面最值得瞩目的有1982年加布里埃莱·佛卡尔蒂发表的《12、13世

---

[1] 参照 M. Brunetti, "*Un romanzo del XVI secolo al centro della discussione politico-ideologica in Cina*", *Mondo Cinese*, No. 13, 1976, pp. 17-28; V. Costantini, "*Letteratura e rivoluzione in Cina alla fine dell'Impero*", *Cina*, No. 15, 1979, pp. 283-289; S. Romeo, "*Il rinnovamento della narrativa cinese agli inizi del XX secolo: il ruolo di Liang Qichao*", *Mondo Cinese*, No. 62, 1988, pp. 61-77; F. Coccia, "*Lu Xun e la cultura cinese del primo Novecento: note bibliografiche e rilettura degli scritti del periodo giapponese (1902—1909)*", *Annali dell'Istituto Universitario di Napoli*, No. 43, 1983, pp. 83-132。

纪的中国文人以及文艺人》，只是佛卡尔蒂的研究尚欠深度，更多的是停留在一般性介绍的层次上。

20世纪八九十年代意大利对中国文论的关注，也突出表现在对文论元典的翻译上。1982年那不勒斯东方大学的珊德拉（Alessandra Lavagnino）着手翻译南朝作家刘勰的文学理论著作《文心雕龙》，很显然，这是一项具有相当难度的工作，因此直到1995年才于米兰正式出版[1]。为将中国文学理论史上最具系统性的著述介绍给意大利学者，珊德拉花费了很大的心血。珊德拉不仅研究中国古典文论，她也是意大利中国文艺评论研究团体的成员。在该译著的前言中，珊德拉系统地介绍了作者的生平、写作背景、该书的构成形式和主要内容，从文学批评的角度对《文心雕龙》做了深入的研究，同时，又取古希腊、罗马中世纪以及现代修辞学理论与中国传统修辞方法进行了对比，加深了对《文心雕龙》的理解，并为此书的阅读提供了一个更广阔的认知视野。珊德拉还探讨了中国古代文学理论术语的用法，其中首当其冲的便是书名中的"文""心""雕""龙"四个字，通过将这几个概念与相近的意大利用语进行比较，梳理出了此书的主导思想及贯穿其中的文学观念。作为译者的珊德拉的研究方法很特别，为了解决翻译上的一些问题，她总会从语言文化的角度进行对比，进而对中国文论中一些重要概念做出确定的解释。译者认为尽管《文心雕龙》一书中只有"般若"（prajñā）一词属于佛教词汇，但它还是多多少少受到了佛教思想的影响。据此，她认为《文心雕龙》一书不仅仅发展了儒家的美学观念，尤其是中庸原则，而且也融合了某些道家和佛教思想中的审美因素，当然，构成《文心雕龙》美学思想的核心仍然是儒家的思想。关于刘勰创作的动机、态度和原则，珊德拉也提出了值得注意的观点，认为应当看到《文心雕龙》的一个写作动机，即在腐败的社会中，构建出文学和古代文献的美学理想，并将那些相关与有益的思想要素重新连接在一起。珊德拉认为对审美原则的强调是一种

---

[1] 参照 A. Lavagnino, *Liu Xie. Il tesoro delle lettere: un intaglio di draghi*. Milano: Luni Editrice, 1995。

时代的需要,与刘勰同一时期的理论家谢赫(479—502)也同样在他的绘画论中提出了"六法"说,可以作为关联性的参照。除了《文心雕龙》的翻译,珊德拉还撰写了一系列涉及中国文论思想与《文心雕龙》的论文,如《刘勰以及其文学创作模式》《研究中国古代三至六世纪的文学评论资料》和《刘勰的"文学基石":〈文心雕龙〉的翻译、引言和注释》等。特别引人注目的是珊德拉撰写的一篇题为《翻译〈文心雕龙〉若干术语问题》的文章[1],该文对《文心雕龙》多个主题范围内的概念命名做了系统的梳理与分析,并探讨了这些概念和术语是怎么翻译成意大利文的问题等。这一研究所采用的方式是先探讨《文心雕龙》中的一些词语的用法,然后旁及一些相关的中国文论概念,最后提出自己觉得最为贴切的翻译。她所探讨的术语包括:"颂"当翻译为"elogio","碑"当翻译为"stele",等等。其中,珊德拉还发现尽管刘勰对当时的许多应用文没有设专目论述,但却将"赞"一词用得有点模糊:他有时将"赞"称为"赞辞",即歌唱之前做说明的词句,有时又将"赞"称为是一种总结性的文辞。据此,珊德拉提出了对之两个不同的翻译法,即可分别译成"encomio"或"epitome"。

在文论翻译的领域中,白佐良用意大利文译出了钱锺书的《旧文四篇》,并发表在1986年的《中国世界》杂志上。[2] 白佐良这一次的翻译尽管也是文论翻译史上比较难得的举措,遗憾的是文章前后却没有任何评

---

[1] 参照 A. Lavagnino, "*A proposito di alcuni problemi terminologici nella traduzione del Wen xin diaolong*", *Cina*, No. 18, 1982, pp. 49-61; "Liu Xie e i modi della composizione letteraria", *Annali dell'Istituto Universitario di Napoli*, No. 44, 1984, pp. 135-150; *Materiali per lo studio della critica letteraria della Cina antica (III-VI sec. d. C.)*, Napoli: Opera Universitaria Istituto Universitario Orientale, 1984; "'I cardini della letteratura' secondo Liu Xie. Introduzione, traduzione e note di alcuni capitoli del Wen xin diao long", *Annali dell'Istituto Orientale di Napoli*, No. 45, 1985, pp. 239-286。

[2] 参照 G. Bertuccioli, "*Qian Zhongshu: lo scrittore e lo studioso che si interessa alla nostra letteratura*", *Mondo Cinese*, No. 53, 1986, pp. 23-37; G. Bertuccioli, (tr.), "Quattro saggi sulla letteratura antica", *Mondo Cinese*, No. 53, 1986, pp. 35-57。

述,所以在这里只能一提而已。2002年阿娜·卢斯科尼(Anna Rusconi)按英文版对西晋文学家、书法家陆机(261—303)的《文赋·戒雷同》进行了意大利文的翻译,并在帕尔马出版。[1]另外,在文字传播理论领域内,意大利汉学协会(AISC)秘书长、威尼斯大学古汉语教授艾帝(Attilio Andreini)的《写、模仿、编造:古代中国的文本传播》也值得一提[2],该文主要研究的是中国古文字以及中国古代文本理论与实践。

意大利罗马智慧大学文学博士狄霞娜2013年发表了题为《用别人的词——钱锺书比较研究方法中的引用》一文[3],也可归入中国文论研究的范围中。该文通过《管锥编》《谈艺录》《七缀集》等著作,分析了钱锺书引述意大利文著作的原因和方式。钱锺书的著作,尤其《谈艺录》和《管锥编》大量地征引外文著作,《管锥编》里的引用甚至成为每一章的最重要部分,因此狄霞娜认为研究钱锺书的外文引用将十分有助理解钱锺书的思想和理论,而钱锺书也正是通过不断地引述中国古代文论与西方文论中的事例来证明自己的论点的。狄霞娜还认为钱锺书引述外文著作的方法很特别,达到了十分融通的地步。作为一门学科的比较文学,一般来说均会对不同民族的文学或文化作品中的观念进行比较,而钱锺书引述的外文段落往往很大,并且总会利用外文中的某段资料来引出自己的结论。

三、史华罗与"情感论"研究

史华罗教授是意大利乃至国际汉学界中声名卓著的教授之一,他

---

[1] 参照 A. Rusconi, (tr.), *L'arte della scrittura*, Parma: Guanda, 2002。

[2] 参照 A. Andreini, "*Scrivere, copiare, inventare: la trasmissione testuale nella Cina antica*", *Annali di Ca' Foscari*, Vol. XLIII, No. 3, 2004, pp. 271-292。

[3] 参照 T. Lioi, "*In Others' Words ——The use of quotations in Qian Zhongshu's comparative method*"《比较文学与世界文学》2013年第2期。

频繁参加各种国际会议,长期致力于中国历史、文化、社会及文学的研究。后期他的研究范围逐渐收聚到明清时期的文化研究,尤其注重明清时期民俗、心理状态与思想观念的演变及其对文学思想的影响等。除了具有教授、中国文学批评家和中国文化研究学者等称号以外,史华罗也是一位翻译家,翻译了明末小说家董说(1620—1686)创作的《西游补》及其他明清时期的作品。[1]

史华罗的"情感论"研究得到了国际学界的高度认可。这首先是因为其研究所使用的方法已经超出一般的纯文学与历史学的领域,将文本材料的分析与心理学、文学批评学和历史学等的研究方法结合在一起,采用多学科交叉研究的方式对中国文明某一历史时期的文学和非文学性资料进行综合性研究,提供了多焦点跨科际解读和分析的路径。史华罗教授的研究起点建立在两个重要的公设上:首先,情感是某一社会中所产生的一种文化现象,也就是说,情感总是会受到文化的影响,因此,不同的社会有不同的情感表现模式,进而由之产生有关情感的论述;其次,文学作品和其他书面文本题材,不仅仅包蕴了作者个人的情感经验,同时也会含有社会集体的情感经历,而情感在借助书写而被传播后,则会投射至社会人群,进而影响到文学思想的建构以及社会的演变和发展。史华罗企图证明"情感论"和社会价值系统之间存在着复杂的联系,并将之扩展为对某一社会价值体系的分析,由此形成了一套自身独特的思想框架。

史华罗的研究起步于 1980 年《中国》杂志上发表的《陈独秀 1915 年和 1919 年之间思想中的"个人自由"概念》一文,这篇文章虽然较短,但已经呈现出了史华罗未来学术走向的一个思想雏形,他通过阅读陈独秀于 1915 年和 1919 年之间所写的文章,探讨了陈独秀对"人权自由"概念的解释。史华罗认为陈独秀对"人权自由"概念的重视,与 20 世

---

[1] P. Santangelo, (tr.), *Il sogno dello scimmiotto*, Venezia: Marsilio, 1992.

纪初中国社会的历史背景密切相关,因此不仅仅反映出了陈独秀的个人思想经历,也是社会集体意象的一种投射。

史华罗最重要的研究成就是他对中国古代文学资料所进行的调查和分析,通过文本去发掘与探讨作为文化核心的"情感"这一概念在中华帝国时期社会中的意义与地位,并将之上升到文学思想与批评的层面上加以确认。史华罗在此课题上所撰的文章和作品很多,早在1987年和1991年内发表的就有《善与恶的观念,试论中华帝国晚期的积极力量和消极力量》和《中国的"耻":14世纪中叶到16世纪中叶新儒学中的善与恶》。[1] 在这两篇文章中,史华罗的研究思想已趋成熟,不仅分析了明清两代文学作品和哲学论述中的善恶观,同时也力图去理解两个时期中国文人的价值取向。

史教授的代表著作是《中国之爱情:对中华帝国数百年来文学作品中爱情问题的研究》。[2] 该书从比较文化的视角展开探讨,分析了中国、欧洲两大文化系统中的爱情概念和爱情崇拜方式,展示了中国文学作品和哲学论述中的爱情观、善恶观,及其"仁"与"情"等概念与西方世界的爱情观之间的差异。本书尤将视角汇聚于明清时期,不仅分析了理学思想对爱情观的影响,同时也致力于发掘明清两代的文学作品中存在的像西方宫廷文学中显示的具有理想化色彩的浪漫爱情,以此揭示中欧之间在文化基础思想与批评观念上即存在异同。而对"情感论"做出最为深刻与全面阐述的应当是其《理学伦理与哲学中的"情"和"欲"》一书[3],该书不只停留在分析和解读明清文学作品中的"心态

---

[1] 参见 P. Santangelo, "*The Concept of Good and Evil, Positive and Negative Forces in Late Imperial China. A Preliminary Approach*", *East and West*, No. 37, 1987, pp.373-398 和 *Il 'peccato' in Cina. Bene e male nel neoconfucianesimo dalla metà del XIV alla metà del XIX secolo*, Bari: Laterza, 1991。

[2] 参见 P. Santangelo, *L'amore in Cina, attraverso alcune opere letterarie negli ultimi secoli dell'impero*, Napoli: Liguori, 1999。

[3] P. Santangelo, *Emozioni e desideri in Cina. La riflessione neoconfuciana dalla metà del XIV alla metà del XIX secolo*, Bari: Laterza, 1992。

结构"问题,而是更为深入地探讨了清朝文化与意识形态对情感行为所产生的影响。

从1992年始,史华罗创办了《明清研究》杂志,本刊是意大利汉学系统中研究明清时期文学的最为重要的杂志之一,因为是一份英文杂志,因而在促进国际学术交流等方面也起到了很大的作用。史华罗教授在那不勒斯东方大学还建立了一个项目小组,参加这一项目的学者多采用跨学科的方式研究中国文学和非文学文本材料,重点仍置于对明清两代众多史料中有关情感和心态的系统整理与描述上。工作小组的重要目标之一是收集有关情感和心态的词汇,以便能更深入地理解、更全面地认识中国某一时期的"心理与心态世界",收集工作当然也有助于深入分析特定社会系统中的意识形态与情感之间的关系。2003年该项目的研究成果被收集在一起,题为《中国历史中的情感文化:对明清文献的跨学科文本研究》,并同时被译成汉语在中国出版。[1]

---

[1] P. Santangelo, *Sentimental Education in Chinese History: An Interdisciplinary Textual Research on Ming and Qing Sources*, Leiden: Brill Academic Publisher, 2003. 另外,史华罗也以"情感研究"为题写了很多书和文章,其中有:"*Emotions in Late Imperial China. Evolution and Continuity in Ming-Qing Perception of Passions*"(《中华帝国晚期的情感表达——明清时期激情观念衍变的连续性》), V. Alleton et A. Volkov, (eds.), *Notions et perceptions du changement en Chine. Textes présentés au IX Congrès de l'Association Européenne d'études chinoises,* Paris: College de France, 1994, pp. 167-186; *Gelosia nella Cina imperiale* (《中华帝国传统社会中的"妒"》), Palermo: Novecento, 1996; *Le passioni nella Cina imperiale* (《传统中国的激情》), Venezia: Marsilio, 1997; *Il sogno in Cina. L'immaginario collettivo attraverso la narrativa Ming e Qing* (《明清中国的梦》), Milano: Raffaello Cortina Editore, 1998; *I desideri nella letteratura cinese* (《中国文学中的欲望》), Venezia: Cafoscarina, 2001; *La seduzione nel Celeste Impero* (《传统中国里"诱"的概念》), Palermo: Sellerio 2002;《生态主义与道德主义:明清小说中的自然观》,载《积渐所至:中国环境史论文集》,台北: Academia Sinica, 1995, pp. 917-970; "*A Research on Emotions and States of Mind in Late Imperial China. Preliminary Results*"(《对中华帝国晚期的情感与思想倾向的考察,一个初步的结果》), *Ming Qing Yanjiu*, 1995, pp. 101-209; "*The Languages of Seduction in Some Ming-Qing Literary Works*"(《部分明清文学作品中表示"勾引"的词汇》), *Ming Qing Yanjiu*, 1996, pp. 120-184; "*The body and its expressions of emotions: stereotypes and their presentations in Late Imperial China literary sources*"(《近代中国文学来源中的身体和其感情表达方式》), *AION Annali dell'Istituto Universitario Orientale di Napoli*, No. 60-61, 2000-2001, pp. 375-446; "*Evaluation of Emotions in European and Chinese Traditions: Differences and Analogies*"(《欧洲和中国传统文化的情感评价:差异和类比》), *Monumenta Serica*, Vol. LIII, 2005, pp. 401-427, 等等。

不久前，史华罗教授还出版了两本著作，一是《山歌——苏州的明代爱情歌》，研究冯梦龙所收集的民间歌曲所反映出的爱情观念。在该书的前言中，史华罗论述了山歌的起源、发展情况和山歌的传统等，探讨了作者在民间歌曲中表现出来的文学观。对史华罗而言，《山歌》首先反映的是对"真情"的重视，而这也自然地包含了对文人思想中存在的批评观念。二是对清代笔记小说《子不语》的翻译，并借此讨论了"缘分""天命"和"报应"等概念的意义，史华罗认为这部作品通过悖论式的荒谬表达了人类对存在事实的无法理解。

欧洲汉学系统中"情感论"的多学科研究也通过相关会议来展示自己的成果，这些会议均是由史华罗教授发起的，而且大多数是在欧洲举办的。如1995年7月在德国波恩大学召开的"中国的忧郁和中国社会"国际学术研讨会（International Conference on Melancholy and Society in China），1995年在挪威召开的"中国古典文学中的心态"国际学术研讨会（International Conference on Mental States in Traditional Chinese Literature），2001年11月在意大利的孔彤纳（Cortona, Arezzo）召开的"中国情感与史料分析"国际学术研讨会（International Workshop Emotions and the Analysis of Historical Sources in China），2003年在罗马召开的"东方的激情：亚洲文明中的情感和色情"国际研讨会（Convegno Internazionale Passioni d'Oriente: Eros ed emozioni nelle civiltà asiatiche）等会议，这些会议的论文大多限定在对中国文学思想的研究领域中。会议的参加者除了意大利本国各大学的学者以外，还有来自澳大利亚、比利时、德国、法国、捷克共和国、美国、日本、瑞士、新加坡、斯洛伐克和英国等大学的研究者，不仅有汉学界内的元老级学者，还有一些年轻的学者。另外值得一提的是，参加这些会议的学者不都限于汉学学科，也有来自心理学、社会学和语言学等专业领域的学者，这与史华罗所提倡的研究理念也是相吻合的。如出席意大利孔彤纳召开的"中国情感与史料分析"国际研讨会的，也有不少很有名气的意大利学者并非专治文学或文学批评,他们大多数是出于对史华罗教授推动的跨学科研究方法的兴趣而参与其中的,这也使得对文本材料的分析有了更为广阔的视野,此次会议也因此取得了更有价值的收获。据此可以判断,意大利汉学界的中国"情感论"研究正日趋繁荣,在专业化的基础上形成了自己的特点。[1]

举例而言,如威尼斯卡佛斯卡里大学古汉语教授、意大利汉学协会(AISC)秘书长艾帝在孔彤纳的国际研讨会上探讨《郭店一号楚墓竹简儒家文本中"情"的含义》一文[2],该文对1993年在湖北省荆门市郭店一号楚墓M1出土的竹简中属于儒家学派古籍的《性自命出》这一抄本进行了研究,探讨了文本中"情"一字所含的意义。艾帝教授认为《性自命出》中"情"的概念不仅仅属于内在心理经验,同时也是一种外在表现。"情"的意义包含有两个方面,一是"由心理状态转化为行为过程中的透明性",二是行为产生的具体结果。艾帝教授还将郭店抄本中有关"情"和当时的人性论论辩以及儒家学派的其他经典如《孟子》和《荀子》做了比较,并认为郭店抄本中的"情"更趋"微妙"和"温和"。

在这次国际研讨会上,德国波鸿鲁尔大学(Ruhr University Bochum)的丽恰·地·贾钦托(Licia Di Giacinto)发表了《在意识形态和理性之

---

[1] 孔彤纳"中国情感与史料分析"国际学术研讨会所提的内容引自叶正道教授的《中国情感与史料分析国际研讨会后记》,四川大学蓝色星空站,2003;P. Santangelo (a cura di), *Passioni d'Oriente, Eros ed Emozioni nelle Civiltà Asiatiche Sezione Asia Orientale, Atti del Convegno, Roma, La Sapienza, 29-31 Maggio 2013 Supplemento n. 4 alla Rivista degli Studi Orientali*, Nuova Serie, Vol. LXXVIII, Pisa-Roma: Accademia Editoriale, 2007。

[2] A. Andreini, "The Meaning of Qing in Texts of Guodian Tomb No. 1", P. Santangelo and D. Guida (eds.), *Love, hatred, and other passions: Questions and themes on emotions in Chinese civilization, Questions and Themes on Emotions in Chinese Civilization*, Leiden: Brill, 2006, pp. 149-165.

间:汉朝统治下的"怒"》一文。[1]本论文通过分析汉代史料,描述出了一幅刚刚形成五行哲学体系的汉代社会上的情感论画面。贾钦托教授所分析的史料有《春秋繁露》和《白虎通》,他不仅对"怒"的哲学和其意识形态做了解释,而且讨论了"天怒"和人的情感对应问题,其中也涉及王充《论衡》中"怒"的概念的含义。现任教于美国艾姆赫斯特学院(Amherst College, USA)的中国文学教授曾佩琳(Paola Zamperini)的研究范围也属于广义的中国文论研究领域,她在加利福尼亚伯克利分校(University of California, Berkeley)完成的博士论文题目是《晚清小说中的迷失之身、妓女形象和表征》。[2]曾佩琳教授在孔彤纳研讨会所发表的论文为《花的秘密:晚清小说中的爱、梅毒和死亡》(Le secret des fleurs: love, syphilis, and death in Late Qing fiction),论文重点分析晚清小说中性别和情感的关系,将小说空间中获取的身体、情感与对性别的描述置于同一平面加以考察,讨论了晚清意象中"花"与欲望、女性、美丽和死亡之间的复杂关系,这事实上涉及中国小说传统中的一种惯用方法,即用"花"来形容女性身体的美丽、变化和死亡。"花"经常用以描写美丽女子,花朵的"花"和变化的"化"也是同音字,因而借此一方面可形容女性身体的变化,另一方面则形容身体的死亡。

加利福尼亚伯克利大学乔瓦尼·维铁罗(Giovanni Vitiello)博士的研究领域之一是明清两代色情作品和明清非色情小说中的情感表现以及同性恋形象,他提交给会议的论文《一个丑陋的男孩的奇幻之旅:晚明色情小说中的同性恋和救赎》,即探讨了晚明色情小说中的"男同

---

[1] 参照 L. Di Giacinto, "Between Ideology and Rationality: Rage under the Han," P. Santangelo and D. Guida, (eds.), *Love, Hatred, and Other Passions: Questions and Themes on Emotions in Chinese Civilization*, Leiden: Brill, 2006, pp. 345-355。

[2] 参照 P. Zamperini, *Lost Bodies: Images and Representations of Prostitution in Late Qing Fiction*, PhD. Thesis, Berkeley, University of California, 1999。

性恋"与"救赎"之间的关系,该文意在发掘明代小说世界中表达同性恋的特殊方式以及它所包含的意义。[1]

意大利东方大学的巴德尼教授(Paola Paderni)在孔彤纳论坛上发表的论文题目是《"羞忿"的语言:关于18世纪中国女性自杀的进一步思考》(*The Language of Anger and Shame: Further Consideration on Women Suicides in 18th Century China*)。该文分析了清朝时期的《大清律例》和《刑科题本》两种非文学性文本的言语,以此理解"羞耻感"和"愤怒感"在女子自杀中起到的巨大作用。巴德尼有关当时受屈女子心理的研究和哈佛大学的安守廉(William P. Alford)教授从20世纪80年代以来进行的研究观点很相似[2],巴德尼认为在这些律例和刑科文本中所记录的立法官的言语引起了女子的"羞耻感"和"愤怒感",这些言语反映出对女子的一种偏见。巴德尼进一步去分析受屈女子是怎么经历"羞耻"和"愤怒"两种虽然不同但却有密切关系的感情。巴德尼的研究方式完全符合史华罗对"情感论"研究所提倡的研究方式,因为他认为文学材料和非文学材料均可反映出社会的情感世界,同时也有助于进一步去理解文学中的情感世界。从严格的意义上讲,律例文本作为司法所用的材料,记录人员总是按照律例文本体裁的规律来记录人的行为和言语,因此这种文本或多或少都会含有编辑的因素,并意味着律例文本本身和现场所发生的真相是不完全一样的。但另一方面,因为在记录的过程中记录者会自然而然地按照社会集体价值体系来判断人的行为,因而这些文本也会在一定程度上反映出当时的"价值观"以及对情感的态度。

---

[1] 参照 G. Vitiello, "*The Dragon's Whim: Ming and Qing Homoerotic Tales from the Cut Sleeve,*" *T'oung Pao*, No. 78, 1992, pp. 314-373; "The Fantastic Journey of an Ugly Boy: Homosexuality and Salvation in Late Ming Pornography", *Positions*, No. 4(2), 1996, pp. 291-320 和 *Exemplary Sodomites: Male Homosexuality in Late Ming Fiction*, PhD. Thesis, Berkeley, University of California, 1994。

[2] 参照 W. P. Alford, "*Of Arsenic and Old Laws: Looking Anew at Criminal Justice in Late*", *California Law Review*, No. 72(6), pp. 1180-1257。

2003年召开的"东方的激情：亚洲文明中的情感和色情"国际研讨会的参与者中，只有两位意大利学者探讨了中国文学中的"情感论"，他们分别为罗马智慧大学的德保罗（Paolo De Troia）和毕玉玲（Barbara Bisetto），这次研讨会的文章后来均发表在2007年的《东方研究》杂志上。罗马大学德保罗教授的主要研究领域虽然是意大利汉学的历史，并偏重在传教士汉学，但也曾主持过有关中国"情感论"的几项研究。他在本次研讨会上发表的文章题为《清末中国的"爱情"和"激情"：苏州的〈吴门画舫录〉》[1]，该文通过《吴门画舫录》一文中涉及的妓女情感世界分三部分描述来探讨妓女形象、妓女的"心理心态世界"和妓女的社会地位。德保罗收集并分析了《吴门画舫录》一书中涉及情感和心态的那些词汇，并将之置于清末青楼文学的语境中，讨论了清朝时期妓女的情感世界和社会系统以及价值系统之间的关系。德保罗认为清朝青楼文学中对妓女情感世界所作的描写不像西方宫廷文学中的那样浪漫，而是更多地反映出了社会对她们的压迫以及她们内心所承受的痛苦。

我的两篇文章也可以归到中国"情感论"研究范围内，这两篇文章的题目分别为《超自然现象与中国古代公案小说》和《清初公案小说中的"道义观"》。[2]《超自然现象与中国古代公案小说》一文首先介绍了古代公案小说世界中所出现的超自然想象和官员的独特关系，然后借助托多罗夫《奇想——一个文学样式的结构研究》中的"奇想论"来分析超自然现象对"书内"人物和"书外"读者的作用，并由此引起的反应和情感。托多罗夫教授认为文学中的"奇想"源于读者的一

---

[1] 参照 P. de Troia, "Love and Passion in Late Imperial China: the Painted Boats of Suzhou", *Rivista degli Studi Orientali, Nuova Serie,* Vol. LXXVIII, 2007, pp. 83-92。

[2] 参照 L. Benedetti, "The Supernatural and Chinese Crime Fiction", *Asian Journal of Literature, Culture and Society,* Vol. IV, No. 2, 2010, pp. 117-134 和 "Justice and Morality in Early Qing Dyanasty Chinese Crime Fiction: A Preliminary Study", *Ming Qing Studies,* 2013, pp. 17-46。

种"犹豫感",一部作品为了制造出所谓的"奇想"效果,人物也应同时会感受到这种犹豫感。"然而,通过对清末白话公案小说《狄公案》中诡异事件的分析,我认为读者并没有感受任何的'犹豫',这是因为,读者已经惯例性地'接受'了艺人(或作者)为人物所'制作'的世界,这也是由传统公案小说中的主人公和超自然之间关系的特殊规定所决定的,同时也反映出当时民众对待鬼怪等的心理习惯。"文章据此得出结论,中国古代公案小说和西方现代侦探小说最明显的差异是侦探小说有意识地采用诡异事件而制造"奇想",而中国古代公案小说中所出现的超自然现象则产生不了任何"犹豫感",即达不到托多罗夫所说的"奇想"效果。《清初公案小说中的"道义观"》一文则通过对石成金《雨花香》中的第四种《四名冤》和《施公案》两则包含公案因素的清代小说的分析,探讨了公案小说作品中"道义观"的变迁。

兰契奥蒂教授曾经说过,"意大利的汉学研究,在欧洲是最古老,同时也是最年轻的"[1],这句话也可用在作为汉学分支的"中国文论"研究这一范围内。尽管意大利汉学研究的历史悠久,但根据我们所积累的资料看,作为中国文学研究领域中的一个分支,中国文论研究却是在20世纪中期才真正起步的,并受到了18世纪以来中国文学研究发展的重要影响。如上所述,20世纪六七十年代的意大利汉学家给后来的学者在中国文论研究领域中的深入提供了许多可资借鉴的经验,那时的意大利学者不仅采用各种西方文学理论来分析中国文学作品,而且开始关注中国早期现代学者的文学批评和理论。至20世纪七八十年代,意大利的中国文论研究有了很大的发展,最明显的标志就是将研究的范围扩展到中国古代文学理论与批评,一些中国文学理论著作的意大利译本也频频问世。在上述趋势的推进下,20世纪80年代以来意大利学者的中国文论研究遂呈现出斑驳陆离的丰富景观。20世纪90年

---

[1] 参照 L. Lanciotti, "*Breve storia della sinologia. Tendenze e considerazioni*", *Mondo Cinese*, No. 23, 1977, pp. 3-12。

代始，意大利汉学在中国文论与文学思想研究的领域内开始形成自己的特色，尤其是史华罗教授所倡导的"情感论"研究为之提供了新的方向。随着中国"情感论"研究的日益发展与成熟，意大利对中国文论的独特研究方式引起了国际汉学界的瞩目，并极大地促进了中外学术界在中国文学理论研究领域的互动与对话。

汉学视域中的"文论"

——为《海外汉学与中国文论》所撰序

黄卓越[1]

以"海外汉学与中国文论"作为项目的标题,即已显示了我们对自己研究范围与目标的大致限定,更明确一些讲,也就是对海外学者的中国古典文论研究的一种再研究。鉴于近年来国内学界对与此相关的话题表现出日益递进的兴趣,本课题意在通过知识学上的追踪,比较全面地展示出该领域的历史进程,以及穿梭与流动其间的各种大小论题、已取得的主要成就等,并冀望借此而将对之的研究推进一大步。

诚然,正如我们已看到的,像题目中所示的"汉学"与"文论"这样的术语又都不会是一种含义十分确定,并可现成直接使用的概念,而是长期以来便存在着判说上的分歧,进而涉及在具体的学术操作过程中如何把握话题边界等问题,并非可以模糊处之、绕行不顾的。选择怎样的一种命名,或赋予这些命名何种意义,不仅要求充分考虑指涉对象的属性,也同时会取决于研究者对之的认知与态度等。有鉴于此,

---

[1] 黄卓越,北京语言大学人文学院教授,北京师范大学文艺学研究中心研究员。

我们也希望在进入文本的全面展示之前，首先为业已择定的几个关键概念的使用清理出一能够容身的通道，以便在下一步的研究中不再被因之带来的歧解或疑惑所纠缠。

一、为什么是"汉学"

目前我们习惯上使用的"汉学"一语，译自英语"Sinology"。虽然"Sinology"在早期还不是一个涵盖世界各地区同类研究的一个称谓，但至20世纪之后，随着西方汉学日益成为国际学界关注的重心，遂逐渐演变为甚为流行的一个概念，甚至也为东亚地区的学者所接纳。仅就这一概念本身而言，同时如果又将之译成"汉学"，那么至少还会涉及两个不甚明了的问题：一是在西语的语境中，"Sinology"这一概念的最初出现主要反映出了怎样一种意识，并在后来发生了哪些变化？二是为什么在起初便将这一西语名词对译成了"汉学"，而不是译作"中国学"或其他术语，以至于造成了目前对此的各种争议？如果我们能对这两个问题有所解答，并为之梳理出一个可供理解与认同的思路，进而在其间（中外两种表述）寻找到某些合适的对应点，那么也就可以对这一概念的使用做出限定性的解释，并使我们的研究取得一个合理展开的框架。

总起来看，海外对中国的研究进程因地区之间的差异而有迟早之别，如像日本与韩国等的研究就先于欧美等其他地区，甚至可以溯至唐代或唐以前。然而，正如目前学界一般认同的，如将"Sinology"或"汉学"这一近代以来出现的称谓视作一种学科性的标记，则对之起源的考察大致有两个可供参照的依据：一是于正式的大学体制内设立相应教席的情况；二是"Sinology"这一示范性概念的提出与确立。关于专业教学席位的设立，一般都会追溯自法国在1814年于法兰西学院建立的"汉语及鞑靼—满族语语言文学教席"（La Chaire de langues et literatures chinoises et tartars-mandchoues），随后则在英（1837年）、俄（1837年）、荷（1875年）、美（1877年）、德（1909年）等国的大学中也相继开设了类似的以讲授与研究汉语（或中国境内其他语种）及其文献为主的教席。[1]后来的学者在述及各国汉学史的发生时，往往会将这些事件作为"Sinology"（汉学）正式确立的标志，似乎并没有存在太多的疑义。

关于"Sinology"这一术语的缘起，据德国学者傅海波（Herbert Franke）的考订，在1838年首先在法文中出现的是"Sinologist"（汉学家）这一语词，用以指称一种专门化的职业，但尚不属于对学科的命名。[2]作为学科性概念的"Sinology"的流行，另据当时资料的反映当在19世纪六七十年代。[3]尤其是19世纪70年代出现在英文版《中国评论》上的几篇文章，即发表于1873年第1期上的欧德理（Ernest John Eitel）撰写的《业余汉学》（Amateur Sinology）[4]，同年第3期上以"J. C."之名发表的《汉学是一种科学吗？》（Is Sinology A Science）[5]，已明确地将"Sinology"当作学科的用语加以讨论，从而也刺激与加速了这一概念的传播。从欧德理等所述及的内容看，其中一个关键点在于，将已然出现的专业汉学与此前的所谓"业余汉学"区分开来，并通过加后缀"-ology"以使之成为一门在学术体制内能够翘首立足的"学科"。正如几年后在《中国评论》上刊载的一篇题为《汉学或汉学家》（"Sinology" or "Sinologist"，1876）的小文中所述的，经过将法文中的"sinologue"移换为英文中的"sinologist"，研究中国的专家也就可与在其他学科中

---

[1] 关于各国首设教席的时间是参考各种资料后获取的，由于学者们对此教席上的理解（究竟何种算是正式的）并不完全一致，因此也可能存在着出入。

[2] Herbert Franke, "In Search of China: Some General Remarks on the History of European Sinology", Ming Wilson & John Cayley (eds.), *Europe Studies China*, London: Han-Shan Tang, 1995.

[3] Robert C. Childers, "'Sinology' or 'Sinologist'", *The China Review*, Vol.4, No.5, 1876, p.331.

[4] Rev. E. J. Eitel, "*Amateur Sinology*", *The China Review*, Vol. 2, No. 1, 1873, pp. 1-8.

[5] J. C., "*Is Sinology A Science*", *The China Review*, Vol. 2, No. 3, 1873, pp. 169-173.

的专家如"语文学家"(philologist)、"埃及学家"(Egyptologist)、"鸟类学家"(ornithologist)等齐肩而立。[1] 由此可知,在当时,Sinology 也是为将这一领域的研究进行学科性归化而提出来的一个概念(并同时也会带有某种排他性)[2],因此与在大学中设置专业教席的行为是具有同等意义的,它们共同催生了一门新学科的诞生。

从研究的范畴上看,尤其从这些所设教席的名称上便可知悉,"汉学"基本上是以讲授与研究语言文学为主的,如法兰西学院的教席冠以的用语是"语言文学",英国早期几个大学所设的教席也冠以类似的名目,如伦敦大学学院、伦敦国王学院所设的教席是"Professor in Chinese Language and Literature",牛津与剑桥大学等所设的教席称为"Professor of Chinese",其他诸国初设的教席名称大多类似,这也与其时欧洲的东方学研究传统与习惯以及大学基础教育的特点等都有密切的关系。当然对"语言"与"文学"的概念都应当作更为宽泛一些的理解,比如,所谓的"语言"并非单指词汇、语法等的研究,而是更需要从"philology"(语文学)的意义上来知解之。[3] 所谓的"文学"(或"中文"),事实上包括了各种杂多性文类在内的书写文献,毕竟当时在西方也还没有出现现代意义上的"文学"概念,正因如此,后来的学者往往多倾向于将 Sinology 视为一种基于传统语言文献的研究类型。

当然,尽管对形式化标志(教席与名称)的描绘是有意义的,但

---

[1] Robert C. Childers, "'*Sinology*' or '*Sinologist*'", *The China Review*, Vol.4, No.5, 1876, p.331.

[2] 很明显,"业余汉学"这个称谓是带有某种藐视的含义在内的,故也有一些学者提议可将 Sinology 确立以前的汉学称为"前汉学"(protosinology)。

[3] 这既与其时的 Sinology 主要是建立在语文学(philology)与文献研究的基础上,同时也与 19 世纪西方学院系统中的东方学——印欧、闪米特语语言学——分科意识有关。19 世纪中相关的代表性著作可参见 Joseph Edkins, *China's Place in Philology: An Attempt to Show That the Language of Europe and Asia Have A Common Origin*, London: Trubner & Co.,1871, 对 philology 在 19 世纪时的含义及后来语义的缩减与变化则可参见 René Wellek & Austin Warre, *Theory of Literature*, Third Edition, San Diego: Harcourt, Brace & World, 1956, p.38.

落实到具体的研究实践中,情况却要复杂得多。在"中国学"这一学科概念尚未确立之前,或者说在被笼统地概称为 Sinology 的时代,有几种混杂或边界并不确定的现象也务须注意到。其一是尽管汉语文献的确已成为此期研究的主要对象,但跨语种的研究始终存在于"Sinology"这一名目下,这当然也与"Sino-"的指称范围有关。[1] 19 世纪前(即"前汉学"时期)来华传教士如张诚、白晋、钱德明等兼擅几种境内语言的事例似不必多提,即便是法国的第一个汉学教席也是取鞑靼语、满语与汉语并置设位的,座主雷慕沙(Abel Rémusat)及其哲嗣儒莲(Stanislas Julien)等的著述均反映出了对多语系的熟练掌握,而 19 世纪至 20 世纪前半期擅长数种"中国"境内(周边)多语种的汉学家更是不可胜数。[2] 二是跨时段的研究,这是指在对传统古典文献的研究之外,海外对中国当时国情的研究也不乏其著,这在下文还会提及。三是跨体制的研究,即便是在强势性的"专业汉学"概念初步确立之后,所谓的"业余汉学"并未由此消失,而是仍然在相当长的一个时期中占有重要的地位,有些成果也达到了很高的学术水准,这种趋势至少延续到 20 世纪 30 年代。既然如此,"Sinology"尽管会被赋予一个相对确定的含义,但也会呈示出边界的模糊性,尤其是因为存在着跨语种(同时也是跨种族)研究的现象,当我们将"Sinology"转译为"汉学"这一看似含有确定族性特征的对应语时,的确很难不遭人诟病,并使这一译名从一开始

---

[1] "Sino"的词源近于"Sin""Sinae"等,而对后面这些名称的考订可见卫三畏的著述,均属对总体上的中国区域的一个名称,尽管会以汉人为主体。S. Wells Williams, *The Middle Kindom*, New York: Charles Scribner's Sons, 1883, pp. 2-4。

[2] 此处需要注意的是,因为这些研究多半仍投射到对中国的研究中,因此大多数当时的研究者并没有将自己多语种的研究划分为"汉学""满学""蒙古学""藏学""西夏学"等不同的学科区域,中国境内由各少数民族语言形成的所谓"××学"的独特性及与汉学的分限始终都是含混不清的。

便带上了难以遽然消弭的歧义[1]，以故，后来的学者提出了用"中国学"这一称谓来更正中译"汉学"一语的不足。

关于另一相关概念即"中国学"的称谓，日本近代以来有"东洋学""支那学"等提法，在研究范围上含摄古今，其中，至少"支那学"是可对应于"中国学"的。支那学的出现不仅反映出日本学界试图对中国的一种重新认识，也与方法论模式的转换有一定关系。与此同时，中国学界在20世纪40年代之前，也存在着常用"中国学"指称海外同类研究的现象，与当时用的"汉学"概念之间并无严格的区分。然而对于西方出现的"Chinese Studies"，国内多直译为"中国学"，并一般将之归功于"二战"后以费正清为代表的"美国学派"的发明，视为一种新范式的开端，并以为可借此更替具有欧洲传统特色的"Sinology"的治学模式。毫无疑问，Chinese Studies的出现所带来的学术变化是可以通过梳理勾勒出来的，但是如果限于笼统的判断，也会引起一些误解。比如说，一是，所谓的将中国的研究从汉民族扩展至对整个国家地域的囊括，这点其实在我们以上描述20世纪40年代之前"Sinology"的概况时已有辨析，并非为新的范式所独据，而早期费氏等人在研究中所凭借的也还主要限于汉语文献（甚至于不比早期"Sinology"的研究范围更广）。二是，所谓的将对当代中国的政治、经济和社会等开始纳入到研究的视野之中，这其实也如上述，是19世纪西人中国研究本有的范畴，无论那些大量印行的旨在描述与研究中国政体、商贸、交通、

---

[1] 关于使用"汉学"来对称国外的研究，日本学者高田时雄在《国际汉学的出现和汉学的变容》一文中认为，可能最初与王韬在《法国儒莲传》中将儒莲的《汉文指南》（*Syntaxe Nouvelle de La Langue Chinoise*）误译为《汉学指南》有关。原文见《中国——社会和文化》第17号，2002年，第18—24页。但我认为将这一事件确定为"汉学"通行的依据，会有偶证之嫌，更有可能是受到日本等用名的影响，日本（包括韩国）在早期都习惯用"汉学"或"汉文学"来称呼对中国古籍的研究，也是从他者的位置出发对中国研究的一种表达，并又多集中在汉语文献上。而在中国国内，约至19世纪20年代以后，用"汉学"指称海外研究的说法也已逐渐流行，至19世纪40年代则愈趋普遍，并出现了莫东寅的综合性著述《汉学发达史》。

农业和外事等的著述,即便是从19世纪来华人士所办的外文期刊如《中国丛报》《中国评论》《皇家亚洲文会会刊》等中,也可窥知西人对这些实践领域所持的广泛兴趣了。以此而言,要想将"Chinese Studies"与"Sinology"做一时段与内涵上的分明切割,是存在着一定困难的。美国战后新兴的中国学的最主要贡献,或更在于其将对近代以来中国社会诸面向的研究移植进了学科的体制之中,从而打破了以传统文献研究为主要旨趣的"Sinology"在体制内长期称雄的格局,而此也正好接应了当时在美国兴起的社会科学理论(同时既称为"科学",又称为"理论"),并借此而获得了一些新的探索工具。

即使如此,我们也需要再次注意到的是,"中国学"这一范式的最初构建仍是携有强烈的实用化动机的,又多会偏向于在特定的"国家"利益框架下选择课题,从而带有"国情"研究甚至新殖民研究的一些特点。[1]早期日本著名支那学专家如白鸟库吉、内藤湖南等的研究同样未能免脱这一思路,并非就可以不加分析地可以称为一种"科学"的研究。当然,"中国学"也一直处于自身的模式转换之中,因此我们也需要进一步关注这一连续体在不同时期发生的各种重大变动。[2]与此同时,虽然"中国学"所造成的影响已于今天为各国学者所认同与步趋,但并不等于说"Sinology"就随之而消隐至历史的深处,尤其在人文学科中,不仅这一命名仍然为当代许多学者所频繁使用,而且如做细致的窥察,也能见其自身在所谓的"中国学"范畴以外,仍然沿着原有轨道往下强劲延伸的一条比较清晰的脉络,并在经历了多次理念上的涤荡与方法论上的扩充之后,一直延续到了今日。就此而言,在比较确定的层次上,也可将延续至今的以传统语言文献资料为基础的有关

---

[1] 对此新殖民话语模式的一种透彻分析,也可参见 Tani E. Barlow, "Colonialism's Career in Postwar China Studies", *Positions: East Asia Cultures Critique*, Vol.1, No.1, 1993。

[2] 前一阶段已发生的变化可参见黄宗智:《三十年来美国研究中国近现代史(兼及明清史)的概括》,《中国史研究动态》1980年第9期,该文已将之厘为三个阶段。

中国的研究,继续称作"Sinology"。[1]当然,有时它也会与"Chinese Studies"的治学模式含混地交叠在一起,尤其是在一些史学研究领域中。

由上述可知,"Sinology"这一命名,至少会与"Chinese Studies"、中译语的"汉学"、中译语的"中国学"这三个概念存在着意义上的纠葛关系,四者之间均很难直接对应,尽管语义上的缝隙仍有大小之别。中国学者也曾于这一问题上多有分辨,并提出过一些建设性意见,但就目前来看,还是无法达成统一的认识,这多少也是由概念史本身的复杂性所造成的。在此情形之下,相对而言,也按照已经形成的惯例,将"Sinology"译成"汉学",并与"Chinese Studies"或中译语的"中国学"有所区别仍是一种最为可取的方式。在这样一种分疏之下,鉴于本项目所针对的是海外学者的中国传统文论研究,而海外的这一研究针对的又是汉语言典籍(不涉及境内的其他语种),因此即便是从狭义汉学的角度看,也不会超出其定义的边界,不致引起太多的误解。再就是,本项目涉及的这段学术史,除了依实际情况会将20世纪以来的研究作为重点,也会溯自之前海外学者对中国文论的一些研究情况,至少在早期的语境中,西方的这一类研究尚处在"Sinology"的概念时段之中,因此以"汉学"来指称之也是更为妥帖的。这也如同即便我们允许用"中国学"的术语来统称其后发生的学术活动,但用之来表述20世纪前的研究,则无疑还会是甚为别扭的。

---

[1] 关于"Sinology"的名称与含义变化,汉学家中许多学者都发表过自己的看法。举例而言,瑞典学者罗多弼(Torbjorn Loden)在《面向新世纪的中国研究》一文中认为,汉学这一名称的界定范围是有变化的,也可宽可窄,参见萧俊明:《北欧中国学追述(上)》,《国外社会科学》2005年第5期,第63页。又如德国学者德林(Ole Dörning)在《处在文化主义和全球十字路口的汉学》中认为,我们可以根据不同情况使用Chinese Studies与Sinology这两个不同的概念,而Sinology是可以在一种特殊的语境中被继续使用的,参见马汉茂等编《德国汉学:历史、发展、人物与视角》,李雪涛等译,郑州,大象出版社,2005年,第52—53页。

二、什么样的"文论"?

"文论"这一概念同样带有较大的不确定性,这既是因为"文学"与"文论"的语义均是处于历史变动之中的,也是因为对"文论"的理解也会因人而异有不同的解说。

"文学"概念的变化似不需要在此详加讨论了,而"文论"概念的变化,如不是限定于目前既有的名称,而是从更大的学科谱系上来看,就中国而言,根据我们的考察,大体经历了以下几个命说的阶段:第一阶段是古典言说时期,略称为"诗文评",这一名称的使用始于晚明焦竑的《国史经籍志》、祁承㸁的《澹生堂藏书目》,后被《四库总目(提要)》列为集部中一支目之后,使得过去散佚在分类学系统之外的各种诗话、文则、品评、论著和题解等有了一个统一的归属,尽管收录难免有些庞杂,然而也大致显示了试图为传统相关领域划分与确定畛域的某种意识。第二阶段是现代言说时期,以陈钟凡1927年的《中国文学批评史》为公认的标志,始而通用"批评(史)"的命名,后如郭绍虞、罗根泽、朱东润、方孝岳、傅庚生等民国间该领域最有代表性的学者也均是以这一概念来冠名自己的著作的。"批评"的术语似延续了古典言说时期的部分含义,但正如陈钟凡所述,实源自西语中的"批评"[1],因此在使用中也必然会注入西方批评学的主要理念,如将散佚的知识进行系统化、学理化的归纳与整合,在"批评"概念的统一关照与指导下将来自各文类的、更为多样的文学批评史料纳入其中,并同时排除掉那些在诗话等中的非文学性史料[2],以现代的思维方式重新梳理与评述传统知识对象等,由此将批评史打造成一有自身逻辑体系的新的

---

[1] 陈钟凡:《中国文学批评史》,南京,江苏文艺出版社,2008年,第5页。

[2] 这种意识也见诸朱自清评罗根泽的一段论述:"靠了文学批评这面明镜,照清楚诗文评的面目。诗文评里有一部分与文学批评无干,得清算出去;这是将文学批评还给文学批评,是第一步。……"《诗文评的发展》,《朱自清全集》(三),南京:江苏教育出版社,1996年,第25页。

学科范式。第三阶段,大约从 20 世纪 40 年代始萌蘖并历经一较长过渡,至 80 年代初而最终确立了以"文论"("文学理论")为导向性话语的当代言说系统[1],"文论"或"文学理论"遂成为学科命名的核心语词,这也与西方同一领域中所发生的概念转换趋势是可衔接的。与此理论性的冲动相关,一方面是大量哲学、美学的论说被援入体系的构建中,甚至将之作为支撑整个体系性论说的"基础";另一方面是不断地从相关史料中寻绎与抽取理论化的要素,使之满足于抽象思辨的需要。受其影响,该期对传统对象的研究也一般都会以"文论史"的概念来命名之。相对于批评史而言,"文论"的概念也会带有更强的意义上的受控性与排他性,从而使得过去被包括在"批评史"范畴下的许多史料内容进而被删除到言说系统以外。

由以上梳理可知,文论或文论史概念的确立,并非就是沿批评与批评史的概念顺势而下,可与此前的言说模式无缝对接,而是包含有新的企图,即从批评史的概念中分身出来,并通过扩大与批评史之间的裂隙,对原有的学科进行再疆域化的重建。关于这点,中西学者都有较为明确的意识,并曾为此提出过一套解释性的框架。在罗根泽 20 世纪 40 年代出版的《中国文学批评史》"绪言"中,撰者以为从更完整的视野上看,西语的"criticism"不应当像此前国人所理解的只有"裁判"的意思,而是应当扩大至包含有批评理论与文学理论,若当如此,我们也就有了狭义与广义两套关于批评的界说,而广义的界说是能够将狭义的界说涵容在内的。[2] 以此而复审中国传统的文学批评,从总体上而言,当将之视为广义性的即偏重于理论的造诣,以故,若循名质

---

[1] 对这一过渡情况的描述与探讨可参见黄卓越《批评史、文论史及其他》,《黄卓越思想史与批评学论文集》,北京,北京语言大学出版社,2012 年。

[2] 罗根泽:《周秦两汉文学批评史》,上海,商务印书馆,1947 年,第 3—6 页。罗著《中国文学批评史》最初为人文书店梓行于 1934 年,然而只有一个简短的"绪言",未全面论述其对"批评"与"批评史"的意见,后所见长篇绪言则始刊于 1947 年重梓本,其时是以分卷形式出版的,该书正题为《周秦两汉文学批评史》,副题曰"中国文学批评史第一分册"。

实,便应当将"批评"二字改为"评论"。[1] 很显然,罗根泽的这一论述已开始有意地突出"理论"的向度,但为遵循旧例,仍选择了"批评"的概念命其所著。

在西方,对后期汉学中的文学研究产生较大影响的有韦勒克、艾布拉姆斯等所做的分疏,这自然也与此期西方开始从前期的各种"批评"转向热衷于"理论"的趋势密切有关。在1949年出版的《文学理论》(*Theory of Literature*)一书中,韦勒克即将"文学理论"看作一种区别于"文学批评"的智力形态,并认为在文学研究的大区域内,"将文学理论、文学批评与文学史三者加以区分,是至为重要的"。[2] 他后来撰写的《文学理论、文学批评和文学史》(*Literary Theory, Criticism and History*)一文,又再次重申了理论的重要性,认为尽管理论的构建也需要争取到批评的辅助,但换一个视角看,"批评家的意见、等级的划分和判断也由于他的理论而得到支持、证实和发展"[3],为此将理论视为隐藏在批评背后的另一套关联性原则,具有统摄批评的作用。艾布拉姆斯的观点与韦勒克相近,但他在这一问题上的着力点则是试图阐明"所有的批评都预设了理论"[4],即前辈们所完成的各种批评著述,都是隐含了某种理论结构的,以故,我们也可以借助理论来重新勾勒出这些批评活动的特征,或统一名之为"批评理论",从而进一步将理论的价值安置在批评之上。沿着这一思路,我们可以看到,20世纪70年代刘若愚在撰述其声名甚显的《中国文学理论》(*Chinese Theories of Literature*)

---

[1] 罗根泽:《周秦两汉文学批评史》,上海,商务印书馆,1947年,第8—10页。

[2] René Wellek & Austin Warre, *Theory of Literature*, Third Edition, San Diego: Harcourt, Brace & World, 1956, p. 39.

[3] René Wellek, *Concepts of Criticism*, New Haven: Yale University Press, 1963. 可参见中文译本雷内·韦勒克《批评的概念》,张今言译,杭州,中国美术学院出版社,1999年,第5页。

[4] 《艺术理论化何用?》,M. H. 艾布拉姆斯《以文行事:艾布拉姆斯精选集》,赵毅衡等译,南京,译林出版社,2010年,第47页。而这样一种鲜明的主张自其1953年撰述《镜与灯:浪漫主义文论及批评传统》即已形成,并在后来一再强调与补充说明之。

一书时，在讲述其著作的构架时便明确地表示同时参照了韦勒克与艾布拉姆斯的学说，以为可根据韦勒克的建议，在传统通行的两分法的基础上（文学史与文学批评），再将文学批评分割为实际的批评与理论的批评两大部分，从而构成一个三分法的解说框架。[1]根据艾布拉姆斯的意见，"将隐含在中国批评家著作中的文学理论提取出来"，以形成"更有系统、更完整的分析"[2]，这也是他将自己的论著取名为"文学理论"而不是"文学批评"的主要理由。与刘若愚发布上述论述差不多同时，在西方汉学的多个领域中出现了以理论为研究旨趣的强劲趋势，无独有偶，中国国内的研究也正式迈入了一个以大写的"文论"为标榜的时代。

然而从历史的进程来看，"文论"（文学理论、文学理论史）也还主要是一迟延性的概念，并非一可以包含从起始至终结，以至永久不变的全称性定义。在历史谱系中曾经出现的每一个定义，不仅均显示了其在分类学上的特殊设定，而且也指向各有所不同的话语实践。尽管某种"理论性"也许会像一条隐线那样穿梭在诸如"诗文评"或"文学批评"等的历史言说中，以至我们可以将之提取出来，并权用"文论"的概念去统观这段更长的历史，然而也如上所述，这种"理论性"依然是被不同的意识、材料与规则等组合在多种有所差异的赋名活动中的，由此也造成了意义的延宕，这也要求我们能以更开放的姿态去怀抱时间之流推向我们的各种特殊的"历史时刻"，以及在此思想的流动过程中发生的各种表述，这既是指原发性的中国文论，也是指汉学系谱中对中国文论的研究。

此外，从研究的实况看，大约自20世纪90年代开始，无论是国内学界还是国际汉学界，在相关领域中又出现了一些新的变化。以国内为例，像"文学思想史""文学观念史""文化诗学"等概念的相继提出，均意在避开原先"文论"概念所划定的区域而绕道以进，其中也涉及

---

[1] 刘若愚：《中国文学理论》，杜国清译，南京，江苏教育出版社，2006年，第1、2页。
[2] 同上，第5页。

如何在多重场域中重新勘定文论边界等问题。在新的研究理念中，这些场域被看作或是可由思想史，或是可由观念史与文化史等所形构的，它们当然也是被不同的理解方式建立起来的。如果我们承认有"文学思想"（literary thought），或"文学观念"（literary idea），或"文学文化"（literary culture）等更具统合性场域的存在，那么也就意味着在这些视域的探索中可以重组引起定义的关联性法则。其中之一，比如，也可以至文学史及其作品中去寻找各种"理论"的条理。事实上我们也很难想象，绝大部分文学作品的生产是可以不受某种诗学观、文论观的影响而独立形成的，文学史与批评史、文论史的展开也是一个相互提供"意识"的过程，因而至少在文学作品中也同样会隐含有关文学的思想、观念与文化理念等。[1]甚至也有这样一种情况，如宇文所安所曾指出的，像曹丕的《论文》、欧阳修的《诗话》，以及陆机的《文赋》、司空图的《二十四诗品》等本身便是文学作品。[2]按照这样一种理解，也就可以突破以批评史或文论史"元典"为限的分界，将从文学史文本中去"发现文论"的研究，并一并纳入文论研究的范围。再有一种新的趋势，便是当学者们试图用某种理论去审视传统的文献资源（sources）时，也有可能以这种方式去重构对之的规则性解释，即将历史资源再理论化或再文论化。这里涉及的理论可以是文学研究系统中的如新批评和叙

---

[1] 关于这点，前已为马修·阿诺德所述，参见 Matthew Arnold, "The Function of Criticism at the Present Time", *Essays by Matthew Arnold*, London: Humphrey Milford, Oxford University Press, 1925。也可参见宇文所安的解释，"……每一伟大作品皆暗含某种诗学，它总是以这种或那种方式与某一明确说出的诗学相关（如果该文明已形成了某种诗学的话），这种关系也会成为该诗作的一部分。"他又说："文学作品和文学思想之间绝非一种简单的关系，而是一种始终充满张力的关系。"Stephen Owen, *Readings in Chinese Literary Thought*, Boston: Harvard University Press, 1992, p. 4. 中译文可参见 [美] 宇文所安著《中国文论：英译与评论》，王柏华、陶庆梅译，上海：上海社会科学院出版社，2003年，《导言》第 2—3 页。

[2] [美] 宇文所安：《中国文论：英译与评论》，王柏华、陶庆梅译，上海，上海社会科学院出版社，2003年，《导言》第 12—13 页。

事学等,也可以是某些文化理论如性别理论、书写理论、媒介理论和翻译理论等,后者之所以能够被移植入文学或文论的研究中,是因为存在着一个"文本"("文")的中介,而文本又可被视为是某种"想象性"构造的产物。这种"建构文论"的方式在习惯了实证模式的眼睛中或许显得有些异类,但其实有一大批中国传统文论也是据此而形成的,其结果也使得文化理论与文学理论的边界变得越发模糊了。

正是由于这些新的学理观的出现,"文论"的本质主义假设受到了来自多方的挑战。在20世纪90年代之后的汉学领域中,为严格的学科化方式所界定的文论研究已开始渐次退位,由此也打开了一个重新识别与定义文论的协调空间。一方面是文论越来越被置于其所产生的各种场域、语境之中予以考察,另一方面是对理论的诉求也在日益递增,从而将我们带入了一个以后理论或后文论为主要言述特征的时代,或许,可以称为文论研究的第四期。既然如此,同时也是兼顾整个概念史的演变历程,便有必要调整我们对"文论"的界说,以便将更为多样的实验包含在项目的实施之中。为了遵循概念使用上的习惯,当然仍旧可以取用"文论"这一术语,但我们所意指的已经不是那个狭义的、为第三阶段言说而单独确认的"文论",而是包容此前或此后的各种话语实践,并可以多层次方式加以展示的广义的文论,尽管根据实际的情况,前者仍然会是一个被关注的焦点。

而正是在疏通了以上两大概念的前提下,我们才有可能从容地去从事下一步的工作……

三、附带的说明

本课题初议之时,即幸获教育部重点研究基地北京师范大学文艺学研究中心的大力支持,并经申报列入部属重大科研项目之中。我们希望在一个全景式的视域下展现海外中国文论研究的丰富面相,并为之而设计成三个研究单元：欧洲卷、东亚卷、英美卷，分别由张哲俊教授、方维规教授与我担纲主持，在统一拟定的框架下各行其职，分身入流。

就几大区域对中国传统文论研究的历史来看，东亚（主要是日本与韩国）无疑是最早涉足其中的。中国、日本与韩国等均处在东亚文化交流圈中，这种地域上的就近性给日、韩等对中国文论的研究提供了先行性的条件，即便是在20世纪之后，东亚诸国的研究出现了融入国际的一些趋势，但仍然会受其内部学术惯性的影响与制约，而形成一独具特色的谱系。随后出现的是近代欧洲汉学及其对中国文学、文论的研究，将这一大的地理板块视为一个整体，也是一般所常见的，似无须多加论证，但同时因各不同国家的学术研究以及知识形态也会受到自身语言、机制等方面的规定性限制，多会保留自有的一些特点，并呈现出多系脉并发的路径。英国的汉学与文论研究，从主要的方面看，在最初是嵌入在欧洲这一知识与文化共同体之中的，特殊性并不是特别明显，然而由于20世纪之后北美汉学的崛起，两地在语言上的一致及由此引起的频繁沟通，遂为后者所部分地裹挟，从一个粗略的框架上看，也可将两地区的研究置于一起梳理，以上即我们进行各卷划分与内部调配的主要根据。与此同时，正因各大区域之间在文论研究方面存在的种种差异，各分卷主编在设计其编写规划时，也会有自己的一些考虑，并非要求在步调上完全一致。当然，本书的撰写，也受到一些客观条件，尤其是语种上的约束，尽管我们也邀请到了目前在意大利、德国、法国与韩国等地的一些学者参与到项目的撰写中，却无法将所有地区与国家的研究都囊括于内，但遗缺的部分毕竟是有限的。

汉学研究作为一种"他者"对中国的研究，即便是在一般性知识组织的层面上，也会呈示出与中国的本土性研究有所不同，或差异甚大的特点，也正因此，给我们带来的启发必将是十分丰富的。关于这点，许多国内学者都已有大量的阐述，可略而不论。然而，如果对这一形态做更深入的思考，则又会触及一文化与知识"身份"的问题，有一道几乎是与生俱来的首先是身体上然后是观念等的界分，规定了这些异域的学者在对"中国"这一外部客体加以凝视时所取的态度，在许多情况下，这些态度又是潜伏于意识深处，并需要借助自反性追踪才有可能发现。而我们对之所做的研究也不例外，等于是从"界"的另一端，再次凝视异方的他者，由此而成为另一重意义上的，也是附加在前一个他者之上的他者。像这样一些研究，要想彻底担保自身研究的正确性与权威性，并为对方所认可，显然是会存在着一定困难的，即使是在貌似严整的知识性梳理之中，也免不了会带入某种主体的习性。但是，如果将理解作为一种前提，那么两个他者之间也可能产生一种目光的对流，在逐渐克服陌生感与区隔感之后，于交错的互视中取得一些会意的融通，这，或许也是本项目所期望攫取的另外一点效果吧！是以为记。

青年园地

试论中西比较视野下的"抒情传统"论述之局限与阐释空间

黄雨伦[1]

[摘　要] 陈世骧提出的"抒情传统"论述脱胎于比较文学框架，不能摆脱中西比较实际是以西方为中心的内在痼疾，若以抒情来构建文学史，其单一线性的叙事会遮蔽中国古典文学的多元性和复杂性，但我们也不应忽略这一论述的巨大阐释能量。不同于"五四"的"语文学"考据方法，"抒情传统"论述重视主体的美感经验，通过细读的方法，另辟了一种学术化研究古典文学的可能性。而陈国球、王德威对"抒情传统"的重提，则暗含了他们对现代性这一阐释学出发点的坚持。

[关键词] 抒情传统；现代性；古代文学；中西比较；"五四"

---

[1] 黄雨伦，北京师范大学文学院文学博士研究生。

在大陆以外的中国古典文学研究领域，陈世骧可谓是个脍炙人口的名字，在台湾一地，尤其任教于加州大学伯克利分校东方语文学系的他，1958年赴台湾大学发表系列演讲，这些演讲后整理发表，在台湾流传甚广，影响深远，[1]为台湾的古典文学研究开辟了新天地。而他的"中国抒情传统论"，作为中国古典文学传统的一个有力诠释，更是在1971年甫一提出，就在北美、港台等地造成巨大影响，相关研究名家辈出。然而"中国抒情传统论"却在大陆遇冷，这并不是缺乏介绍的缘故，早在1998年，辽宁教育出版社就出版了由陈子善专门增订的《陈世骧文存》，却没有引起太大反响。大陆学界无论是在方法论还是意义取向上，都和"抒情中国论"有所隔膜，缺乏了解意愿，直到2006年，情况才稍有改变。是年，哈佛大学王德威应陈平原之邀在北京大学做了题为《抒情传统与中国现代性》的短期讲座，讲座内容后由生活·读书·新知三联书店整理出版。在讲座中，王德威将"抒情"视为文学在"启蒙"与"革命"叙事之外的另一条脉络，尝试把"抒情传统"和"现代性"结合在一起讨论。"现代性"可谓当代学术中的"显学"，王德威的论述一石激起千层浪，许多学者纷纷发表文章进行讨论。颇可值得玩味的是，参与讨论的学者大多都是中国现代、当代文学出身，古代文学界依旧对"抒情传统"不予置评，仿佛该论述是不值得讨论的旁门左道，但无论如何，王德威都成功地让人们注意到了抒情传统影响下的种种研究成果。生活·读书·新知三联书店近年来连续出版《抒情之现代性——"抒情传统"论述与中国文学研究》和陈世骧《中国文学的抒情传统》等文集，辑录了大量文献，向我们展现"抒情传统"论述谱系的渊源与发展，十分可贵。本文的讨论主要集中在陈国球、王德威

---

[1] 1958年陈世骧在台湾大学所做演讲以《时间与节律在中国诗中之示意作用》《试论中国诗原始观念之形成》《中国诗之分析与鉴赏示例》《宋代文艺思想之一斑》为题，这些演讲中第一篇收录史语所集刊发表，第三篇刊载于夏济安主编的《文学杂志》，流传甚广，后又收入该杂志的论文选集《诗与诗人》，影响持久。

编的《抒情之现代性："抒情传统"论述与中国文学研究》一书，旨在领会陈国球、王德威重提"抒情传统"背后的诉求，辨析中西比较视野下"抒情传统"论述的局限和阐释空间。

一、中西比较及其内在痼疾

不论是中国的现代性，还是中国文学的现代性，都是在西方的参照下发生的，这一点大概无人非议。将中国故有的一切都拿来和西方比较一番，评判优劣长短，是一时之风气，甲午海战后愈发激化，文学上的比较也不例外。1906年，王国维在《文学小言》中论述道：

> 上之所论，皆就抒情的文学言之（《离骚》、诗词皆是）至叙事的文学（谓叙事诗、诗史、戏曲等，非谓散文也），则我国尚在幼稚之时代。元人杂剧辞则美矣，然不知描写人格为何事。至国朝之《桃花扇》则有人格矣，然他戏曲殊不称是，要之不过稍有系统之词而并失词之性质者也。以东方古文学之国而最高之文学无一足以与西欧匹者，此则后此文学家之责矣。[1]

此处王国维将抒情的文学与叙事的文学对举，并和西欧比较，认为中国缺乏叙事文学，语间颇有恨铁不成钢之意。时人对"抒情传统"多有批评，其中最重要的一条就是认为"抒情"是从西方 lyric 而来的概念，并非产自本土。陈国球考证反驳，"抒情"一词古已有之，并非晚近的"拿来"之物。[2] 可必须指出的是，语词本身在典籍中出现，并不足以证明古人是在今人的意义上使用这个词的。陈世骧、高友工以

---

[1] 王国维：《王国维遗书·静安文集续编》第3册，上海，上海古籍书店，1983年，第630页。
[2] 参见陈国球：《"抒情"的传统》，陈国球、王德威《抒情之现代性："抒情传统"论述与中国文学研究》，北京，生活·读书·新知三联书店，2014年，第16—23页。

及他们的后来者,将"抒情"和"叙事"作为相对应的一组范畴来使用,前者重在主体情感表达,后者重在对客观世界与事件的描述,这种用法是相当晚近之事,可以追溯至王国维,正是在他之后,这对范畴开始被广泛使用,如陈独秀在《文学革命论》中倡导"建设平易的抒情的国民文学"和"建设新鲜的立诚的写实文学"[1]等用法,就是抒情/叙事的一组变体。而王国维对中国文学多抒情少叙事的判断也被后人接受,胡适《建设的文学革命论》中就发表了类似看法,认为中国文学体裁不够完备:"韵文只有抒情诗,绝少纪事诗,长篇诗更不曾有过。戏本更在幼稚时代,但略能纪事掉文,全不懂结构。"[2]

如前文指出的那样,这种以西方为参照评判中国传统文学的做法,在当时西学东渐的背景中,蔚然成风,并于"五四"达到高点。纵观"五四"一代的思想,不论"德先生""赛先生",还是不断和西方文艺复兴进行比照的白话文运动,都未能脱离中西文化比较的框架,可以说,"中西比较"是彼时中国学人思考问题时一个共享的背景。西方文明既是一面镜子,又是强健的他者,一个西强中弱的不平等格局,暗含在中西比较之中。陈世骧作为"五四"后的晚辈学者,加之旅美华人的身份,让他难逃这种思维模式。1971年,在美国亚洲学会上,陈世骧为比较文学小组致开幕词,正式提出了"中国的抒情传统"。在开幕词《论中国抒情传统》一文中,陈世骧处处将"中国文学"与"欧洲的文学"进行对比:"与希腊自公元前10世纪左右同时开展的中国文学创作,虽然毫不逊色,却没有类似史诗的作品。这以后大约两千年里,

---

[1] 陈独秀贬低诗的排律,认为是"此等雕琢的阿谀的铺张的空泛的贵族古典文学""不过涂脂抹粉之泥塑美人","与吾阿谀夸张虚伪迂阔之国民性,互为因果。"因而"今革新政治,势不得不革新盘踞于运用此政治者精神界之文学"。言下之意,即是在文学上寄托了某种改变时代风气的政治愿望。参见陈独秀:《文学革命论》,《陈独秀文集》第1卷,北京,人民文学出版社,2013年,第205页。

[2]《建设的文学革命论》,《胡适文集》第2卷,北京,北京大学出版社,1998年,第55页。

中国也还是没有戏剧可言。"[1]陈世骧认为中国无戏剧也无史诗,缺乏叙事文学,他对古典文学的观感,与王国维、胡适并无太大差别,但与胡适认为"韵文只有抒情诗"是一种缺憾不同,陈世骧极力宣扬中国抒情诗所达到的成就,将其当作"中国文学的荣耀",试图借此确立中国文学不同于西方传统的独特性。并且,陈世骧扩展了"抒情"概念,让其超越作为类型的"抒情诗",成为流淌在中国文学内部源远流长的传统,可以涵盖诗歌、散文、小说、戏曲各种文类的精神特质。陈世骧的主张中有一份野心:他不再以中国所短,衬西方所长,而是试图通过建立中国文学自身叙事和价值取向,来摆脱国人对"中国文学"始终低人一头的焦虑。考虑到这样的动机,陈世骧选择"抒情"话语,不可谓不是一种策略:"抒情"话语既囊括了中国文学相对西方文学而言的不同之处,但其对"个人"存在和情感价值的强调,又内在于浪漫主义的遗产之中,与西方现代思想相关联。

陈世骧的"抒情传统"脱胎于中西比较框架,便于中国文学得到西方世界的理解与接受,但问题也恰恰在这里:能被理解、肯定与接受的,不是全部的中国古典文学,相反,只有当古典文学可以被"抒情化"、具有某种"抒情性"时,它们才能在这一谱系中获得一席之地:"赋中若有些微的戏剧或小说的潜意向,这意向都会被转化,转成抒情式的修辞。""所谓的元曲、明传奇,乃至清昆曲,每一部不都是由数以百计精妙的抒情诗堆成的作品吗?"[2]赋和传奇这样传统文体的接受都要依赖于向"抒情"进行转化,否则便会被排斥在这个体系的外部,"抒情传统"视野下的古典文学史具有如此的排他性,其所遭到的诟病自然可想而知。

颜昆阳的《从反思中国文学"抒情传统"之建构以论"诗美典"

---

[1] 陈世骧:《论中国抒情传统》,《抒情之现代性:"抒情传统"论述与中国文学研究》,北京,生活·读书·新知三联书店,2014年,第46页。
[2] 同上书,第47—48页。

的多面向变迁与丛聚状结构》和《从混融、交涉、衍变到别用、分流、布体——"抒情文学史"的反思与"完境文学史"的构想》两篇文章，可谓是从古典文学尤其文学史角度反思"抒情传统"的重要论述。颜昆阳认为，抒情传统论述使中国人认识到自身文学的独特价值，在其诞生之初发挥过重大作用，但中西比较的框架，却有自身不可避免的痼疾。一是概念的公用，导致概念的混乱和膨胀，陈世骧未做任何分辨，就将"情"扩展成一个无所不包的范畴，对应于西方主体性概念，而实际上在中国文化中，情并不可以囊括"性、心、识、意、志、才、情、欲等"次范畴。[1]这种笼统抹除了传统中"诗言志"与"诗缘情"的差异，引发了后来学者如蔡英俊、吕正惠的批判与修正，但"情"字的概念，却始终未被界定。二是比较本身的正当性问题，"抒情"特质自比较文学而来，当脱离中西比较框架时，抒情还能否被视作中国文学的本质？这种质疑逐渐深化为对比较文学本身的质疑：每一个民族国家的文学都是相对独立存在的，而所谓比较，总是难逃以一特殊民族国家之文学为放之四海而皆准的标准去衡量其他国族的相近文学，造成"不对等的价值判断"，[2]文学史是否可以围绕这种不对等的价值进行建构？在颜昆阳看来，从"抒情"出发建构文学史，势必会造成对中国文学中其他重要线索的遮蔽，形成"单一线性文学史观与孤树状文学结构图式"。[3]

颜昆阳从文学史的建构这一角度，对"抒情传统"进行高屋建瓴的批评，这和国内许多学者从后殖民的角度出发，批判在抒情传统论述中存在的所谓"西方理论话语霸权"不谋而合。在这些批判中，我们能察觉到往两个不同方向前进的迫切希望：希望建立完整的、中国的、面面俱到的"文学史"叙事，也希望摆脱一元性论述，不再以西方文

---

[1] 颜昆阳:《从反思中国文学"抒情传统"之建构以论"诗美典"的多面向变迁与丛聚状结构》，柯庆明、萧驰编《中国抒情传统的再发现》，台北，台湾大学出版中心，2009年，第737页。
[2] 同上书，第744页。
[3] 同上书，第741页。

学为模板，回到中国文学本身中去。

二、与"五四"的思想方法对话

"抒情传统"既是中西比较下的产物，同时也和以启蒙理性为主导的"五四"进行了一场对话。在《抒情之现代性："抒情传统"论述与中国文学研究》一书中，陈国球和王德威收录了闻一多、朱自清、宗白华、鲁迅、沈从文的相关论述，将"抒情传统"的谱系往前推移到了"五四"。闻一多们被放在由陈世骧、高友工开启的抒情论述脉络内进行回溯性的追认和定位，于是在"五四"时代的内部，一条反抗"五四"话语的"抒情"脉络被梳理出来。这种思路并非他们首创，早在2005年，黄锦树就在其著名长文《抒情传统与现代性》中指出，抒情传统这一宏大叙事的内在动力就是对"五四"白话文学史的反抗。[1]

以胡适的白话文学史为代表的"五四"文学史观，将白话文的发展和文言的衰敝作为文学史的客观规律，宣告古典文学时代的终结，这和前文所提及的胡适对古典文学的不满有关。为何不满？下面这段文字可以大致说明胡适的看法：

> 怎样预备方才可得着一些高明的文学方法？我仔细想来，只有一条法子，就是赶紧多多地翻译西洋的文学名著做我们的模范。……最重要的，如"问题戏"，专研究社会的种种重要问题；"象征戏"(Symbolic Drama)，专以美术的手段作的"意在言外"的戏本；"心理戏"，专描写种种复杂的心境，做极精密的解剖；"讽刺戏"，用嬉笑怒骂的文章，达愤世救世的苦心。[2]

---

[1] 黄锦树：《抒情传统与现代性："抒情传统"论述与中国文学研究》，《抒情之现代性》，北京，生活·读书·新知三联书店，2014年，第689页。

[2] 胡适：《建设的文学革命论》，《胡适文集》第2卷，北京，北京大学出版社，1998年，第56页。

彼时胡适倡导"文学革命",正要为新文学选择模板,他认为中国传统文学是不能担当此任的,只有西洋文学名著才是值得学习的榜样。透过这段文字,我们看到胡适心目中的文学,是实用的文学,对社会有用的文学。虽然他并未点明这种"用"到底如何运作,但他对文学创作的寄托,却在字里行间昭然若揭:文学不应该是"才子佳人、封王挂帅的小说,风花雪月、涂脂抹粉的诗",而应该拥有"材料之精确,体裁之完备,命意之高超"的优点,但在这些之外,最好的作品要"描写之工切,心理解剖之细密,社会问题讨论之透彻"。[1]寥寥数语,我们便可以看出胡适对现实主义的诉求,他希望文学描写现实,不仅应包括人的现实、环境的现实,还有社会的现实,只有这样的文学才有望成为他心中的剖开人性弊病和时代症结的手术刀。在胡适提出的口号中,无论是"国语的文学,文学的国语",还是"活的文学""人的文学",一以贯之的是希望建立"语言"和"个人"、"文学"和"现实"间鲜活的联系,个人可以使用语言进行自我表达,现实可以在文学中得到呈现,这些口号里承载了他深厚而殷切的用文学愤世救世、新民觉民的寄托。这寄托与20世纪的"文学"启蒙/革命叙事一脉相承,无论是梁启超对小说"熏、染、浸、刺"功用的推崇,或是鲁迅弃医从文的故事里所暗示的"文学能救国族灵魂",都是如此。正如王德威敏锐地指出的:"文学的从业者总是有一个家国的使命,我们都觉得中国20世纪的文学跟国家论述息息相关。"而实际上,"但是太多时候我们把文学和国家论述当一回事。……文学也有它不能做的事情"。[2]

希望文学可以有助于家国复兴的胡适,自然看不上"韵文只有抒情诗"的传统文学,且不论在胡适心目中大部分"抒情诗"都是涂脂

---

[1] 胡适:《建设的文学革命论》,《胡适文集》第2卷,北京,北京大学出版社,1998年,第56页。
[2] 郑文惠、颜健富主编:《革命·启蒙·抒情:中日近现代文学与文化研究学思录》,北京,生活·读书·新知三联书店,2014年,第21页。

抹粉、辞藻堆砌的矫饰之作，就是去伪存真后的真"情"之作，其狭小的格局同样无甚大用，不能完成启蒙/革命的使命。而在古典文学研究中，胡适所倡导的"小心地求证"——以考据为代表的语文学研究方式，也成为主流。这种"求实"的倾向一方面使得史学成为显学，文学可以被作为纯粹的文献和材料加以利用，文学文本成为历史的注脚，陈寅恪"以诗证史"的研究方法，是一个鲜明的例证；另一方面，在文学研究的内部，考据的研究方法也因为重事实的厘清，有是非真伪之分，具有某种程度上的科学性，较无障碍地进入了现代学术体系，成了现代文学研究的正统。而在清代以前以诗文评方式延续着的文学评价与文学欣赏，却随着古典文学价值的失落、旧式文体向新式文体的转化，被愈发边缘化，加之文学欣赏涉及主观情志，无法被规范为客观知识体，因而难以进入现代学术体系，获得自己的合法地位。[1]

　　陈世骧敏锐地意识到，考据虽有助于理解文字辞章，却悬置了文学评价，古典文学的美学价值在这样的置之不理中被进一步压缩。在对中国古代文学的认知上，他与胡适有相似之处，价值判断却判然不同。前者以"抒情"去定位"传统"，被肯定的并不只有传统文学的价值，"情"的重要性也得到了提升。在陈世骧的"抒情传统"下，文学即使只是个体经验和情感的抒发，也一样具有意义，甚至能因为"情感"的普世性，获得一种超越中西文化壁垒的力量。借由"情"，"抒情传统"将文学从"五四"的家国叙事和启蒙神话的重负下解脱出来，赋予它不依附于启蒙/革命的宏大叙事的独立价值，借黄锦树的话说："'中国的抒情传统'这样的论题，相当程度上以现代的学术格式企图重新

---

[1] 实际上，梁启超、胡适对乾嘉学风的推重，便是出于这一原因，二人都专门撰文称赞过戴震考据的科学性。可参见梁启超的《梁启超论清学史二种》，胡适的《戴东原的哲学》，余英时的《论戴震与章学诚》。陈国球也曾指出，胡适以后，有关文学的"周边"活动如版本考订、名物训诂等都易被"客观实证"，变成知识体进入学术，但文学的"本体"活动，如感发情志，却难以安放入内。这并不是中国独有的现象，西方的大学在现代化过程中，也经历过"语文学"与"文学"的较量。参见陈国球：《文学如何成为知识？》，北京，生活·读书·新知三联书店，2013年。

命名那被'五四'启蒙光照遮蔽的古典荣光。"[1]此外,对"文学""抒情"价值的再发现,也为文学评价提供了一个可以依傍的价值评价体系,这是"五四"的实证主义研究方法所未有的。

对文学价值的肯定催生了新问题的诞生:既然"抒情"是中国诗乃至中国文学之精华与特色,那么便可理所应当地探讨这些诗抒发了怎样的"情"?这些"情"是如何通过语言形式表达的?体现了怎样的主体经验与意识结构?诗人和诗人、时代和时代间表达的主体经验与相应的语言结构有什么不同?为什么会有这样的不同?借由"抒情传统",一系列问题得以相互叠加,形成了一个巨大的网张盖在古代文学的场域上,而这一系列问题超出了"五四"以来实证主义和考据能够解决的范围,需要新的方法来解决。

陈世骧1958年在台湾大学的系列演讲之所以重要,正是因为它推动了新方法的传播。在第三次演讲中,他探讨了中国诗的分析与鉴赏,认为一首诗首先是"直觉作用","在对着艺术或自然之美,就会直接感受到的一种经验"。这种直观经验,既是分析的初步工作,又是其最终目的。而分析的过程,是"让我们的客观的、推理的官能去执行工作",以便最后能再次获得一个"直接的、当前的"感受,但是也"更有条理和秩序""更了悟此种美感各部分的成分构成的微妙"。[2]也就是说,在分析的过程中,陈世骧始终立足于美感经验和文本的互动,在以语言"翻译"美感经验是什么的基础上,以细读的方法解释美感经验为什么得以生成。这种探讨并未局限在单一的、个别的作品,而被他扩展用于把握一种特定"文类"中形式和美感的互相作用。在这篇演讲中,陈世骧以对杜甫《八阵图》的分析做了示范:他一方面将这首诗归类为"五绝",看这首诗如何体现五绝优点;另一方面则专注这首诗不同

---

[1] 黄锦树:《抒情传统与现代性》,《抒情之现代性》,北京,生活·读书·新知三联书店,2014年,第690页。

[2] 陈世骧:《中国诗之分析与鉴赏示例》,《中国文学的抒情传统:"抒情传统"论述与中国文学研究》,北京,生活·读书·新知三联书店,2015年,第279页。

于其他五绝的新颖之处，通过层层剖析，阐述了它如何完成"崇高的悲剧性"[1]这一情感效果。

这种方法乍看与新批评相类似，但其相似只在"细读"这一点上。陈世骧的批评，将批评者的"主观直觉"放在"文本"之前，认为此种"主观美感经验"具有某种程度的客观实在性，可以通过文本找到解释和印证。而新批评则将文本放在第一位，视其为独立封闭的整体，在细读的基础上，判断什么样的"美感经验"应该被生成。换言之，陈的批评方法并不如新批评般预设了一个封闭的文本，而是立足于"美感活动"的主观性和普遍性之上——人人都能读诗，人人都能对一首诗有相似的感受。这种普遍的"主观美感经验"，是"抒情传统"的出发点，而细读则是其方法。

上述这些新的价值取向和研究方法，不只是和"五四"以降胡适倡导的"科学实证主义"的对抗，柯庆明曾回忆道："乾嘉以来的'考证'风气，在胡适等人的手中，不但侵入了中国文学的研究，而且假其'学术'之名，占领了学院研究的绝大领域。……在一片小考流行的中文学界，陈世骧先生的这种诉诸类型理论而回归文本分析的文学论述，就令人颇有空谷足音之感。"[2]

我个人认为，"抒情传统"论述之所以能在中国台港、北美等地有巨大影响，虽有龚鹏程所说的契合了台湾学者的价值焦虑的影响，[3]但更重要的原因依然该论述本身在认知、价值与研究方法这些问题上都完成了突破，使"抒情传统"触及了"五四""语文学"道路不能触及的问题，另辟了一种学术化研究古典文学的可能性。纵观《抒情之现代性："抒情传统"论述与中国文学研究》一书中收录的台湾学者的篇目，

---

[1] 陈世骧：《中国诗之分析与鉴赏示例》，《中国文学的抒情传统》，北京，生活·读书·新知三联书店，2015年，第289页。

[2] 柯庆明：《中国抒情传统的再发现》序言，柯庆明、萧驰编《中国抒情传统的再发现》，台北，台湾大学出版中心，2009年，第2页。

[3] 龚鹏程：《不存在的中国文学抒情传统》，《延河》2010年第8期。

受此影响的颇多。蔡英俊的《抒情精神与抒情传统》虽是由历史角度梳理，但始终紧扣"文类"的变化，反复辨析形式与美感间的联系。吕正惠的《中国文学形式与抒情传统》，更是直接论及语言形式和经验表现倾向间的关系，说明律诗的组织形式和中国情感"本质化"取向相适应。而在《从"现实反应"到"抒情反应"》这篇文章中，柯庆明继承了高友工的思路，指出了在古诗十九首中抒情和写实两股力量的拉锯，这使得古诗十九首拥有了特殊的"婉转附物，怊怅切情"的风格。值得注意的是，柯庆明的文章中大量引用《诗品》《文心雕龙》《人间词话》之中对古诗十九首的评价，他将这些古代文论中直观的洞见落实在诗歌文本上，化为细致的分析娓娓道来，这无疑是在另一个方面承接了高友工的思路，认为中国过去的文学批评擅长"用一个字、一句话或一首诗，来表现他们对文学的直觉反应"，[1]而如今，通过对作品的细读，我们可以解释为何会生成这样的直觉判断。这种研究古典文学的思路，将作品和古代诗文评、古代文论的系统相连，在作品的形式与美感、古代读者与现代读者、古代文论与现代学术、直观感受与逻辑分析等方面打通了关节，非常值得借鉴。

强调主观美感经验的"抒情传统"论述和大陆学界仍受"五四""实证"观念影响的"做实"之风，理路不和，自然两立。大陆学界对"抒情传统"论述置之不理，实有闭目塞听之嫌。当然，立足于主观美感经验的研究有其自身的问题，以"文类"研究为例，这些研究旨在探讨某一类诗歌中形式和美感的关联，但人对一首诗的"美感经验"或许可以来自直觉，对一个文类的"美感经验"则要在大量阅读和细心分析基础上产生，如何证明这种"美感经验"是共通的便是一个难点。如吕正惠的《中国文学形式与抒情传统》一文举王维的《鸟鸣涧》、李白的《玉阶怨》的例子认为五言绝句有"本质主义"倾向，举李白的《早发白帝城》、王士禛的《江上》的例子认为七言绝句易有"印象主

---

[1]《导读》，《抒情之现代性："抒情传统"论述与中国文学研究》，北京，生活·读书·新知三联书店，2014年，第95页。

义"倾向。吕正惠的判断初读之下十分贴合,但细想又不禁让人疑惑,以中国的五绝和七绝诗歌数量之多,单独的一两首诗难道足以"代表"整个类型?这并不是质疑学者本身的学养,相反,这些分析精巧而富有直觉洞见,但以论文而言,以一个过小的样本试图得出普遍结论,缺乏有力论据支撑,被人认为"凌空蹈虚"并不冤枉。"抒情传统"是感性的,然而也是过于感性的,这正是其难以被"求实"的大陆学界接受的原因。但这并不意味着我们要否认直觉,相反,思考如何将考据文献的"实"与美感研究的"虚"结合在一起,以数据分析的方式做出兼具二者之长的研究,或许会成为一个突破口。

三、抒情传统与现代性阐释空间

萧驰曾表述道:"'中国抒情传统'并非一个严格意义的学派,因为它没有任何意义上的学术纲领,学者之间因辈分、地域的差异,更遑论有任何组织上的联系,然而又确乎有相似的学术话语和关注。"因此,明确区分哪些研究属于"抒情传统",哪些不是,是一件艰难的事情。在萧驰与柯庆明主编的《中国抒情传统的再发现》中,他们将收录的篇目限制在"承接陈(世骧)、高(友工)的学术思路而来,自中国思想文化的大历史脉络或比较文化的背景,去对以抒情诗为主体的中国文学艺术传统(而非局限于某篇作品)进行的具理论意义的探讨"[1]这个范围之中,研究对象为纯而又纯的古典文学。

对比之下,陈国球、王德威在《抒情之现代性:"抒情传统"论述与中国文学研究》一书中收录的篇目则有截然不同的用意。不同于萧驰、柯庆明,他们的"抒情传统"论述的起点越过了陈世骧和高友工,一直往前追溯到了"五四",同时又紧扣"现代"这一出发点,试图在

---

[1] 萧驰:《中国抒情传统的再发现》序言,《中国抒情传统的再发现》,台北,台湾大学出版中心,2009年,第6页。

古代和现代中国间建立起一种连续性，通过强调古代和现代创作者创作过程中相似的心境与选择，"抒情"得以成为源于古代中国，仍对当下有塑造力的活生生的"传统"。换言之，两人试图打破"传统"与"现代"间因三千年未有之大变局筑起的壁垒，通过捕捉两者间相互影响、塑形的蛛丝马迹，"传统"不再是彻底过去的、封闭的系统，它被当下的阐释所塑造，同时又塑造着我们的当下和未来，不断召唤着对其的继承。

　　柯庆明、萧驰和陈国球、王德威界定下的"抒情传统"，一个立足古典文学之上，一个从现代语境出发，自然走向分歧，对于前者的批评以上文提到过的颜昆阳为代表，直言"抒情传统"无法承担结构中国文学史、展现其复杂性和差异性的重任，号召我们要回到中国文学本身中去。

　　然而"回到中国文学本身中去"是如此简单的事吗？在《抒情之现代性："抒情传统"论述与中国文学研究》一书的导言中，陈国球并没有将"抒情传统论"当作解释传统文学的万能钥匙，他也认识到了这一论述存在的偏蔽与遮盖。但即便如此，他依然坚持认为"抒情传统"是诠释中国文学的一个可行方案，因为"以诗歌、小说、戏剧等崭新的门类重新组合排序、以'文学'作为新组合的统称，可说是现代的概念。亦只有在这个'现代'的视野下，与'西方'并置相对的此一'中国'之意义才能生成，于是'中国'的'文学传统'就在'西方文学传统'的映照下得到体认，或者说得以'建构'"。[1]陈国球在此显示出了一种极为敏锐的现代意识——他充分意识到"抒情传统"与"中西文学比较"的渊源，也意识到文学研究以"西方文学"为参照的陷阱。但现代的"文学"本就是自西方而来的现代概念，当我们探讨"文学"、在中国古典文化中寻求"文学"的对应物时，就已无法逃避"比较"。

　　在导言中，陈国球频繁使用"诠释"这个词，强调"抒情传统"的"诠释能量"。何谓诠释？海德格尔在《存在与时间》中认为理解具有前结构，

---

[1] 陈国球:《导读》，《抒情之现代性："抒情传统"论述与中国文学研究》，北京，生活·读书·新知三联书店，2014年，第5页。

不带先入之见和预设而进行诠释，有悖于理解运作的方式。历史或者传统并不是自明的，始终依赖着特定的框架才能被理解。最"无预设"的诠释者都有一些预设，当我们遇到一个文本时，便会不自觉地将其视为特定的文类进行解读，而所谓"中西比较"的问题在很大程度上就是"中""西"不同的"前预设"的交叉，众多概念的诞生和借用重组了原有的预设，比如"文学"这个"旧瓶装新酒"的名词引发的对"纯文学"和"杂文学"概念的不断辨析，又比如"抒情诗""叙事诗""政治诗"等不同于传统古诗、绝句、律诗的新分类。

在颜昆阳看来，这些"中"与"西"的交错，遮蔽了"中国文学"的真实面目，他批判"抒情传统"无法摆脱比较框架，希望我们的"预设"能够完全地中国化，不要在中国文化中寻找西方概念的对应物，坚持一种彻底的文化相对主义、多元主义，抵制削足适履。然而文学相对主义虽是对西方中心主义的有意识抵抗，却陷入了一种不可调和的二元对立的僵局，在将古典文学绝对化的过程中，消解了传统的现代性这样一个复杂而紧迫的命题，而这正是陈国球、王德威试图避免的。以"抒情"一词为例，陈国球在导言中追索"lyric"在西方文学理论史上的发展过程和其复杂性质，亦花费大量篇幅在中国传统的脉络中观察"抒情"二字的具体意义，得出"抒情"和"lyric"得义基础不同，但不难找到相通元素的结论。[1]王德威更是期望中国的"抒情"能增补西方的"lyric"，赋予现代性更丰富的内涵，并以此为契机翻转性地带来诠释古典文学的新能量。陈国球、王德威所做的，一方面是并不避讳地让我们意识到抒情传统这一诠释视域自中西文学比较的框架而来，其所叙述的传统注定和"真实"之间有所落差，"抒情传统"的"发明"有其自己的语境，是一种话语选择的结果；另一方面，他们也在不断强调这是一种可行的、进取的建构方式。

---

[1] 陈国球：《导读》，《抒情之现代性："抒情传统"论述与中国文学研究》，北京，生活·读书·新知三联书店，2014年，第23页。

如果我们同意哈贝马斯所说的"由于新世界即现代世界与旧世界的区别在于它是向未来开放的，因此，时代在推陈出新的每一个当下环节上都不断重新开始"，[1]那么身处"现代"，理解便意味着对自身理解前设的警惕，在此基础上完成自我否定和有意识地继承与再造。放在现代中国的语境中，便是要一方面警惕西方中心主义，另一方面要承担起西学东渐百余年间积累的焦虑和留下的财产，始终意识到现代学术研究中"西方"的存在，在与西方的张力之中面对古典。若是一味专注于"中国"或"古典"的本来面目，忽视当下的阐释起点，忽视现代性问题本身的紧张感，"中国"和"中国古典"即便作为学科可以自给自足，也会成为愈发封闭、格局狭小而与现实无涉的系统。

四、小结

"抒情传统"论述是一个庞大的谱系，在王德威笔下，"抒情"已成为一个超级能指，是"一种言谈论述的方式；一种审美愿景的呈现；一种日常生活方式的实践；乃至于最重要也最具有争议性的，一种政治想象或政治对话的可能"。[2]李杨认为，王德威的"中国抒情现代性"借鉴了陈世骧、高友工的思考，但其命题与问题意识却直接来源于普实克、夏志清、李欧梵为代表的北美中国现代文学研究传统，[3]李杨的这一说法值得认真思索。王德威在"五四"的启蒙和革命话语外别开生面，从"个人"和"情感"角度再思考文学，未尝不是以去政治化的方式将文学以自由主义的方式政治化。但本文因篇幅所限，仅将目光聚焦在中西比较视野下的"抒情传统"这一核心问题上，希望展现方法与方法、学科与学科间由这一论述引发的张力。

[1] [德]哈贝马斯：《现代性的哲学话语》，曹卫东译，南京，译林出版社，2011年，第7页。
[2] 王德威：《抒情传统与中国现代性：在北大的八堂课》，北京，生活·读书·新知三联书店，2010年，第72页。
[3] 李杨：《"抒情"如何"现代"，"现代"怎样"中国"》，《天津社会科学》2013年第1期，第100页。

在"抒情传统"和"五四"话语的对观中，我们看到这一论述所具有的巨大能量，它突破了白话文学史的独断叙事，在对中国古典文学的价值判断和研究方法领域都开拓了新的道路。其最值得称道的贡献，应该就是和实证的考据方法相对抗，不再仅仅将文学文本作为"文献"处理，而是恢复了其文学性和美学价值，展现了将"文学评价"重新吸纳入"文学研究"的可能性。但是，这一论述谱系并不是万金油，当"抒情传统"膨胀成为新的独断叙事，当"抒情性"被等同于"文学性"，而我们试图用此来结构文学史时，它就遮蔽了一个本该多元的诠释视域，遮蔽了中国古典文学研究中可能有的其他面向。这里，存在着文学批评的"随机应变"和文学史书写的"体大虑周"间的张力。

另一重张力则存在于古代文学和比较文学间，这也是"抒情传统"遭到非议最多之处。尤其近年来，大陆学者们多用后殖民、文化霸权等理论去批判陈世骧、高友工论述中的比较文学框架，颇有成效地解析了抒情传统论述内部唯西方文学马首是瞻的"一元论"文化结构，但以为我们能彻底摆脱比较的框架，完全回到中国文学内部，某种程度上是将"中国古典文学"视为一个凝固的、与当下无涉的封闭系统，忽略了"现代性"强制给予我们的视域，也是无视了西学东渐的百多年在我们的传统中应有的位置。

在现代如何继承古典传统这一问题，困扰着"五四"一代的学者们，困扰着陈世骧们，也困扰着我们。它仍是一个"现代进行时"的问题，"抒情"能否如陈国球、王德威所期待的那样，带着其在历史中积淀的能量，形成中国关于自身的另一种现代性叙事，我们不得而知，但有一点是明确的，若要发挥"抒情"拥有的种种复杂面向，在古典传统的诠释领域打开更大的空间，需要的恰恰不是鼓吹而是抑制这种话语自身的膨胀，避免其成为独断性话语，同时清晰地意识到"抒情"和"叙事"这些概念巨大的诠释和转化能量，努力捕捉古典传统在现代西方文学框架下被压抑、忽略的部分，形成关于"传统"更宽阔与去蔽的版图。

王府井

——作为都市空间的景观生产

许苗苗[1]

[摘　要] 王府井的景观不仅承担交通任务，具备消费功能，还拥有独特的文化意义。景观置换了本土和异域：商业街设立之初，王府井是外国人窥探大清的窗口，但同时也为中国人提供了打量异域的渠道。景观弥合了历史和当代：不同版本的水井传说折射出解读历史方式的转变，买卖街的重建则利用复古元素消解历史背后的时间感，使之顺利融入当下消费时代主题。景观具有生产性：它制造浪漫、节庆和闲暇，为庸常的生活和习见的行为赋予不同的意义。王府井是一个丰富的都市空间研究对象，它在对异域文化的容纳和化用中实践了反拨，在迎接网络媒体虚拟经验冲击的过程中突出了实体经验的不可替代性，是构成北京都市文化的重要部分。

[关键词] 景观生产；王府井；都市空间；日常生活

---

[1] 许苗苗，首都师范大学美育研究中心研究员，文学博士。本文为国家社科基金艺术学重大项目"'微时代'文艺批评研究"（项目号19ZD02）阶段性成果。

在都市文化建构中，带有功能性和目的性的空间景观占有重要地位，它显示出与烂漫的自然空间迥异的特质，正是这种特质，使都市空间成为"文化"的一部分，进入雷蒙·威廉斯所说的"与物质的生产体系相关而非对立的表意或象征的体系"。[1]都市空间本身不仅是文化的产物，同时还具备强大的文化生产能力。都市密集的媒体曝光度对空间构成了极大的考验，对于那些内涵单一的地点来说，媒体图片、解读和网络虚拟经验的替代是致命的，而那些自身带有生产能力的空间则不同，能够借助大众媒体进行意义的再次生产和多元建构。王府井就是这样，既有历史感又占据中心位置，来往的人群赋予它源源不断的生产能力。王府井的趣味埋藏在传说般的谜团中，越曝光越神秘，越解读越丰富。它是具备媒介魅力的场所，在大众媒介的包围中更加耐看。"媒介内容提供了集体记忆，媒介的生产和分配受到'每天、每周、每季、时间的历史性循环'等限制的影响，进而影响到读者对意义的获取。"[2]在社交媒体的签到、点赞和分享中，在诸多游客的参与、品评和传说中，有关王府井的集体经验超越固定的时空，源源不断地产出新的意义。

1998年，王府井大街改为步行街，开始了作为都市消费文化景观的新历程。王府井曾是闻名遐迩的商业街，但比起老北京"东四、西单、鼓楼、前（门）"，它只是后生、晚辈。元大都规划时，这里是部署着衙门官署的行政大道，长且宽阔。这种开阔无形中契合了现代城市需求，以至于800余年来街道基本没有太大变化。这里的商业自晚清起步，20世纪30年代以后异军突起，很快洋行林立、银肆遍布。如今的王府井经历了一个世纪的风雨，愈发显得风华正茂：楼面上巨幅广告西文闪烁，街两侧庞大的橱窗里摆满东方珍玩。虽然无法逃脱全球商业化的痕迹，但它并不是现代景观的低劣复制品。每一天，肤色混杂的游

---

[1] Williams, Raymond, *Keyword: A Vocabulary of Culture and Society*, New York: Oxford University Press, 1983, p. 91.

[2] McQuail, Denisk, *Mass Communication Theory*, New York: Sage, 2000, p. 486.

客从王府井大街走过,这曾令马可·波罗惊叹不已的东方都城没有令他们失望,即便在网络虚拟经验不停揭秘、曝光的时代,王府井的景观依然将物质和文化的奇观呈现到"游客凝视"之中。

一、王府井:被制造为消费景观的历史

北京的都市景观常因历史根源而为人们津津乐道。在王府井地区,负责向公众"讲故事"、传承古老风韵的,是王府井的"井"。

"井"对古老城市的重要性不言而喻,老北京地名里常见"苦水井""高井""双井",也不乏"高亮赶水""玉泉背水"之类的传说习俗。1998年王府井大街改造过程中发掘出了古"王府井"遗迹,于是遗址被保护修缮,成为大街的一个景点,"修复后的王府井以樱花红大理石铺设井台图案,井口覆盖圆形铸铜浮雕,以明清时常见的盘龙形象围成圆圈,圈中是此井历史的说明"。[1] 王府井的"井"不是简单的水井,而是展示悠久历史和文化内涵的重要景观。

据光绪十一年《京师坊巷志稿》记载,当时北京内外城共有1258口井,绝大多数是苦水井……(王府井的)甜水井是稀缺资源,故名声特别响亮,王府与井并称,这就标明了街道首尾的标志性建筑,根据清代地图,此井为该街唯一的一眼井。[2]

在王府井的历史中,最引人好奇的是几个不同版本的"王府井"身世传说:

> 一是"蜈蚣井":话说明朝大兴土木修建北京城,惹恼了一条孽龙,它吸光了城中的甜水,从此内城基本全是苦水井。一次,

---

[1] 孙志民:《凝固的风景线——王府井大街的雕塑及匾额》,北京市东城区政协文史资料委员会、北京市王府井地区建设管理办公室编:《今日王府井》,北京,文物出版社,2001年,第55页。
[2] 北京市东城区地方志编纂委员会编:《北京市东城区志》,北京,北京出版社,2005年,第4页。

一个老头儿在王府大街的茶摊上喝茶,边喝边抱怨水质苦涩,掌柜的不服气回了一句:"有本事您自己打口甜水井!"谁知这爱唠叨的老头儿竟是神仙,他从怀中掏出一只蜈蚣念了几句,那虫儿便遁入地下,顷刻之间钻出了一口水质甘甜的"蜈蚣井"。因位置临近王府大街,又称王府井。

另一个是"机智守井人":有一年大旱,全城水井枯干,王府里的井却依然涓涓不绝。守井老头儿好心私放百姓打水,王爷得知将要怪罪时,却被老头儿以"井水换民心"的机智说辞打动。王府井从此开放取水,造福一方百姓。

在这两则传说里,前一则以善龙、恶龙这样具象化的对立解释自然现象,是典型的民间故事思路,面对自然,人类无能为力,只能扮演见证、传播的角色。后一则推崇底层人民的生存机智:对立者是天灾(干旱)、人祸(王爷),拯救者是守井老头儿——一方面是劳动人民,能体会民间疾苦,一方面能接近上层,并敢于为百姓代言。

相关传说还有一个"王爷霸占"的变体:井的由来基本与"蜈蚣井"相似,但由于井水清甜又临近王府,王爷起了贪念,把井圈进王府独自享用——这口井因此成了地道的王府井,门前的大街也成了王府井大街。[1]故事前半部分恶龙吸水、善龙(蜈蚣)打井,是自然界力量相互制衡、稳定的表现,而后半部分以王爷的人为恶行打破了"天"的平衡,王爷的暴虐与孽龙相类,这个霸占水井的王爷明显比"守井人"里的吝啬王爷更恶劣。

那么,王府井的身世究竟如何?《北京地名志》记载:"那时候的北京,老百姓打不起井,一般的井打出的水都是苦涩的,而在王府街

---

[1] 孙伦振、李洁如编著:《王府井大街》,北京,燕山出版社,1991年,第4页。

旁西侧，有一口远近闻名的优质甜水井，使得'王府'与'井'结合起来而产生了新的地名——王府井。"[1]姜纬堂考证：明代《酌中志》中已提及"十王府街"井，其历史相当悠久，并非清朝出现。结合清《乾隆京城全图》、民国《实测北京内外城地图》可见，使王府井街得名的井"突出街心，影响交通"。[2]既然王府不会修在主干道中央，这口井也就不可能被圈入王府后院。又从《明代北京城复原图》《唐土名胜图会》中《正蓝旗居址》[3]可见，王府处于大街东侧，旁边街道规整，自元代以来制式基本未变，所以这口"王府井"也不可能是先在王府中、后因街道走向变化而处于街心的。

在不同版本的叙述中，王府井的命运折射出人们写历史、看历史态度的转变。历史从来不是非黑即白，而是一个复杂现象，被誉为近代史学之父的德国历史学家兰克主张"如实直书"，克罗齐则称"一切历史都是当代史"。人们最初解释自然现象中灾难和灾难的自我修复带有浓浓的神话色彩，后来逐渐将灾难的根源转移到社会等级冲突之上。叙述态度从逆来顺受转为对权力的揶揄，最后转变为带有煽动性的阶级仇恨控诉。

王府井大街上设置了不少复古景观，其古老的年代感、典型的北京特色、亲民的布局方式，使大街成为一处最适合游览之所在。路两边是几组怀旧雕塑：三弦女艺人和老琴师、剃头挑子、拉洋车的……民俗仿制品把旧京日常生活中的点滴细节带到眼前。历史上王府井的繁华很大程度得益于老东安市场，"那里原本是明代一座王府，清初封给吴三桂，改称'平西王府'，'三藩之乱'后，王府改成神机营的操场。

---

[1] 参见［日］多田贞一：《北京地名志》，张紫晨译，北京，书目文献出版社，1986年。

[2] 姜纬堂：《七百年来王府井》，中国人民政治协商会议北京市委员会文史资料委员会编《王府井》，北京，北京出版社，1993年，第11页。

[3] 朱启钤：《王府井大街之今昔》，《王府井》，北京，北京出版社，1993年，第36—44页附图。

清初内城为八旗驻扎，不允许汉人居住，一直少有买卖，但末期东交民巷使馆区已成国中之国，清政府禁令事实上已经失效。1903年，经善耆、那桐奏请，慈禧批准，废弃已久的神机营操场被迫开放给游商，一举打破了老城区原有的宁静，由于顾客密集，距离适宜，各国商号也来此街经营，王府井商业街迅速走向繁荣"。[1] 如今，东安市场地下重开"老北京一条街"，带领人们一脚迈进民国街市，六必居、稻香村、盛锡福、马聚源、戴月轩等，把顾客们带回了《东安市景图》中百年前的兴隆旺盛。

王府井大街上的景观是历史延传的佐证，它们极力彰显着与旧时代的联系。然而，在1965至1978年间，这种联系却一度被视为落后、反动甚至耻辱，是需要被革命和被抛弃的。那时，北京找不到有数百年历史的王府井大街，只有一条面貌一新的人民路。街道改名，店铺也绝无幸免，一大批老字号改头换面，与过往划清界限：亨得利变成首都钟表店，美白理发馆变成人民理发馆，盛锡福改名红旗帽店，同陞和改名长征鞋店，摇曳多姿的新巴黎变成豪气干云的新世界，而经营海派西服的雷蒙则由于挥不去的"四旧"气息而闭店，全部职工并入北京人民服装厂……

"文化大革命"结束后，老字号才重新被回忆起来，陆续恢复，一些与店铺有关的历史也逐渐被承认。但这种历史带有鲜明的选择性：中国照相馆摆出周总理的大幅标准像，盛锡福橱窗陈列着陈毅出访印尼时的金丝草帽，雷蒙宣传的不是西服，而是在天安门城楼上出镜的毛式中山装，而四联美发的名称本身就指向上海援建北京的岁月。一眼望去，这些老字号的辉煌仿佛全部集中在20世纪五六十年代。而这种临近中央领导的优势，对于众多外地来京的游客却无疑具有最大的说服力。被展出的店铺历史虽然有明显的时代色彩，却依然能起到很

---

[1] 转引自《王府井是谁家的井？》，《北京晨报》2012年1月4日。

好的广告作用,激发游客强烈的购买欲。直到 2000 年以后,随着清宫戏风行,个别老字号才将类似阿哥帽、格格服、千层底的老汉鞋等历史更加久远的商品摆在了明处。

现如今,王府井大街已经领悟到了消费社会的精髓,它去掉了历史背后的时间感,使这里的过往显得格外平易近人。它不再拘泥于文化、等级、意识形态差异,而是将平凡街景变成令人津津乐道的传奇。它尽情运用一切可以吸引注意力、激发购买欲的元素,帮助人们打开时间隧道,将大清王爷的宠幸、封建贵族的遗风、革命领袖的简朴和海外友人的赞美一律铺开。这条街的过往和当下平行并置,一头延伸到传统的风俗趣味与历史风韵中,另一头则牵系着当下丰茂的物质文化与消费享乐,人们在这里的游览和购物轻易获得了亲近历史文化的纵深感。王府井街景中的过去和今天,在全世界、全国的游人面前,都不言自明、轻松惬意,它为当下提供了值得驻足流连的历史图景。

二、橱窗:观看异域的窗口

橱窗是消费社会最抢眼的语汇,从本雅明笔下巴黎的拱廊街,到奥黛丽·赫本《蒂凡尼的早餐》,橱窗都扮演着真实和虚幻的过渡角色。在橱窗里,琳琅满目的货物编织成一个闪烁着物质之美的梦,一切触手可及,但那层冷冰冰的玻璃却不断提示着现实的僵硬与短缺。橱窗不仅是孤芳自赏的展示,更是循循善诱的说服,它以独特的陈列设置情境,使间断的小格局不再孤立,而是迅速与每个人以及整个消费体系建立起联系。橱窗还是意向性的,它代表着开放、沟通和自我调整。王府井商业街遍布橱窗,甚至这条街本身也扮演了橱窗的角色:向外国人展示中国,向中国人展示外国,异域和本土在这里以消费之名交叠。

最初的王府井商业街虽不如前门等老北京传统商区人流旺盛,却有鲜明的特色:它靠近东交民巷使馆区,外国顾客集中,是一条高档的涉外购物街,街景也与别处大为不同。这里给人印象最深的就是那透明的橱窗:亨得利表行门面"装有大玻璃橱窗,两扇玻璃推拉门,店堂里四周为玻璃货架,当中设两个大玻璃柜,都带着北京少见的洋味"。[1]大华百货公司橱窗尤其高大,上部砌成浅黄色瓷砖,下部则是墨绿瓷砖,"站在店外望去,似置身其内,琳琅满目的商品尽入眼帘。整个商店修饰得宛如一个'玻璃世界',与新奇的商品交相辉映"。[2]皇城根儿下的北京人不是没见过世面,但传统显贵豪富的奢华都围在高墙大院之内,老牌店铺若有奇货可居也讲究含而不露;王府井却截然不同:敞亮的橱窗花团锦簇,五彩的霓虹明灭闪烁,水晶宫般通透明亮的建筑物点亮了古都暗淡的夜色。这种刺眼的光芒趾高气扬,令囊中羞涩的普通人低头却步。好在,玻璃橱窗是透明的,向大街敞开,不用进店也能饱个眼福。

  王府井的橱窗不仅是炫耀,更是一种广告,同陞和就深谙此道:他们的店员经常在繁华场所"采风",发现美观的新式鞋帽后立即绘图仿制,"不出三天就将新产品陈放在橱窗里,吸引顾客观赏、购买"。[3]广告意在沟通,这种沟通欲也体现在敞开的货架上,中华百货售品所绸布柜台一改当时流行的高台闭架的作风,率先开柜经营,顾客可在货架前随心所欲地选择、触摸、比量照镜。[4]后来的大华百货公司不仅继承了敞开的货架,还为特殊货物配上有灯光布景的新式玻璃柜台。开放的风格甚至延续到了店员着装上,王府井许多有规模的店铺都会发放服装,与当时流行的旧式长袍不同,它们大多带着几分利落的洋味儿,利生体育更是配备了衬衫领带、西装短裤加长

---

[1] 王永斌:《亨得利表店的今昔》,《王府井》,北京,北京出版社,1993年,第270页。

[2] 赵宜之、崔小旺、潘怡:《富有经营特色的大华百货公司》,《王府井》,北京,北京出版社,1993年,第210页。

[3] 韩文蔚:《久负盛名的同陞和鞋店》,《王府井》,北京,北京出版社,1993年,第290页。

[4] 王继福、潘怡:《昔日闻名的中华百货售品所》,《王府井》,北京,北京出版社,1993年,第200页。

袜皮鞋的行头。[1]

当时的王府井就像一个双面通透的橱窗，一方面，让世界在此以购物的形式认识老北京；另一方面，那些精明的老商户也绝非全然被动，他们率先嗅到了异域之风吹来的消费社会气息，引进了新鲜的技能、经营思路和媒体观念。王府井的店员很多都会说外语，新巴黎丝绸店曾以高薪聘请能说俄语、英语和日语的售货员[2]，中华百货售品所也不乏学习过英语的练习生。[3]不仅如此，王府井还开始进出口贸易探索，新巴黎在英国汇丰、日本正金、香港中国银行办理押汇业务，以缩短进口流程，盛锡福则在世界列强争相向旧中国倾销之时将中国草帽出口到20多个国家！

交流与转变的愿望也参与到社会新闻制造中，为民众引进了与以往不同的生活方式。主营欧美手表的亨得利通过与法国亨达利的官司极大提高了声誉，将分店从上海开到北京。1930年王府井亨得利开业时，店方已然掌握了媒体的力量，不仅请来了北平社会头面人物和商界朋友，还特邀几位报社记者报道以扩大影响。而曾被清华大学校长蒋梦麟誉为"为爱神造弓矢"的结婚用品店紫房子则是移风易俗、中西结合的产物，它所推崇的文明婚礼将我国民间婚俗与外国电影、上海留学归国人员的婚礼仪式相结合，特别受社会上层人士认可。当时北平最高领导人宋哲元女儿的婚礼就由他们承办，并在《世界日报》上大肆报道，堪称软文鼻祖。[4]

20世纪初，《辛丑条约》使封闭的北京无奈地敞开胸怀，在王府井这个因临近使馆区而兴起的商街里，经营方式已悄然改变。以往人

---

[1] 怡然：《北京利生体育用品服务中心的变迁》，《王府井》，北京，北京出版社，1993年，第304页。
[2] 韩文蔚：《从"新巴黎"到"新世界"——记新世界丝绸店》，《王府井》，北京，北京出版社，1993年，第316页。
[3] 王继福、潘怡：《昔日闻名的中华百货售品所》，《王府井》，北京，北京出版社，1993年，第202页。
[4] 韩文蔚：《开婚庆新风之先的紫房子》，《王府井》，北京，北京出版社，1993年，第323页。

们习惯派伙计将好货优先送往交情深厚且有购买力的官贵宅邸，东西的出处和去向脉络清晰，寻常人不得一见。而新出现的商店街则不同，它面对的不再是有根基的旧家族，而是趁乱一下子涌进来的各地新贵。销售对象不再是那几个显贵的大户，察言观色也不一定能打探出别人的身家，因此，将好东西全部铺开，迎接各方品鉴和艳羡的玻璃橱窗就成为恰当的时尚。橱窗将王府井变成一条展示性的街道，透着骄傲和凛然不可侵犯的气场。里面的东西通常并不实惠，也与生活日用无关，从一开始就是面向高端的。而这种高端无形中也成为一种自我保护：在战火频仍的20世纪初，原本稳定平衡、自给自足的物资供应系统已被打破，人们笼罩在起义和战争带来的贫乏和不安全感中，橱窗里丰足物质的视觉冲击很好地抚慰着短缺造成的创伤。

作为皇城故道，王府井本应庄重典雅，闲人勿入，但它却在入侵者的铁蹄下无奈地转向商业，它的繁荣时尚带有典型半封建半殖民地的畸形色彩。但是，王府井橱窗街景也展现出文化的交汇和碰撞。它置换空间，一方面将老北京呈现给外人，另一方面也"师夷长技"打碎了天朝自大的梦想。它沟通阶层，透露了高墙大院里的秘密，让底层普通百姓得以一窥上流社会，自此，中国便与那个凭借封闭和区隔制造传说的封建社会渐行渐远。

三、喷泉、教堂：从日常生活到消费景观

消费社会中的王府井不是单纯的买卖场所，而是风俗故旧、名流韵事、新奇景观的综合体，它"是全部视觉和全部意识的焦点"。[1]王府井深度融入当代生活，生产着都市特有的浪漫爱情，也生产了新的节日和闲暇时光。喷泉是城市广场常见的景观，但很长一段时间内，

---

[1]［法］居伊·德波：《景观社会》，王昭凤译，南京，南京大学出版社，2006年，第3页。

北京的"喷泉"只是节水节电的干涸水池,只有在天安门广场才能亲身体验水珠合着音乐跳舞的美好。然而,如今提到北京的音乐喷泉,大多数年轻人却定位到王府井东方广场,这要拜由豆瓣网小说改编为热门影视剧的《失恋33天》所赐。《失恋33天》讲述北京大龄女青年恋爱失败后自我疗伤、重获爱情的故事,原本只是一个简单的网络中篇,却因改编电影、票房大卖而赢得知名度。这部作品中不乏都市男女青年真实生活痕迹和窘境中自嘲、自愈的乐观,但更重要的是,它普及了大都市中平凡人触手可及的时尚和浪漫。在剩女、男闺蜜、婚庆公司、港台腔、奢侈品牌等构成的日记中,失恋第23天的奇遇让人印象深刻。那晚,女主角黄小仙和充当临时男友的钻石王老五魏依然共进晚餐后,要求他开车去王府井东方新天地——一个顶级奢侈品牌云集的商店街,于是魏依然认为看似文艺的黄小仙骨子里也很物质:"吃完饭,顺手让男朋友买件衣服买个包,就当饭后甜点了。"然而,黄小仙却将他带到东方君悦酒店门前的平台上,平台中央是一个喷泉,转过身来,脚下是车灯汇成一片的长安街:

> 九点钟一到,喷水池"噌"地蹿出了水柱,水柱下面还有五颜六色的彩灯配合着交替闪烁,嵌在地面上的音箱,播放起了《乘着歌声的翅膀》。
> 我和魏依然身后是一片茫茫的水雾,小水珠蒙蒙地洒在我们的身上。
> 当年,我和他也和此刻一样,被突如其来的惊喜困在了一个小天地里。
> "看,你是不是也有种感觉,除了接吻,干别的实在是不应该?"

从来都在楼下埋头消费的钻石王老五不知道上面还有这么迷人的风景,他看着黄小仙,眼神不由专注起来。一贯欣赏简单明了的物质女的他,似乎已经被讲究情调的文艺女触动……

小说寥寥数语完成了钻石王老五态度的转变,电影则利用大银幕的优势充分彰显这一刻的浪漫:柔和的金色灯光、朦胧的七彩水雾、柔情款款的歌声中,穿着白裙的女孩隔着水雾望过来……在这里,王府井东方广场不再只是有钱人的高消费场所,它笼罩在纯情的爱的氛围中:无论有钱没钱,人人都能享受这免费的都市景观。虽然这种制造浪漫的景观本质上依然是一种物质支持,却由于免费开放而成就了仿佛能够超越物质的爱情童话。《失恋33天》上映后,有关"王府井音乐喷泉几点开""《失恋33天》中喷泉具体位置"的问答在网上多了起来,还有城市媒体围绕喷泉开设"和北京相爱"的专题,将音乐喷泉、咖啡馆、老城墙并列,作为爱上北京的理由。

王府井大街北段的天主教堂(东堂)也是制造浪漫的景观之一。东堂始建于清顺治、康熙年间,后多次遭到破坏和挪用,直到20世纪80年代才恢复宗教活动。2000年王府井大街改造中,东堂前兴建了一座小广场,这座天主教堂从而成为北京最好地段上的公共景观。对众多不信教的普通民众来说,教堂广场的修建至关重要,它隔断了随意步行的人群,突出了建筑的异域风情和观赏性,使之成为绝佳的拍照背景,进而变成京城流行的婚纱照外景地之一。天气好的时候,东堂广场上经常看到新娘、新郎加摄影师的组合,白裙捧花与庄严教堂完美地将西式婚礼用图像移植到了中国。西洋的时尚度、宗教的神秘感、照片的纪念性和一生一世浪漫的誓言,满足了无数婚龄青年心中的浪漫想象。

在王府井,投入多少钱就能把握住多少钱的浪漫:零投入者街头拥吻,低投入者自花童手中接过一枝玫瑰,高预算的可以步入国际知名的Tiffany选一颗闪亮钻石……这一切的配套,绝非寻常街道能够做到。

制造浪漫,更要制造能够享受浪漫的闲暇和节庆。啤酒节、国际品牌节、主题艺术庆典等在王府井轮番上演,每个节庆都有层出不穷的新意和亮点。在啤酒节中，平日功能简单的步道被布置成敞开式啤酒花园，人们坐在室外鲜花绿叶簇拥的小空间里，杯中装满朝日、百威、科罗娜啤酒，视线所及的是国际品牌和不同肤色的游客，比起国外的露天小酒馆毫不逊色。国际品牌节则不仅有慷慨的折扣、精彩的T台秀，还用演讲和论坛吸引潜在贸易伙伴。主题活动和艺术展览也十分抢眼，美术、雕塑作品，使之不负"王府井公共艺术大道"的称号。在王府井过节特别过瘾：光棍节这里有相亲大会，情人节这里有接吻大赛，圣诞节这里甚至有人工降下的七彩雪花……这些节庆与寻常带有纪念性的民俗节庆不同，它们甚至是消解纪念、消融历史的，唯其如此，新节庆才可以随时制造、随时取消，不断翻新、变幻无穷。

王府井的喷泉成为后起之秀，啤酒节的庆典遮蔽了个别传统的节日。消费悄悄置换生活重心，离散化的休闲生活取代了向心性的传统生活。王府井的生活方式是精心设计的，因而有比别处更多的巧妙细节，到处泛滥着购物的满足和闲暇的喜悦。在当代人的都市想象中，衣食日用不叫生活，只有专卖店中昂贵的LOGO、超市海报上巨大的折扣、自拍照里低调的炫耀，才称得上是生活。这一切关乎生活的想象，正是王府井大街制造的幻景。

当我们想象一座城市，总会有一些地点凸出浮现，成为城市的标签。但在媒介曝光过度的情况下，如何展示自我，才能在高度信息化、同质化的全球景观中脱颖而出、声名远播？王府井正在实践。虽然指向消费，但这里却具备詹姆斯·凯瑞所谓"仪式性的秩序"，生活细节"不只是权力和交易……还包括美学经验的分享，如宗教观念、个人价值和情感，以及理性的观念：这些都属于一种仪式性的秩序"。[1]

王府井无法摆脱全球化的节奏，但它却在对异域文化的容纳和化

---

[1] Carey, James W., *Communication as Culture: Essays on Media and Society*, Boston: Unwin and Hyman, 1988, p. 34.

用中实践着反拨。半封建半殖民地时期,王府井大街上的商业为迎合洋人便利而设,对于这座刚刚被撬开大门的神秘东方古都,外国人满是猎奇心态。曾有一个美国女人柏东(Button)摆摊卖她自己利用清朝蟒袍刺绣片子制作的手提包,图案是仙鹤、孔雀、虎豹,提环则是袍服腰带上的玉件。她将这些自制的小手工以及戏装、满族贵妇服饰等专门卖给西方游客,很快便成了富商。[1]柏东可谓赛义德的先驱,她以商人的精明头脑和女性的敏感想象,发掘出了神秘的东方情调——那些奇巧、繁复、华丽又带有颓废色彩的手工艺品,完全是东方主义的具象诠释。但是,以文明眼光观望中国的西方人没有意识到,尽管开放是被迫的,中国也在巧妙地利用这个机会观望异域:炸猪排、煎鸡蛋等西餐在中国厨子眼中易如反掌,随兵船而来的红白葡萄酒倒进水晶杯就能一本万利,西洋人看大褂、袍、袄落后臃肿,中国人则对袒胸露背的洋帽、纱裙指指点点。观望是双向的,国人以自己的价值观对外界做出理解和阐释。

一种文化如果本身价值体系足够完整强大,就可以对外来文化进行解释和对抗。中国远非想象中的蒙昧未开,虽然国力衰微,但民间的文化体系和风俗习惯却比军队更强大。殖民者的文化侵略遇到了本土文化的挑战,中国这套历史久远且完整的文化体系吞咽并改造着外来文化,普通国民抵御入侵的方式就是将西方人变成被观望的奇怪的他者。

中华人民共和国成立后,在国家意志的主导下,王府井开始着意凸显社会主义国家与西方的泾渭分明。王府井工艺美术大厦陈列和销售的虽然都是具有本土特色、濒危的手工艺品,但它却同时担负筹备国家礼品、参加国际展览的职责。在国宾会面、国际博览的时机,旗帜鲜明、仪态大方地将最富中国特色的产品呈现给世界。王府井在海外

---

[1] 邵宝元:《忆旧北京饭店》,《王府井》,北京,北京出版社,1993年,第65页。

的名声一度带着猎物般的耻辱烙印,但如今,却成为展示中国特色成就和价值观的渠道。无论是当年强迫性的开埠,还是如今大方的招商引资,外来者都免不了被强大的中华文化体系包围、浸润和改造,王府井在商业和文化交流中逐渐透射出自身的光彩。

与众多实体店一样,王府井商业也面临网络媒体的冲击,然而,它却将挑战化为机遇。在互联网上,无论是商品细部还是豪华场面,都可以被转换成图片或视频。视觉媒体占据了当下,为现实赋权。未被媒体报道的事件就如同没发生过,同样,许多事件只在媒体上发生。而在王府井,避开熙来攘往的人群,随手拍几个街景,都是内容饱满又含蕴丰富的特色招牌。王府井是媒体的宠儿,它以强烈的视觉刺激和鲜明的画面感占据着媒体版面,但它却从未被媒体影像替代,它不单纯是视觉性的,图像只是一个开始,紧接着是一系列话题。街道穿行者共同构建了一个大众的集市,人们抚摸街道上的雕塑、品评展板上的作品、挑选柜台中的货物、享受服务员的讲解……这些互动都是虚拟空间所不能获得的,景观的亲历性和实体性使之具备对抗大众媒体虚拟经验替代的能力。

都市空间呈现着多种人文领域的集中展示,这种展示有时是浅近的、大众化的,是每一个普通人都能够参与并分享的,难免言人人殊。伯明翰大学研究员玛利亚·博尔肖在其所编辑的《都市空间与再现》序言中说道:"在当代文化和批判理论中,空间的隐喻性日益增长且无可避免。空间成为人文学科,至少是社会科学领域跨专业的融合性产物。"[1] 确实,都市空间研究越来越不能被任何一种传统学科分野所涵盖,而只有那些具有历史延续性、空间辐射性和文化影响力的空间才能够经得起不同学科视角的解读。地处北京中心的王府井,在空间上始终是各方争夺的重点,在时间上与 800 年连续建都史同龄,传统根

---

[1] Maria Balshaw and Liam Kennedy, *Urban Space and Representation*, London: Pluto Press, 2000, p. 1.

基深厚,拥有作为都市空间研究对象的得天独厚的优势。它不断自我丰富,利用自身优势进行创造性再生产,动态地参与着北京都市文化的建构。在王府井,来往的人流跨越时空间隔,通过亲身游历"从我们的社会经验中获取意义,并且制造意义",编织出费斯克所谓的"文化过程"。[1] 王府井文化由诸多游客的实践经历构建,虽然多元主体和异质体验导致其形象欠缺清晰,以至于在对其分析中,我们不得不持续转换视角,从地方志、民俗传说、口述史、媒介传播等多个侧面去接近它,但正是这种模糊和杂乱,使它具备了都市空间最吸引人的丰富内涵和值得源源不断解读的魅力。

---

[1] John Fisk, *Reading the Popular*, Boston: Unwin and Hyman, 1989, p. 1.

作为娱乐产业的网络文学

——论国内网络文学发展历程及其启示

孟 隋[1]

[摘 要] 网络文学虽然具备文学的形式,但它的娱乐属性远远超过其文学属性。网络文学作为娱乐产业在中国的发展可谓一枝独秀,是因为它可以提供传统主流渠道无法提供的娱乐(或审美)体验,可称为非主流的"极嗨"娱乐,由此网络文学相比传统主流娱乐渠道形成了稀缺性。由于制度和批评习惯的原因,传统主流渠道无法兼容网络文学的娱乐方式,两者之间存在"渠道壁垒",这给网络文学向更广阔的"泛娱乐"领域发展带来了困难。

[关键词] 网络文学;娱乐;大版权

---

[1] 孟隋,济南大学文学院副教授。本文为山东省社科规划项目(18CZWJ01)、山东省高等学校人文社会科学研究项目(J16YC01)阶段成果。

我国网络文学正经历前所未有的繁盛期,易观智库的数据显示:"截至 2013 年底,网络文学活跃用户达到 4.3 亿人,网络文学已成为增长最快的互联网细分产业之一。"[1]除了较早经营网络文学的盛大文学、中文在线以及门户网站文学频道等机构之外,2010 年以来大型互联网企业"布局"少不了网络文学,不仅有互联网三巨头 BAT(百度收购了纵横中文网、91 熊猫看书,阿里巴巴旗下也推出了淘宝阅读、阿里文学,腾讯先是联合起点创始人巨资打造"创世中文网",2014 年又整体收购了盛大文学),其他知名互联网企业也不甘其后,360、小米、搜狗等机构也开始借助"导航"或内容聚合的方式来搭建自己的网络文学运营平台。2010 年以来,随着移动互联网的崛起,网络文学的粉丝效应暴涨,网络文学拥有庞大的用户群,这自然会引来大资本的介入,市值并不算高的网络文学竟然成为产业大资本的角力场。网络文学是文化产品,虽然 2015 年市值仅为 70 亿元左右,但衡量文化产品的更高标准是影响力。显然,大资本看重的是网络文学的影响力。如果说之前的网络文学以地摊式交易为主(VIP 付费阅读为主营模式,买卖主体区分很清晰),那么自 2010 年之后,这个行业就具备了多元化营收、产业化运营的潜力。但学术界对于网络文学的研究还存有不少"理论先行"导致的误区,有必要重新梳理网络文学的产业发展历程以探析网络文学的价值和意义。

一、娱乐是网络文学的首要属性

自 20 世纪 90 年代末算起,我国网络文学发展已近 20 年。网络文学是基于媒介形式给予的命名,事实上网络文学也随着互联网媒介形态的演变而不断发展,我国网络文学的发展经历了明显的三个阶段。

---

[1] 陈静:《网络文学变局凸显新视野》,《经济日报》2014 年 1 月 22 日。

第一阶段是 Web1.0 时代，那时产生了最早的一批中文网络文学。彼时网络互动性还不强，用户还未能居于中心，网络文学的作者还具有一定的权威性和精英色彩。这时出现用新兴的互联网技术（多媒体、超文本）进行文学实验的前卫写作，美国小说家迈克尔·乔伊斯（Michael Joyce）1990 年推出的超文本小说《下午》(*Afternoon, a story*) 是形式创新的经典案例，它依托于超文本的非线性写作。国内网络文学也有一些形式创新的诗歌，但未成主流，反而是传统文学样式让网络文学成为"现象级"事件，如痞子蔡的《第一次的亲密接触》、安妮宝贝的《告别薇安》、慕容雪村的《成都，今夜请将我遗忘》、今何在的《悟空传》等。这些作品更像是把传统文学搬上了互联网，但它们又表现出一些过渡形态，它们采用的是传统文学的样式：传统的情节结构、正统的人物设置和相对精英的写作姿态，但也具备了网络文学的一些明显特点，如强烈的自恋情结、较强的代入感以及颠覆式语言。这一阶段的网络文学具有较强的"文学性"，国内学界对网络文学的研究正是起步于此。

到了 Web2.0 时代，媒介技术、媒介环境的变化让事情变得很不一样了，这是网络文学经历的第二阶段。Web2.0 通过博客、评论、跟帖等技术让互联网用户交互性显著提高，UGC（User Generated Content，用户产生内容）成为网络文化中最强势的力量，用户体验、用户定制成为经营网络的标准。这个阶段最具标志性的网络文学事件是，2003 年 10 月，起点中文网首创了网络文学的基本商业模式——VIP 章节收费以及网站培养和打造作者的方法，构筑了网络文学的商业模式的"起点"。此后的网络文学开始商业化运作，紧贴用户体验，建构起了类型化的文学模式。网络文学离传统意义上的文学越行越远，越来越像是一种满足读者幻想的文字材料。如果非要与传统文学进行对比，那可以说，网络文学更像传统通俗文学、类型文学，如言情小说、武侠小说。网络文学确实吸收了通俗文学的很多东西，如人物性格、情节设定，但不一样的地方在于,网络文学比通俗文学更加娱乐化,它不仅"借桥"通俗文学,更偷师于电子游戏、动漫、影视等流行娱乐文化,总之,其娱乐性远远压倒了"文学性"。

网络文学的第三阶段对应着移动互联网的普及,其主要特点是用户量的增多,用户口味的多样化。借助便携的手持移动终端,网络文学影响力大增,拥有大量活跃用户。据易观智库的数据,2010年网络文学活跃用户为 1.5 亿人,而到了 2012 年则变为 3.6 亿人。也就是说,仅仅用了两年时间,网络文学的活跃用户就暴涨到近 2.5 倍!这两年正是"移动互联网"爆发式增长期,庞大的用户量给网络文学带来无限商机,"IP(Intellectual Property,知识产权,业界称为'大版权'或'全版权')"成为网络文学界的时髦语汇,很多网络文学版权被高价哄抢,或改编影视,或制作游戏,或改为其他衍生产品。在第三阶段,长篇付费阅读的商业模式仍被坚守,但更复杂的产业运营也开始发挥影响,于是网络文学出现一个新趋势:开始注重 IP,作品的创意、"泛娱乐"潜力开始被看重,也就是说,这个阶段的网络文学可能试图提供更多元化的娱乐。

"网络文学"很早就引起文学研究人士的关注,几乎与网络文学同时发生。大体而言,学者们试图从三个角度理解网络文学:(1)关注网络文学的"形式创新""技术先锋性"。这是西方网络文学研究的重心,也是我国早期研究的重心,这方面的代表学者有黄鸣奋、单小曦等,他们着力建构"电脑艺术学""数码诗学""数字文学"等方面的网络文学理论。早期网络文学,尤其是参考自西方国家的网络文学,很注重形式创新,具有技术特征,如用超链接、多媒体形式写的小说、诗歌,然而,"形式创新"的网络文学在我国一直极其边缘化。(2)从传统文学立场研究我国网络文学发展,这些研究关注的是网络文学所体现出的新的"文学性"相关问题,如关注写作者身份的转变(从"作家"到"写手"),关注文学生产机制的变化(从"专业化写作"到"人人写作"),关注文本风格的变化(从"现代文本"到"后现代文本"),等等。这种研究思路的合理性在于揭示了网络文学相比传统文学所具有的各种新的文学特质,清晰呈现出数码技术、互联网技术对文学形态的影响。这是继关注网络文学"形式创新"的研究之后兴起的另一种比较主流的研究范式,代表性学者如欧阳友权、蓝爱国等。(3)从产业化发展角度出发理解我国网络文学。随着我国网络文学商业模式的确立和网络文学在曲折发展中成熟,单纯的"文学性"视角很难对接我国网络文学发展的现实,因此出现了从产业化发展的既成事实去理解网络文学的角度。在这种研究方式中,有从宏观角度、外部研究把握网络文学产业发展的,也有从细分角度、内部研究着手,更加具体地揭示出我国网络文学发展的内在逻辑的,代表学者如邵燕君、庄庸、许苗苗等。

长期关注中国网络文学现象的韩国学者崔宰溶指出,中国网络文学研究存在着三个明显局限,其中一个就是"传统文学观念的影响力过于强大"。[1]究其原因,崔宰溶认为,"初期研究(引注:指 2003 年前)"奠定了网络文学研究的基本模式,然而,2003 年以后"商业化了的网络文学与初期研究主要探讨的业余性的、无功利性的网络文学很不一样"。[2]确实如此,不少网络文学的研究者并未及时"与时俱进",他们对网络文学的很多认识太过局限于网络文学发展的第一个阶段,即关注网络文学内含的(新的)"文学性"和形式创新的可能。"网络文学"这个命名似乎对研究者产生了一种无意识的误导,即认为网络文学应该首先意味着"文学",所以网络文学研究多是通过与传统文学(以纸质印刷为特征的文学)对比,提出网络文学的概念、特征、形态、功能、价值等"文学性"的问题。对于凸显网络文学的特质,厘清网络文学

---

[1] 崔宰溶:《理论的拓进与现实的脱节——中国现有网络文学研究简论》,广东省作家协会、广东网络文学院编《网络文学评论(第一辑)》,广州,花城出版社,2011年,第41页。

[2] 同上书,第45页。

的内在机制,这种研究是很有启发的,然而这种思路始终是把网络文学当成"文学"去研究的,即仿照传统文学研究的方法去分析、解释、评判网络文学。实际上,随后的发展越来越显示出,将网络文学视作娱乐产业,恐怕才更恰当,才更能揭示出网络文学的本质。

韦勒克、沃伦的《文学理论》为小说作为"严肃的艺术"辩护时,说"有人认为小说和消遣、娱乐、逃避现实等行为有广泛的联系,因而不是严肃的艺术,这就把伟大的小说和为了狭隘的市场目的而生产的产品混为一谈了"。[1]实际上,自始至终存在两种小说的模式,有一种被当成"严肃的艺术"(这也是学科化的"文学"研究对象),而另一种则是为消遣、娱乐、逃避现实而创作的娱乐的产物(直到20世纪中期这类作品才被纳入"大众文化"引起文化研究学者的注意)。韦勒克、沃伦说:"叙述性小说的两个主要模式在英语中分别称为'传奇'和'小说'……小说由非虚构性的叙述形式即书信、日记、回忆录或传记以及编年纪事或历史等一脉发展而来,因此可以说它是从文献资料中发展出来的,从文体风格上看,它强调有代表性的细节,强调狭义的'模仿'。另一方面,传奇却是史诗和中世纪浪漫传奇的延续体,它无视细节的逼真,致力于进入更高的现实和更深的心理之中。"[2]作者还引用里夫(C. Reeve)的话来说明"小说"和"传奇"的区分:"小说是真实生活和风俗世态的一幅图画,是产生小说的那个时代的一幅图画,传奇则以玄妙的语言描写从未发生过也似乎不可能发生的事情。"[3]毫无疑问,在我国网络文学发展的三个阶段中,尤其是第二、第三阶段的主流作品,几乎都是为消遣、娱乐、逃避现实而创作的娱乐的产物,非常典型地属于"以玄妙的语言描写从未发生过也似乎不可能

---

[1] [美]韦勒克、沃伦:《文学理论》,刘象愚等译,北京,生活·读书·新知三联书店,1984年,第235页。

[2] 同上书,第241、242页。

[3] 同上书,第241页。

发生的事情"。由此而言，我国网络文学显然是作为一项娱乐来创作和接受的。如果单纯使用传统文学研究的概念、方法去阐释网络文学，等于用"严肃的艺术"的规则去指点娱乐产品的生产和消费，显然用错了地方。

二、"极嗨"娱乐促发网络文学

中国网络文学的繁荣引起国外媒体的关注，美国《时代周刊》报道认为，相比其他国家，在网络出版（web publishing）方面中国是一枝独秀，网络文学在中国成了一桩很大的生意。[1]很多国家都有网络文学，东亚国家网络文学发达一些，然而也没有如中国这样繁荣的网络文学现象，甚至有国内网络文学网站断言："（网络）原创文学，是中国文化产业中极少数取得成功的中国模式。在某种程度上，作为大众想象力的代表，原创文学就如同动漫之于日本、好莱坞之于美国。"[2]为什么唯独中国人会对网络文学情有独钟？《时代周刊》认为："（中国）网络出版的成功直接与中国对图书生意的限制相关。"[3]笔者接触到的部分网络文学从业者也持此种看法。要理解为何独有"中国模式"的网络文学发展成一枝独秀，必须先了解我国网络文学的定位和娱乐业大环境。

娱乐文化发展的大体趋势是文字不如图片，图片不如视频，正是"一图胜千言，一视频胜千图"。在娱乐图像化、影像化的年代，网络文学凭借文字的力量逆势发展为颇有赢利能力的产业，足以令人称

---

[1] Hannah Beech, "The Great Scrawl of China", *Time International (Atlantic Edition)*, Feb. 13, 2012.
[2] 创世中文网：《阅文集团2015年原创文学报告（作家先行版）》，（腾讯旗下）创世中文网，发布于2016年2月6日，http://chuangshi.qq.com/news/20160206517.html。
[3] 同[1]。

奇。[1]网络文学究竟有何魔力,能让读者乐此不疲?唯一的解释是,网络文学提供了一些特殊的东西,以至于形成"稀缺性",唯独此渠道能拥有,笔者认为这种附加在网络文学上的稀缺性是一种"非主流"的娱乐/审美体验。主流的娱乐渠道无法提供这种娱乐体验,网络文学获得了"渠道稀缺性",因而取得极大成功。

国内年青一代是主要娱乐消费者,影评人图宾根木匠评论影片《速度与激情7》时分析了"中国新一代年轻观众们的普遍审美趣味",很有说服力。他认为这个群体很独特:"中国正处在经济的高速发展期,在全社会一门心思往前冲的高铁快车道上,必然会有浮夸、躁动的集体审美心理。"[2]他还认为,香港社会高速发展的年代产生了"尽皆过火,尽是癫狂"的电影美学,如今中国内地也在经历这个过程。内地年青一代人有旺盛的娱乐需求,这在从游戏到电影、从网络到娱乐产品等方面都有明显表现。然而,那种"尽皆过火,尽是癫狂"的娱乐需求(即极端化、狂欢化的娱乐需求),却因为种种原因无法通过主流渠道获得满足。笔者更早一些时候曾撰文指出"可能多数人都没意识到,这么多年来网络小说一直在某种程度上担任其他通俗娱乐业的替补角色。现实生活总有不少人会生发出又极又嗨(极端化、狂欢化)的娱乐需求,但是目前的主流渠道(不管是线下出版还是影视)并不能有效地供给这种娱乐"。[3]传统娱乐渠道如出版、广播、电视、电影作为"主流舆论阵地"既受到社会政策层面的限制,同时也受知识精英严肃的"文化—审美"习惯的左右,主流娱乐渠道往往被诸如"现实主义""真实感""社会责任"这些东西所充满(下节详述此观点)。互联网是一个

---

[1] 据《经济日报》2014年1月22日报道:截至2013年年底,网络文学活跃用户达到4.3亿人,而网络文学收入在2015年有望达到70亿元。另外,2015年1月21日,主营网络文学数字出版的"中文在线"在A股创业板上市,连续22个交易日涨停,也从侧面说明国内网络文学的市场热度。

[2] 图宾根木匠:《〈速度与激情7〉:被吹上天的猪》,百度百家,发布于2015年4月15日,http://tubingenmujiang.baijia.baidu.com/article/53620。

[3] 孟隋:《挖掘网络文学IP价值的难度》,《文学报》2015年3月19日。

新渠道，它的用户多是年轻人，这个新渠道给年轻人提供了"非主流"的娱乐空间。据不完全统计，全国网络文学平台上每天更新上亿文字。技术和数量的优势给审查带来巨大难度，也排斥着知识精英的话语介入，于是，在审查和传统批评无法有效触及的地带，诞生了满足大众娱乐需求的娱乐产业。

一方面，中国主流渠道对于"过度娱乐"持相当保守的态度。文化娱乐管理机关有时候还会直接下发"限娱令"，举办"关于防止部分广播电视节目过度娱乐化座谈会"。有党报刊文指出，娱乐文化"广泛而深刻地影响着人们的情感生活、精神生活、审美判断和社会价值观念"（由此暗示娱乐文化具有相当严肃的社会意义），"反观当前的一些电视节目，确实存在过度娱乐化的现象，有的节目格调低俗，影响青少年身心健康；有的没有内涵，哗众取宠……要整治目前荧屏过度娱乐化，其核心就是整治娱乐文化的'三俗'，即危害社会大众的庸俗、低俗、媚俗文化"。[1]另一方面，体制内外的文艺批评界对于"娱乐精神"似乎也缺乏宽容。如对于"小时代"系列电影这样一味沉溺于物质追求的作品，对于电视剧《甄嬛传》这种一味追求情节刺激不顾"社会影响"的作品，体制内外掌握较大话语权的传统媒体、文艺评论家保持了一致意见，那就是对这些作品猛烈批判，极少"同情之理解"。然而被批评的对象却票房大涨、收视率飙升，从侧面说明这些作品得到很多观众的认可。当然不是说主流的、知识精英的批评是错的，而是说主流批评界对娱乐的态度与普通民众（尤其是年青一代）有相当大的差异。由官方和精英主导的主流娱乐可以说是现实主义、实用主义型的，而普通或者底层的年轻人则更中意于极端化、狂欢化的娱乐，仅仅是为了享乐而娱乐。

与传统渠道的娱乐很不一样，网络小说离现实很远，不具备什么现

---

[1]《"限娱令"能否遏制"过度娱乐化"》,《河北日报》2011年8月12日。

实意义。不管是男频的修仙练气主宰一切、都市兵王无限嚣张,抑或女频的"霸道总裁爱上我""邪魅王爷独宠我",与现实社会生活几乎不搭界。其情节大同小异,属于"类型文学",每种大类型下还有更细分的小类型,大小类型都有自身的套路。文学网站编辑不接受随意创新,读者也不买账。"类型"的出现为的是最快速、最有效地给读者提供"爽"的感觉,网络文学的生产者是个体,但商业化运作却让创作个体服从娱乐的规律,从而主流网络文学不可避免地走向类型化。非类型化的作品很难获得关注,从这个角度看,互联网实际上并没有给文学带来多少"艺术自由"。腾讯收购盛大文学以后,旗下阅文集团占去网络文学的大半壁江山,其平台上的销售数据很有说服力。数据显示,"都市""玄幻""言情"等类型化的网络文学仍占绝对主流,详见下表。[1]

阅文平台男性小说销售题材分布　　阅文平台女性小说销售题材分布

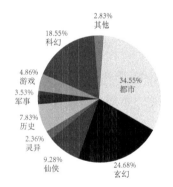
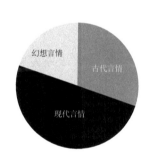

网络文学特别注重其娱乐效果,它试图加诸读者的是"爽"和快感。网络小说比一般的通俗小说更注重对读者的刺激,它在叙事上必须加快冲突的发生,几乎"不过脑"地制造矛盾,用不断强化的刺激去推动情节发展。由于情节的"强刺激"性,网络小说塑造的人物也往往夸张而荒诞,与现实生活中的人完全风马牛不相及。如果从网络小说

---

[1] 创世中文网:《阅文集团2015年原创文学报告(作家先行版)》,发布于2016年2月6日,http://chuangshi.qq.com/news/20160206517.html。

的叙事视点看，小说的主角基本上始终在场，这是为了方便地给用户提供"代入感"，让用户始终体验到"爽"的感觉。网络小说的人物设定也有基本规范，一般不能出现能力强于主要人物的其他人物，主人公不能受到真正的侮辱。无论从情节、叙事还是人物看，网络文学都是极端化、狂欢化的。

程式化的网络文学遵循娱乐的程序，满足了多数在现实中找不到任何优越感的群体（处于社会底层的青少年）的癫狂臆想。网络文学娱乐的精髓是"极嗨"（极端化、狂欢化），这跟主流渠道的娱乐完全不同。主流渠道的娱乐往往强调"辩证"、适度和社会效果，"极嗨"娱乐在主流渠道中几乎没有立足之地，网络文学的稀缺性就体现在这里。渠道稀缺性成就了我国网络文学的成功，但也给网络文学走向更广阔空间增添了障碍。

三、网络文学的IP价值

目前，网络文学发展到了第三阶段，也进入一个"言必称IP"的时代，网络文学的IP大概涵盖了人物形象、故事情节、世界观设定以及作品传达的价值观。说起IP来，必会提到美国漫威动画公司（Marvel Comics）的钢铁侠、蜘蛛侠等各种"侠"，从漫画到大片再到周边，同一个IP可以赚几遍钱。挖掘IP价值，目的是将特定作品的利润挖掘到最大化。对于网络文学来说，一个好IP，同样可以延伸至线下出版、游戏、影视、唱片、话剧以及各种周边产品，然而，这是理想状态，实际上网络文学的IP挖掘面临困境。

以近几年大放异彩的网络文学改编影视为例。近几年《步步惊心》《千山暮雪》《失恋33天》《甄嬛传》《致青春》等网络小说改编的影视作品大获成功，网络小说IP开始走红。2015年，网络小说改编的《何以笙箫默》《芈月传》《花千骨》《琅琊榜》《盗墓笔记》《太子妃升职记》

等不断成为热播电视剧、网络剧……然而，网络文学成功打入影视领域的原因不是影视公司找不到好剧本不得不乞灵于网络文学，而是出资人看重网络文学"买网文，送粉丝"的"粉丝经济"。网络文学培养了大批粉丝拥趸，一些知名网络小说坐拥百万级粉丝。对于这样的作品，只要围绕该作品进行改编，在营销宣传上做足文章，粉丝们买账的概率非常高，影视投资风险会随之大大降低，但影视创作变成"圈钱"游戏的风险却大大提高——出资人不关心产品质量，只看短期内能否赚钱回笼资金。

比上述困难更不容易突破的是，网络渠道与传统渠道对接常常出现"鸡同鸭讲"的现象——网络渠道以年轻用户为主，在审查方面较为宽松；传统渠道受众以成年人乃至中老年人为主，是常规的舆论阵地，两种传播渠道的差异导致了两者内容上难以兼容的美学风格。改编就是让网络文学IP从网络渠道进入传统主流渠道，"尽皆过火、尽是癫狂"的情节必须要重新梳理，增加真实感、现实感和政治正确的导向。很多改编，粉丝很失望，因为原著进入传统渠道会面对更严格的审查尺度、更主流的审美标准，更讲求理性、实用的观众群体，因此往往被改得面目全非，改编过程中能够使用的原著素材有时只有一两成，甚至有些被改编到只保留了原著人名的程度，剧情方面必须得另起炉灶。2015年网络"神剧"《太子妃升职记》只用了"原著内容10%～15%的素材"，[1]同年电影《九层妖塔》基本上只保留了原著《鬼吹灯》的人名和部分术语，几乎是重写一个新故事。对于改编者来说，改编网络文学大概是个让人头疼的问题。原封不动地改编，主流渠道不接受；而如果改得太离谱，那还不如改编者自己原创一个作品呢，何必费力不讨好地借一个价格不菲的IP空壳呢？

网络文学杀入主流渠道后，常常不是让"原著党"不满，就是让

---

[1] 董美圻:《"神剧"是怎样炼成的？》，钛媒体，发布于2016年2月24日，http://www.tmtpost.com/1507079.html。

传统批评界不满（或更糟，两者同时不满），这说明网络文学和主流批评界势如水火的格局。不用说《盗墓笔记》电视版演员抱着文物说"我要上交给国家"的事，引起"原著党"不满；就是《甄嬛传》这样的作品，也在改编过程中增强了现实感、历史感，以便获得传统渠道的认可。但反讽的是《甄嬛传》改编大获成功以后，依然遭到主流评论界的批评。在抨击其价值观上，体制内和体制外的批评出奇地一致，诸如有学者就说这部电视剧"比坏心理腐蚀社会道德""它宣扬的是中国落后的、倒退的价值观"等等。

不可否认，确实有很多网络文学IP适合影视改编，已经取得成功的也不在少数。不过，这类小说多数均非典型的网络小说，而更接近适合传统出版的文学作品，比如《亮剑》《失恋33天》《致青春》这类的作品，它们与传统渠道的军事文学、青春文学差别不大。如果说这就是网络文学以IP为核心的新发展趋势，那么反讽的是，传统出版行业早就在做这样的事了。事实上，目前影视改编成功的网络文学多集中在青春、言情题材上，这些作品有不少是发表在网络文学平台上的"出版文"（指网络文学中不太看重点击率和VIP付费阅读收入，而是注重收获名气，主攻线下出版的作品），并非典型的网络文学。也就是说，适合改编影视的作品一般来说也适合传统的线下出版，与网络文学相比，似乎影视与线下出版拥有更多的"共同语言"。

网络文学崛起于渠道稀缺性，但"成也萧何败也萧何"，渠道的稀缺和独特给网络文学走向更广阔的"泛娱乐"带来了困难。所谓"渠道壁垒"是说主流渠道和网络渠道的娱乐机制很难互相兼容，毕竟制度和习惯造成的"文化—审美"心态短时间内难以改变。不过也不应过度悲观，"渠道壁垒"似乎并不能完全有效地阻断网络文学的跨界效应，因为网络渠道的娱乐凭借强大的影响力已经成为传统渠道娱乐提供者的重要参照标准，如一些"抗日神剧"就很有网络小说的影子。网络文学的"溢出效应"还可能大大增强——随着网络文学IP或大版权概念的持续升温,资本密集涌入也可能驱使网络文学作者更加注重创意,提供更多样化的娱乐。

目前,网络文学发展到了第三阶段,但第二阶段形成的依赖付费阅读的商业模式仍未被实质性地打破,因此这个阶段充满变数,网络文学试图乞灵于IP来制造新的引爆点。阅文集团提供的最新数据显示,网络小说正凸显创意、趋向多元:"随着用户群的多元化,不同读者需求区分日益明确,以灵异、二次元、历史为代表在新读者中有较高接受度的门类、题材率先崛起,并有望持续走强。……值得注意的是:上述门类的作品数量与市场需求远远没有匹配——作品稀缺,市场巨大。"[1]创意的涌现,多元化的娱乐追求,无疑有助于网络文学突破"渠道壁垒"。显然,形成于第二阶段的过度趋同化的类型文学,大多数IP价值非常低,因为原创程度有限(大家都用差不多的"梗",原创性就很差)。唯有创意涌现、灵感不断的真正好作品持续出现,才可能使网络文学从非主流渠道反杀到主流渠道去。互联网的特性是能够沉淀有效信息,并且让信息找到合适的宿主,从这方面来讲,互联网发挥着"集思广益"的作用,这一机制对于互联网文化产品也成立。理论上,海量用户可以从海量的网络文学作品中,票选出最有群众基础、最有创意的作品。届时凭借群众基础或创意的无限涌出,也许作为娱乐产业一环的网络文学会经历一次更深刻的转型,这是网络文学第三个发展阶段要面临的挑战。

四、结论:学术界如何介入网络文学

因为可以提供非主流"极嗨"娱乐,网络文学才走向繁荣。网络文学首先意味着娱乐,其次才是文学,这应作为研究的常识。对于网

---

[1] 创世中文网:《阅文集团2015年原创文学报告(作家先行版)》,发布于2016年2月6日,http://chuangshi.qq.com/news/20160206517.htm。

络文学发展的第一阶段,或许从"文学性"做出阐释具有较强合理性,然而当网络文学发展到第二、三阶段,娱乐属性就显然压倒了文学属性。与其说网络文学是文学现象,倒不如说它是娱乐现象。更进一步看,目前相当一些对网络文学的研究,既不太被网络文学业界重视,也似乎难获多数作者和读者的理解认可,其原因也许是研究者太倚重传统文学研究的观念体系和既有范畴,把网络文学视为一种单纯的文学现象去解读。所以,与其从文学的角度介入对网络文学的研究,不如从娱乐乃至大众文化的角度进行研究,也许只有这样做,学术界才能更有效地关注和介入网络文学,建构起关于网络文学的准确知识和符合实际的评价标准。

"君子以文会友,以友辅仁"新探

孟 琢 董婧宸[1]

[摘 要] 曾子"君子以文会友,以友辅仁"一语多被理解为君子通过文章、学问来和朋友进行交流,从而辅成仁德。此实为误解,此处的"文"当为"礼乐文化"之义,这句话的含义是君子通过礼来会聚朋友,用朋友来辅助自己培养仁德。这一观点与先秦贵族的社会交往方式有关,具有坚实的历史依据。曾子此语是对儒家朋友之道的拓展,在友道的层面实现了仁与礼的辩证统一。

[关键词] 文;礼乐文化;交往方式;朋友之道

曾子曰:"君子以文会友,以友辅仁。"历代注释者多把"文"释为"文章、学问",如朱熹《四书章句集注》:"讲学以会友,则道益明,取善

---

[1] 国家社科基金青年项目《〈说文解字〉疑难释义丛考》(项目编号:14CYY026)。孟琢,北京师范大学民俗典籍文字研究中心讲师。董婧宸,北京师范大学文学院博士研究生。

以辅仁,则德日进。"[1]钱穆《论语新解》:"文者,礼乐文章。君子以讲习文章会友。"[2]杨伯峻《论语译注》:"君子用文章学问来聚会朋友,用朋友来帮助我培养仁德。"[3]根据这些注释,"以文会友"的含义是通过文章、学问来与朋友进行交流。

根据训诂学的原理,对于典籍的"确证的考"需要满足两方面标准:(1)符合历史语境的训诂解释;(2)符合历史情境的史实还原。[4]训诂与史实在特定的历史维度中进行互证,思想义理的阐释也建立在这一基础上。我们认为,在前人对"君子以文会友,以友辅仁"的解释中,"文章、学问"的义项并不符合"文"的古义,"朋友讲习"也与先秦社会的交往方式不相契合。因此,本文立足"文"的训诂与《左传》《国语》等史籍中先秦社会的交往方式,探讨"以文会友"的具体所指,进而在儒家思想体系中分析这句话的义理内涵。

一、礼乐文化:"文"的训诂解释

解读"君子以文会友,以友辅仁",关键在于通过"文"的训诂解释,把握"文"在历史语境中的准确内涵。《说文解字》:"文,错画也。"本义为"纹理、花纹",因花纹具有符号的特点,引申为"文字"之义,如《左传·宣公十二年》:"夫文,止戈为武。"文字为文明之象征,具有书面性、知识性的特点,"文章、学问"之义皆由此引申而来。

但是,在先秦文献中"文"与"文章、学问"之义不尽相同,它是一种特殊的文化知识——礼乐文化。以《论语》为例,"文"出现共

---

[1] 朱熹:《四书章句集注》,北京,中华书局,1980年,第140页。
[2] 钱穆:《论语新解》,北京,生活·读书·新知三联书店,2002年,第326页。
[3] 杨伯峻:《论语译注》,北京,中华书局,1980年,第132页。
[4] 王宁先生将"确证的考"的标准归纳为"四安":字安、词安、文安、事安,即体现为历史语境和历史情境的统一。

40次，其中表示"礼乐文化、礼乐修养"者22例，表示谥号、人名者15例，表示"文献"者2例，表示"文饰"者1例，并没有表示"文章、学问"的义项，"文"表示"文章"首见于《汉书·贾谊传》"以能诵诗书属文，称于郡中"一语。

"文"有礼乐文化之义，这是先秦时期特定的语义内涵，充分体现在文献训诂之中，具体而言，"文"包括政治层面的礼乐制度与个人层面的礼乐修养。

在政治层面，"文"指礼乐制度，即"礼制"。《论语·子罕》："文王既没，文不在兹乎？"朱熹《集注》："道之显者谓之文，盖礼乐制度之谓。"《国语·周语》："以文修之。"韦昭："文，礼法也。"《荀子·非相》："文久而息。"杨倞："文，礼文。"皆为其证。就《论语》中的内证而言，汉儒多训"文"为"文章"，如《子罕》："博我以文，约我以礼。"孔安国："言夫子既以文章开博我。"《八佾》："郁郁乎文哉。"马融："言周文章备于二代。"此处的"文章"即指礼乐制度，而非文学作品。孔子谓尧"焕乎其有文章"，何晏："其立文垂制又著明。""文""制"对言，即指礼乐制度，故朱熹《集注》曰："文章，礼乐法度也。"又《礼记·大传》："考文章，改正朔。"郑玄："文章，礼法也。"孙希旦《集解》："文章，谓礼乐制度。"

在个体层面，"文"指礼乐的修养教化，即"礼教"，它包括诗、书、礼、乐等文化传统。"文"是孔子教学的基本内容，《论语·述而》："子以四教：文行忠信。"刘宝楠《正义》："文，谓诗书礼乐也。"《学而》："行有余力，则以学文。"马融："文者，古之遗文。"郑玄："文，道艺也。"刘宝楠《正义》："艺为六艺也，艺所以载道，故注道艺连文，其义与马氏并通也。"[1] 由此可见，"文"为六艺之统称，包括了诗、书、礼、乐等内容。在先秦时期，熟识诗、书、礼、乐之人可以誉之为"文"。《左

---

[1] 刘宝楠：《论语正义》，北京，中华书局，1990年，第18、19页。

传·僖公二十三年》记载重耳出亡至秦,狐偃推荐赵衰相礼:"吾不如衰之文也。"赵衰何以称"文"?《左传》记载:"公子赋《河水》,公赋《六月》。赵衰曰:重耳拜赐。公子降,拜,稽首,公降一级而辞焉。衰曰:君称所以佐天子者命重耳,重耳敢不拜。"[1]《国语·晋语》谓赵衰"导前志以佐先君,导法而卒以政,可不谓文乎"?韦昭:"志,记也。"[2]志、法皆谓前代典章。赵衰熟悉诗书礼乐,故时人誉之为"文",这也能从侧面反映出"文"的具体内涵。

由此可见,"文"的含义是礼乐文化,而非后世"飞文染翰,则卷盈乎缃帙"的文学词章,这是"文"在先秦特定的语义内涵,也是我们理解"君子以文会友"时必须措意之处——用魏晋"文学自觉"之后的"文章"的概念来理解先秦时期的礼乐之"文",是会导致偏差的。章太炎先生在《国故论衡》中指出:"古之言文章者,不专在竹帛讽诵之间。孔子称尧舜,焕乎其有文章。盖君臣朝廷尊卑贵贱之序、车舆衣服宫室饮食嫁娶丧祭之分,谓之文。"[3]他的立意正要强调"文"具有特定的历史内涵,辨析礼乐之"文"与文章之"文"的历史差异,这一思路应当承续。

深言之,古人之所以用"文"来指称礼乐文化,是因为"文"的词义特点与礼乐的文化特性相符。"文"本义为"错画",《释名》:"文者,会集众采以成锦绣,会集众字以成辞义,如文绣然也。"由此而来,"文"具有了"外在、修饰"的词义特点。文、质相对而言,《论语·雍也》:"质胜文则野,文胜质则史。""质"是内在、真实的一面,"文"即是外在、修饰的一面。在汉字中,与"文"有关之字多从"彡"。《说文》:"彡,毛饰画文也。"亦有"修饰、装饰"的构意。《说文》:"㐱,緘也。从彡从文。彰,文彰也。从彡从章。"《论语·季氏》:"修文德以

---

[1] 杨伯峻注:《春秋左传注》,北京,中华书局,1990 年第 2 版,第 410 页。
[2] 徐元诰:《国语集解》,北京,中华书局,2002 年,第 388 页。
[3] 章太炎撰,庞俊、郭诚永疏证:《国故论衡疏证》,北京,中华书局,2008 年,第 248 页。

来之。"《说文》:"修,饰也。从彡攸声。"《论语·雍也》:"文质彬彬。"《说文》:"彬,文质备也。古文从彡。"又"文彩"连用,彩亦从彡。在汉字形义体系中,也能看到"文"具有外在、修饰的特点。在儒家思想中,礼的特点也是外在、修饰的,礼、仁是一组相对的伦理范畴,前者是外在的行为规范,后者是内在的道德修养,孔子、子夏"绘事后素"之喻,即为显证。通过礼乐的熏陶,君子可以养成温文肃穆的仪表,这正是一种人格上的"修饰"。

总之,在先秦文献的历史语境中,"以文会友"的"文"指礼乐文化。这一义项由"错画"之"文"引申而来,尽管它与后世的"文章、学问"具有意义上的引申关系,但我们必须意识到,二者之间存在本质的不同,把"文"释为"文章、学问",是根据后世语境对先秦文献的误解。既然如此,"君子以文会友,以友辅仁"的含义就是君子通过礼来会聚朋友,用朋友来辅助自己培养仁德,而不是通过"文章、学问"来与朋友进行交流。那么,先秦君子"以文会友"的具体方式又是什么呢?它和后世的"朋友讲习"又有怎样的区别呢?

二、"以文会友"与先秦贵族的交往方式

"以文会友"不仅是先秦儒家的理想追求,也是古人社会、政治生活的交往方式,"文"浸润在先秦君子各类的交往领域之中。先秦社会的历史情境和后世的"朋友讲习"具有明显不同,其时礼乐构成了君子社会交往的主要方式,所谓"经礼三百,仪礼三千",体现为一整套的道德性的礼仪行为规范,往往与政治领域密切相关。

作为礼乐文化的"文"制约着古人在各种交往场合中的言行举止,《仪礼》记载了先秦时期的各种礼制,展现出不同身份的古人在不同交往领域中的礼仪规范,这是"以文会友"的基本方式。如《士冠礼》为成人之礼,记载了古人获得成人身份、首次参与社会交往的礼制;《士

昏礼》为迎娶之礼,记载了古人与异性姻亲之间的交往礼制。《士相见礼》为士与士、大夫、国君互相拜访之礼,《乡饮酒礼》为乡一级单位中的饮酒尊贤之礼,《乡射礼》为州一级单位中的射箭饮酒之礼,这是以底层贵族为中心的交往礼制。《燕礼》为国君与群臣的饮宴之礼,《大射》为诸侯群臣通过射箭比赛选择祭者之礼,《聘礼》为卿大夫出使他国之礼,《公食大夫礼》为诸侯与使臣的饮宴之礼,《觐礼》为诸侯朝见天子之礼,这是以上层贵族为中心的交往礼制。先秦时期社会交往的方式、场合、程序、话语乃至举手投足的细节,都有详尽的礼仪规定,这些礼仪涵盖了天子、诸侯、大夫、士等不同的社会阶层。

在《左传》所记载的政治交往中,有大量细节可以和"三礼"互证,如成公二年晋灵公召赵盾饮酒,伏甲将攻之。赵盾之车右提弥明知之,谓赵盾曰:"臣侍君宴,过三爵,非礼也。"一般认为,这是提弥明在危急之际的托词,但据《礼记·玉藻》中记载:"君若赐之爵,则越席再拜稽首受,登席祭之。饮卒爵而俟君卒爵,然后授虚爵。君子之饮酒也,受一爵而色洒如也,二爵而言言斯,礼已三爵而油油以退。"[1]可见古人即使在危难仓皇之际,仍据礼行事。在行为细节之外,《左传》中还有大量关于政治交往是否"合礼"的记载与评论,皆彰显出先秦古人把"礼"作为基本的社会交往规范的文化态度。

在以礼会友的过程中,《诗》《书》具有重要的社会功能。前文指出,"文"的具体内容包括诗、书、礼、乐等文化传统,它们作为贵族教育的基本内容,常为先秦君子所称引,用来通情达意。以《诗》为例,无论是朝聘会同还是兴戎乞师,都可以赋诗达意、沟通情感。《论语·阳货》:"诗,可以兴,可以观,可以群,可以怨。"孔安国释"群"为"群居相切磋",即通过赋《诗》来切磋会友。先秦古人赋诗断章、表达志意,在《左传》中多有记载,例如:

---

[1] 孙希旦:《礼记集解》,北京,中华书局,1989年,第792页。

> 先蔑之使也，荀林父止之……弗听。为赋《板》之三章，又弗听。及亡，荀伯尽送其帑及其器用财贿于秦，曰："为同寮故也。"（《左传·文公七年》）[1]
>
> 晋侯使韩穿来言汶阳之田，归之于齐。季文子饯之，私焉，曰："大国制义以为盟主，是以诸侯怀德畏讨，无有贰心。……《诗》曰：'女也不爽，士贰其行。士也罔极，二三其德。'……《诗》曰：'犹之未远，是用大简。'行父惧晋之不远犹而失诸侯也，是以敢私言之。"（《左传·成公八年》）[2]

这两则都是大夫交往之例，与正式的外交会同相比，具有更为鲜明的私人交往色彩。在第一个例子中，晋国先蔑出使秦国，荀林父进行劝阻，为之赋《大雅·板》之三章："我虽异事，及尔同寮。我即尔谋，听我嚣嚣。"引《诗》劝先蔑听从同僚及他人之建议。先蔑不从，待其出奔之后，荀林父更根据周代善待出奔贵族之礼，送还其家属财产。在第二个例子中，晋韩穿出使鲁国，令鲁人献土于齐，季文子与韩穿私下交流，引《卫风·氓》《大雅·板》以劝谏之。在这里，《诗》《书》之"文"是先秦贵族政治交往的基本媒介。

先秦贵族以礼会友，具有两方面的特点：首先，是否熟练掌握诗、书、礼、乐并深刻地理解其内涵所在，是先秦贵族评价"君子"的重要标准。在《左传》中，最典型的例子是吴季札聘鲁：

> 请观于周乐。使工为之歌《周南》《召南》，曰："美哉！始基之矣，犹未也。然勤而不怨矣。"为之歌《邶》《鄘》《卫》，曰："美哉，渊乎！忧而不困者也。吾闻卫康叔、武公之德如是，是其《卫风》乎？"为之歌《王》，曰："美哉！思而不惧，其周之东乎？"为之

---

[1] 杨伯峻注：《春秋左传注》，北京，中华书局，1990年，第561页。
[2] 同上书，第837页。

> 歌《郑》，曰："美哉！其细已甚，民弗堪也，是其先亡乎！"……见舞《象箾》《南籥》者，曰："美哉！犹有憾。"见舞《大武》者，曰："美哉！周之盛也，其若此乎！"见舞《韶濩》者，曰："圣人之弘也，而犹有惭德，圣人之难也。"见舞《大夏》者，曰："美哉！勤而不德，非禹其谁能修之？"见舞《韶箾》者，曰："德至矣哉！大矣！如天之无不帱也，如地之无不载也，虽甚盛德，其蔑以加于此矣。观止矣！若有他乐，吾不敢请已！"（《左传·襄公二十九年》）[1]

季札在鲁国系统地品鉴了周代相传的礼乐传统，特别是《诗》与《乐》。他观诗的内容包括《周南》《召南》《邶》《鄘》《卫》《王》《郑》《齐》《豳》《秦》《魏》《唐》《陈》《小雅》《大雅》《颂》，基本上涵盖了《诗经》的全部内容，体现出良好的文化修养。在观《诗》赏《乐》的过程中，他不仅熟悉其内容，更深刻把握其精神内涵，准确地理解各地的风俗历史，达到了"心知其意"的境界。季札在中原各国中享有盛誉，被誉为"君子"的代表，正因为他对于礼乐之"文"的精通。反之，如果不熟悉《诗》意，则会遭到时人的讥讽。《左传·襄公二十七年》："齐庆封来聘，其车美。孟孙谓叔孙曰：'庆季之车，不亦美乎？'叔孙曰：'豹闻之：服美不称，必以恶终。美车何为？'叔孙与庆封食，不敬。为赋《相鼠》，亦不知也。"[2]庆封不通诗书，鲁人赋《诗》中有"相鼠有体，人而无礼，人而无礼，胡不遄死"之句，本为讥刺，庆封却浑然不知，足见"不学《诗》，无以言"之理。

其次，对于诗、书、礼、乐的熟练掌握，是当时贵族的普遍修养，在这种"文"的氛围中，形成了"文质彬彬"的交往情境。例如：

> 夏四月，郑六卿饯宣子于郊。宣子曰："二三君子请皆赋，起

---

[1] 杨伯峻注：《春秋左传注》，北京，中华书局，1990年，第1161—1165页。

[2] 同上书，第1161—1165、1127页。

亦以知郑志。"子䲣赋《野有蔓草》,宣子曰:"孺子善哉!吾有望矣。"子产赋郑之《羔裘》,宣子曰:"起不堪也。"子大叔赋《褰裳》,宣子曰:"起在此,敢勤子至于他人乎?"子大叔拜。宣子曰:"善哉,子之言是!不有是事,其能终乎?"子游赋《风雨》,子旗赋《有女同车》,子柳赋《萚兮》,宣子喜曰:"郑其庶乎!二三君子以君命贶起,赋不出郑志,皆昵燕好也。二三君子数世之主也,可以无惧矣。"宣子皆献马焉,而赋《我将》。子产拜,使五卿皆拜,曰:"吾子靖乱,敢不拜德?"(《左传·昭公十六年》)[1]

此为卿大夫赋《诗》交往之例,晋卿韩起聘于郑,饯别之际请郑国大夫赋诗以明"郑志"。郑人依次赋《郑风》,表达了对韩起的赞美、对晋郑亲睦的期望以及自身为政立德的志向。韩起充分领会郑国六卿的用意,准确作答,加以馈赠。这一过程协调融洽,是先秦君子通过赋《诗》进行政治交往的典型情境。交往情境建立在社会性的普遍认同的基础上,它的出现足以说明诗、书、礼、乐在先秦交往领域中的普遍性。

要之,"以文会友"的实质是"以礼会友",这一理解不仅源自训诂考据,更根植于先秦的史实。对周人而言,"以文会友"指用礼仪约束自己的行为,用《诗》《书》修饰自己的言语,从而形成一种肃穆雍容的交往情境。三《礼》的细密规定,《左传》《国语》对先秦士大夫交往细节的记载,都反映出"以文会友"的历史形态。我们看到,"以文会友"与"朋友讲习"具有本质不同——尽管《诗》《书》文献都是古人文化交往中的重要内容,但先秦的"以文会友"偏重于行为规范与政治交往,后世的"朋友讲习"偏重于知识传授与私人交往,体现出差异鲜明的历史风貌。"以文会友"具有深厚的历史传统与社会基础,而我们进一步要思索的是:在曾子的这句话中蕴含着怎样的思想内涵?

---

[1] 杨伯峻注:《春秋左传注》,北京,中华书局,1990年,第1380、1381页。

它在儒家的思想体系中具有怎样的意义?

三、"以文会友,以友辅仁"的义理内涵

在先秦儒家倡导的人伦秩序中,"友"是"五伦"中重要的一环,曾子强调"以文会友,以友辅仁",实际上是在"礼"和"仁"的关系框架中,探讨朋友之道的意义与原则。

对周代的文化传统而言,"以文会友"是对周礼的继承与发挥,与孔子复兴周礼的态度一脉相承。"礼"是先秦贵族基本的交往方式,曾子主张"以文会友",是要把贵族之间的交往原则拓展为普遍的君子朋友之道,用礼乐传统来规范人际交往方式。在礼乐文化的熏陶之下,"会友"不仅具有现实的社会交际功能,更具有教化的意义,成了对交往者人格的塑造——这是曾子对周代礼教传统的继承与发展。

在儒家思想的发展过程中,"以文会友"是对孔子朋友之道的拓展,为儒家理想中的朋友关系提供了现实基础。在《论语》中,孔子多次论述朋友之道,指出朋友之间的关键在于守信,要保持适当距离、互相砥砺切磋,并提出了"益友""损友"的具体标准。[1]而首次强调用"礼"来维系朋友关系的人则是曾子,这是对孔子思想的推进。"礼"是一种社会性的文化规范,在这种规范下,交友具有了明确的标准与合理的方式,使朋友之道具备了切实的行为依据,"夫行也者,行礼之谓也",在曾子思想中,"礼不仅是孝敬父母长辈时需要尊奉的行为规范,同时也是在社会上立身行事的基本准则"。[2]用礼来规范友道,也是与曾子的思想体系相统一的。

---

[1]《论语·公冶长》:"老者安之,朋友信之,少者怀之。"《里仁》:"事君数,斯辱矣,朋友数,斯疏矣。"《颜渊》:"子贡问友。子曰:'忠告而善道之,不可则止,毋自辱焉。'"《子路》:"朋友切切、偲偲。"《季氏》:"益者三友,损者三友:友直,友谅,友多闻,益矣;友便辟,友善柔,友便佞,损矣。"

[2] 王菊英:《曾子述论》,武汉,湖北人民出版社,2009年,第197页。

在"以文会友"的基础上,曾子进一步强调"以友辅仁",这实际上是在友道的层面实现了仁与礼的辩证统一。仁与礼的关系是儒家思想的基本命题——"人而不仁,如礼何?人而不仁,如乐何?"仁是礼的精神内核,礼是仁的外在表现,二者相辅相成,不可或缺。这一关系也体现在"君子以文会友,以友辅仁"之中:一方面,"仁"是"以文会友"的终极指向。儒家强调仁爱之心是礼的根本,认为交友的目的在于辅成仁德。孔子曰:"弟子入则孝,出则悌,谨而信,泛爱众,而亲仁。行有余力,则以学文。"儒家全部的修身次第围绕仁而展开,孝悌是仁的根本,爱众即"仁者爱人","亲仁"是为了辅成仁道而结交良师益友,因此,"以文会友"必须要落实到"辅仁"上来,这是朋友之道的根本意义。一方面,"文"是"以友辅仁"的实现方式,就交友而言,"文"为君子结交益友提供了标准与保障,所谓仁由礼成,"文"本身亦具有涵养仁德的功能。《中庸》:"仁者,人也。"郑玄:"人也,读如相人偶之人,以人意相存问之言。"郑注沟通了仁与礼的内在关联,"相人偶"指古人行礼时的相互揖让,《仪礼·聘礼》:"公揖入每门每曲揖。"郑玄:"每门辄揖者,以相人偶为敬也。"《大射仪》:"揖以耦。"郑玄:"耦之事,成于此,意相人耦也。"古时行礼,二人同位称为耦,行礼之时礼节相同,故谓之"相人偶为敬"。在人与人之间的揖让行礼中蕴含着"仁"的精神,阮元《论语论仁论》曰:"春秋时孔门所谓仁者也,以此一人与彼一人相人偶而尽其敬礼忠恕等事之谓也。"[1]因此,通过"文"的施行,能够促进"辅仁"的道德理想。

总之,"君子以文会友,以友辅仁"是曾子对朋友关系的精辟表述。"文"的实质是"礼",曾子所倡导的朋友之道沟通了礼与仁的关系,它以礼乐为方式,以仁德为归宿,在仁与礼的统一关系中,曾子实现了儒家友道的拓展与完善。

---

[1] 阮元:《揅经室集》,北京,中华书局,1993年,第176页。

特约译介

本雅明《历史哲学论纲》考辨

杨俊杰[1]

瓦尔特·本雅明（Walter Benjamin，1892—1940）的《历史哲学论纲》，篇幅不长，翻译过来正文也就五六千字。德国苏尔坎普出版社却编出厚厚一本，成为批判版《本雅明全集》（*Kritische Gesamtausgabe*）第 19 卷（以下简称 KGSA XIX）[2]，这里实在是有很多的故事可讲，有汉娜·阿伦特（Hannah Arendt，1906—1975）同西奥多·阿多诺（Theodor Adorno，1903—1969）闹出的纠葛，也有本雅明本人留下的谜团。这方面的材料，学界做过不少的整理和研究。在 KGSA XIX 之前，还有另外两种不错的梳理，其一是在苏尔坎普出版社的《本雅明全集》

---

[1] 杨俊杰，北京师范大学文学院比较文学与世界文学研究所副教授，文学博士。衷心感谢马千惠同学（北京师范大学）2015 年暑期自美国加州大学洛杉矶分校寄来诸多重要材料。2015 年 10 月我访问英国牛津大学时得以及时补充本文所需其他材料。感谢北京市青年英才计划资助（项目编号 110632111），也要郑重感谢中国香港汉语基督教文化研究所。

[2] Walter Benjamin, *Über den Begriff der Geschichte*, hrsg. Gérard Raulet, Frankfurt am Main: Suhrkamp, 2010.

（*Gesammelte Schriften*）第1卷（以下简称 GSI）[1]，其二是在苏尔坎普出版社的《本雅明和阿伦特》（*Benjamin und Arendt*）[2]。这其中枝节繁多，以下拟向汉语学界读者简要呈现其中重要关节之一二。此外，这里还试图有所主张。

阿多诺编定的《历史哲学论纲》版本，流布很广。各种译本，如本雅明作品英译集 *Illuminations*（以下简称 *Illuminations*）里的"Theses on the Philosophy of History"[3]，汉语学界所熟知的《历史哲学论纲》等[4]，助其在更大范围内产生影响。它主要由18条论纲构成，并附A、B两小条。《本雅明全集》第1卷（GSI）的《历史哲学论纲》，内容与前者大体相同，也保持是18条的框架。有学者在《历史哲学论纲》第18条（XVIII）之前、第17条（XVII）之后新增添了一条XVIIa（17a）[5]，所增添之XVIIa，出自吉奥乔·阿甘本（Giorgio Agamben）提供的《历史哲学论纲》版本。一个严肃而且尖锐的问题便摆在面前——著名的《历史哲学论纲》，内容应该是怎样的呢？问题还可以说得更具体一点，阿多诺编定的18条，还能不能用？这里勉为其难，我努力给出一个回应。错漏之处难免，还请方家就正。

在这个问题上，批判版《本雅明全集》第19卷（KGSA XIX）态度相当暧昧，它只是搜罗、呈现各种版本，没有给出一个可称作"批

---

[1] Walter Benjamin, *Gesammelte Schriften I*, hrsg. Rolf Tiedemann und Hermann Schweppenhäuser, Frankfurt am Main: Suhrkamp, 1974, bes. 691-704, pp. 1223-1266.

[2] Detlev Schöttker und Erdmut Wizisla (hrsg.), *Arendt und Benjamin*, Frankfurt am Main: Suhrkamp, 2006.

[3] Walter Benjamin, "Theses on the Philosophy of History," *Illuminations*, translated by Harry Zohn, edited and with an introduction by Hannah Arendt, New York: Schocken Books, 1969, pp. 253-264. *Illuminations* 的初版时间是1968年，这里引自1969年的版本。

[4] ［德］本雅明：《历史哲学论纲》，张旭东译，《文艺理论研究》1997年第4期，第93—96页；
［德］本雅明：《启迪：本雅明文选》，汉娜·阿伦特编，张旭东、王斑译，北京，生活·读书·新知三联书店，2008年，第265—276页。

[5] Michael Löwy, *Fire Alarm: Reading Walter Benjamin's On the Concept of History*, translated by Chirs Tuner, London: Verso, 2005, 22, 26.

判版本雅明全集"的《历史哲学论纲》版本，这无疑是不能令人满意的。KGSA XIX 的编者劳雷教授（Gérard Raulet）持"无定本"说，也就是说，他不认为《历史哲学论纲》存在一个定本。[1]其之未能决断，这或许是一个重要原因。本雅明确实不断地在改《历史哲学论纲》，并且似乎很有可能最终也没有改出一个他本人感到满意的定本。目前我们所能看到的都是一些"非定本"，有些"非定本"甚至还有明显的缺漏。但这并不意味着，我们不能够根据这些"非定本"整理出一个可以信靠的版本。阿多诺编定的版本、《本雅明全集》推出的版本，其实都是整理出来的版本。这两个版本当然都以值得信靠为目标，但问题是两个版本之间的差别亦然影响了它们各自的信靠性，批判版《本雅明全集》本应该就此给出一个决断，予以廓清。

中外许多典籍，或多或少都有抄本的问题，往往要经过校勘，才有了后来某一时代甚至后来所有时代可以信靠的所谓定本。本雅明《历史哲学论纲》的版本问题，虽然主要源于作者数易其稿，而非抄写者在传抄方面有过失，但它也涉及校勘。按照这里所做的考查，阿多诺编定的版本实际上是以本雅明妹妹朵拉·本雅明（Dora Benjamin，1901—1946，以下简称"朵拉"，这个"朵拉"并非本雅明之前妻朵拉）提供的版本为基础，并参考阿伦特提供的版本而形成的。朵拉提供的版本与阿伦特提供的版本在内容及编排方面的差别，远超过阿伦特与阿甘本提供的版本之间的差别。倘坚持要以朵拉提供的版本为基础，则所参考者首先应是阿甘本提供的版本而非阿伦特提供的版本。将朵拉提供的版本与阿伦特提供的版本进行对勘，这种编辑策略便存在重要缺陷。殊为重要的是，若以朵拉提供的版本、阿甘本提供的版本为基础，《历史哲学论纲》的内容便是 19 条而非 18 条！

以下所做论证，由三部分构成：首先对阿多诺编定的《历史哲学

---

[1] Gérard Raulet, "Das Werk ist die Totenmaske der Konzeption", Benjamin-Edition zwischen Rettung und Ruinen, Winfried Wösler hrsg, *Beihefte zu editio Bd. 38*, Berlin: Walter de Gruyter, 2014, pp. 263-281.

论纲》版本的发表情况进行说明,其次对阿多诺编定版本的由来进行考察,然后是对其所编定的版本进行质疑。

一、"历史哲学论纲"之为《历史哲学论纲》

《历史哲学论纲》最初并非"历史哲学论纲",而是"论历史的概念"(*Über den Begriff der Geschichte*)。本雅明1940年9月27日在西班牙边境自尽,霍克海默、阿多诺1942年在美国主编《悼本雅明》(*Walter Benjamin zum Gedächtnis*)一书进行缅怀。按照设想,这是"社会研究所"(Institut für die Sozialforschung)《社会研究》(*Zeitschrift für Sozialforschung*)杂志的增刊(Sonderausgabe,参看阿多诺1946年2月22日写给朵拉的信,转引自GSI 1223)。其所含文章计五篇,其中第一篇就是本雅明的《论历史的概念》。[1] 此可谓P1942,P指published(已出版)。其他四篇文章,分别是:(1)霍克海默的 *Vernunft und Selbsterhaltung*,第17至59页;(2)阿多诺的 *George und Hofmannsthal. Zum Briefwechsel*,1891—1906,第60至122页;(3)霍克海默的 *Autoritärer Staat*,第123至161页;(4)*Bibliographische Notiz* 即《本雅明著述简表》,第162至166页。不难看出,悼念专集基本上是由阿多诺与霍克海默包办。远方的格尔哈特·朔伦(Gershom Scholem 或 Gerhard Scholem,1897—1982),近处的阿伦特,都未曾奉献文章。

接下来出现的是《历史哲学论纲》的法译本,翻译者是皮埃尔·米萨(Pierre Missac,1910—1986),发表在让-保罗·萨特主编的杂志 *Les Temps Modernes* 1947年10月刊。[2] 翻译得到了阿多诺的授权(米

---

[1] Walter Benjamin, "*Über den Begriff der Geschichte*", Max Horkheimer und Theodor Wiesengrund-Adorno (hrsg.), *Walter Benjamin zum Gedächtnis*, Los Angeles: Institut für Sozialforschung, 1942, pp. 1-16.

[2] Walter Benjamin, "*Sur le concept d'histoire*", *Les Temps Modernes* 2 (1947), pp. 623-634.

萨在"译者按"里所说的原话是霍克海默和阿多诺——ont autorisé la publication de cette traduction），所以是以 P1942 为基础翻译过来的，题名仍然是《论历史的概念》（*Sur le concept d'histoire*），可谓 P1947。米萨自 1937 年经巴塔耶（Georges Bataille，1897—1962）介绍同本雅明认识以后，逐渐与之结下不解之缘。米萨是笔名，本姓是波拿色（Pierre Bonasse），1987 年出版的遗著《本雅明的拱廊》（*Passage de Walter Benjamin*），亦然是学界经典，将"拱廊计划"的研究推向一个新的高度。本雅明在 1940 年 6 月离开巴黎以前，把许多手稿、材料分成三类。他把其中的第一类，一般认为也是最重要的一类，主要包括"拱廊计划"，委托给巴塔耶保管；倘若此行果真不如意，便希望巴塔耶想办法，把这些手稿和材料送到远在美国的阿多诺手上。巴塔耶保存的材料，有一部分转给米萨保存。所以，在本雅明遗稿的保存与移交方面，米萨功不可没（至于没有转给米萨而仍然存在法国国家图书馆里的那部分本雅明手稿和材料，后来则还惹出了官司）。[1]

然后是阿多诺 1950 年重新发表《历史哲学论纲》——仍然是《论历史的概念》（*Über den Begriff der Geschichte*），发表在德国 *Die neue Rundschau* 杂志上，或可称作 P1950。[2] 与之一道发表的，还有阿多诺怀念本雅明的著名文章《本雅明小传》（*Charakteristik Walter Benjamins*）。此前出版的《悼本雅明》（1942 年）一书，形式是油印本，不能算作严格意义上的正规出版物，发行量也小。P1942 的影响力，应该说是相当有限的，以阿伦特为例，就可以说明这一点。P1942 的情况，阿伦特当然很了解。她在 1942 年 6 月 21 日给朔伦的信里写道："我今天匆匆忙忙写信，是想告诉您研究所编辑出版了一本油印的悼念集，连

---

[1] Fritz J. Raddatz, "*Die Heimkehr des Walter Benjamin*", Eine Schenkung und ein Krimi, *Die Zeit* 14.11, 1997, p. 64.

[2] Walter Benjamin, "*Über den Begriff der Geschichte*", *Die neue Rundschau* 61 (1950), pp. 560-570.

装订都没有就寄出来了，算是怀念本雅明（KGSA XIX, 333）。"[1] 1968年编辑出版本雅明著作英译集 *Illuminations*，当谈到《历史哲学论纲》时，她明确地说德文"首次发表"（first published）是在 1950 年。这或许夹杂着阿伦特的一些不满意的情绪——对《悼本雅明》一书的出版过程，对《历史哲学论纲》文本遭受的处理她确实是有意见的。但在这件事情上，她的说法并无不妥。《历史哲学论纲》的德文形式首次公开发表，应该是 P1950，至于 P1942，只是在小范围内发表和分享。

1955 年，阿多诺夫妇（Theodor und Gretel Adorno）推出本雅明文集两卷，《历史哲学论纲》也在其中，这是《历史哲学论纲》第一次以"历史哲学论纲"为名正式发表——题名是 *Geschichtsphilosophische Thesen*，此可谓 P1955。[2] 不过，"历史哲学论纲"的叫法并非这时候才出现的，《悼本雅明》（1942 年）一书的题词中说"我们编发这些文章，为的是怀念本雅明。《历史哲学论纲》（*Die geschichtsphilosophischen Thesen*）排在最前面，它是本雅明最后写的作品（Dem Andenken Walter Benjamins widmen wir diese Beiträge. Die geschichtsphilosophischen Thesen, die voranstehen, sind Benjamins letzte Arbeit）"。很显然，阿多诺当时已经用"历史哲学论纲"指称《悼本雅明》排在第一篇的文章《论历史的概念》。关于《历史哲学论纲》，阿多诺还有其他的指称，比如"历史哲学反思"（Geschichtsphilosophische Reflexionen），但最终广泛流传开来的，是"历史哲学论纲"的叫法。德国苏尔坎普出版社 1961 年推出本雅明文选 *Illuminationen*，同样是以"历史哲学论纲"为标题（可谓 P1961）。[3] 阿伦特 1968 年编辑 *Illuminations*，得益于 *Illuminationen*

---

[1] 原文是 Heute schreibe ich nur in Eile, um Ihnen zu sagen, dass das Institut ein mimeographiertes Gedenkheft, das nicht einmal geheftet verschickt wird, im Andenken Benjamins herausgegeben hat。

[2] Walter Benjamin, "*Geschichtsphilosophische Thesen*", ders., Schriften I, hrsg. von Theodor W. Adorno und Gretel Adorno, Frankfurt am Main: Suhrkamp, 1955, pp. 494-506.

[3] Walter Benjamin, "*Geschichtsphilosophische Thesen*", ders., Illuminationen. Ausgewählte Schriften I, hrsg. Siegfried Unseld, Frankfurt am Main: Suhrkamp, 1961, pp. 268-281.

甚多，其中《历史哲学论纲》也是以"历史哲学论纲"（*Theses on the Philosophy of History*）为标题的。

《历史哲学论纲》的一个核心元素，是批判历史进步论。论纲之中，本雅明对保罗·克利（Paul Klee）《新天使》（*Angelus Novus*）所做的著名诠释，正是以此为重心。1940年以前，本雅明经常说起要针对"进步"写点东西，其实就是指《历史哲学论纲》。如在1938年12月9日他写给阿多诺的信里说："我特别要做的一件事情是，要针对进步概念表达不同意见。"[1] 如在1939年1月24日他写给霍克海默的信里说："我很关注杜尔哥（Turgot）[按：指 Anne Robert Jacques Turgot（1727—1781），法国学者]以及其他一些理论家，尤其在意进步概念的历史……让我感到惊奇的是，我发现洛采（Lotze）[按：指 Rudolf Hermann Lotze（1817—1881），德国哲学家]有些想法给我的思考提供了支持。"[2] 阿多诺夫人对此也有所耳闻，并深感兴趣。在1940年2月10日写给本雅明的信里她说："最后一次在巴黎，是1937年的5月。我记得吃晚饭的时候，有佐恩雷特尔（Sohn-Rethel）[按：指 Alfred Sohn-Rethel（1899—1990），德国学者]，有阿多诺。当时，你向我们解释你的关于进步的理论。我会很感谢你的，要是你能给我寄来（这方面的）一些内容，如果确实写好了一些。"[3] 如此说来，要是把本雅明的《历史哲学论纲》称作"历史进步批判论纲"（Thesen gegen den Fortschrittsbegriff in der Geschichte），大概也是可以的。

---

[1] 原文是 Was mich im Abschluß der Arbeit besonders ansprach, ist die dort anklingende Reserve gegen den Begriff des Fortschritts。

[2] 原文是 Mit Turgot und einigen anderen Theoretikern habe ich mit beschäftigt, um der Geschichte des Fortschrittsbegriffs auf die Spur zu kommen. [...]Zu meinem Erstaunen fand ich bei Lotze Gedankengänge, die meinen Überlegungen eine Stütze bieten。

[3] 原文是 When I was in Paris for the last time in May 1937, I remember I was at supper together with Sohn-Rethel and Teddie when you explained to us your theory of progress. I would be very grateful if you could send me some notes of it if you have some。

诚然，更为合适的标题，或许应该是"历史概念论纲"。本雅明在1940年2月22日写给霍克海默的信里说："关于历史的概念，我写了一些论纲（Je viens d'achever un certain nombre de thèses sur le concept d'Histoire）。"[1] 所谓Thèses sur le concept d'Histoire，转换过来乃是 Theses on the Concept of History 或者 Thesen über den Begriff der Geschichte。阿多诺先前编定发表的版本，从P1942到P1950，将《历史哲学论纲》称作"论历史的概念"（Über den Begriff der Geschichte），这样说起来便是有出处的，只是截去Theses而已。不过，"历史哲学论纲"之所以为标题，明显要比"历史概念论纲"响亮得多。更何况，现在近乎已成习惯，都说是"历史哲学论纲"，所以，也就没有必要非要回到"历史概念论纲"。就此而言，可以参考著名残篇《德国唯心主义最古老纲领》的情况。早就有人批评说，它其实不像弗兰茨·罗森茨威格（Franz Rosenzweig）所设想的那样，因为它既非"德国唯心主义"的纲领，也非德国唯心主义的"最老"纲领。[2] 即便如此，学界还是愿意保留"德国唯心主义最古老纲领"这样一个叫法。

二、阿多诺所编《历史哲学论纲》的由来

从P1942到P1961，甚至直到P1968，所有这些《历史哲学论纲》，德文形式都是阿多诺编定的版本，法译本、英译本是以阿多诺编定的版本为依据。阿多诺究竟是怎么编出这个文本，又是以什么样的底本为依据，自然是一个需要探究的问题。阿多诺曾说，真正见到本雅明这篇东西，是在1941年6月（阿多诺的这番话，出自Archiv des Institut für Sozialforschung in Montagnola 所藏的一份打字稿，转引自GSI，

---

[1] Walter Benjamin, *Gesammelte Briefe VI 1938-1940*, hrsg. Christoph Gödde und Henri Lonitz, Frankfurt am Main: Suhrkamp, 2000, p. 400.

[2] 参看拙文《谢林与〈德国唯心主义最古老纲领〉》，《世界哲学》2009年第2期。

1223—1224）。

阿多诺 1941 年 6 月拿到的，正是阿伦特送来的《历史哲学论纲》。他在 1941 年 6 月 12 日写给霍克海默的信里说："阿伦特，也就是施特恩（Günther Stern）的前妻，给了我们一份本雅明《历史哲学论纲》的复制件。格蕾特尔（Gretel）（按：阿多诺夫人）做了转录，这是给您的一份。本雅明在信里多次提到这个东西，一直都是一个设想。他的这个东西，据我所知，研究所没见过。就连我，也是通过阿伦特这份材料才真的看到。"（KGSA XIX，168）[1] 或可谓之为 M-Arendt，M 指 Manuscript（手稿）。《历史哲学论纲》同阿伦特之间的渊源，乃至恩与怨，就是这样开始的。

让事情变得稍微有些复杂，然而其实情有可原的是，阿多诺所编定的《历史哲学论纲》，从 P1942 直到 P1968，并不就是阿伦特送来的版本。他对 M-Arendt 做了处理，而且是一种让阿伦特很感意外的处理。阿伦特在英译集 *Illuminations* 的"编者按"（Editor's Note）里公开抱怨说，已发表的《历史哲学论纲》，也就是阿多诺编定的《历史哲学论纲》，同她所藏的本雅明"手稿"之间有"不少重要差别"（*Illuminations*，265—266）。[2]

在 1967 年 1 月 30 日写给阿多诺的信里，阿伦特则讲得更加清楚而且直接——"我正打算给美国编一个本雅明的选集。您大概还记得，我 1941 年在纽约给您寄过《历史哲学论纲》的手稿，那是本雅明离世前交给我的，您，当然还有研究所在做了转录又或者拍照以后，又把

---

[1] 原文是 Hannah Arendt, die frühere Frau von Günther Stern, hat uns eine Kopie der geschichtsphilosophischen Thesen von Benjamin gegeben. Gretel hat sie abgeschrieben, und hier erhalten Sie sie. Benjamin hatte in Briefen die Arbeit—als einen Entwurf—mehrfach erwähnt. Sie ist aber, nach meiner Kenntnis, niemals ans Institut gelangt. Ich habe sie erst aus dem Arendtschen Exemplar kennen gelernt。

[2] 原文是 [...]In the only case in which was able to compare the original manuscript with the printed text, Theses on the Philosophy of History, which Benjamin gave me shortly before his death, I found many important variants。

手稿返还给我了。我现在发现,《本雅明文集》(按:指 1955 年《本雅明文集》两卷本)研究所 1942 年的油印本,它们印行的《历史哲学论纲》有一些并非不起眼的改动,所有这些差别应该理解成编辑方面的必要处理,但第 7 论纲那段话是我手里这篇手稿没有的啊。我很想知道,您编辑文本的时候是不是手里还有另外一种手稿——是不是就是蒂德曼所说的打字稿呢,并且,您能不能给那个东西确定一下写作时间呢?"(KGSA XIX,352)[1]

阿多诺编定的《历史哲学论纲》的第 7 论纲,我们现在通过英译文或者中译文可以看到,以布莱希特《三毛钱歌剧》的一段话为题词,内容从历史学家库朗日说起。这条论纲,阿伦特所藏本雅明《历史哲学论纲》手稿确实没有(关于 M-Arendt 影印件及转录页,参看 KGSA XIX,6—29)。

阿伦特的猜测是正确的,阿多诺编辑《历史哲学论纲》,确实还参考了别的手稿。阿多诺在 1942 年 2 月 19 日给朔伦的信里写道:"有一件顶重要的事情是我写信要告诉你的,两大箱子本雅明的手稿和书籍运到纽约我们这里了,是他的一个朋友,多姆克博士(Dr. Domke)携带过来的……当中还有 1940 年春天写的'那些历史哲学论纲'(译按:复数),你可能也知道它。不过,拱廊计划那么多东西,则影子都没有,

---

[1] 原文是 Ich bin im Begriff, eine Auswahl aus Benjamins Schriften für Amerika zu edieren. Sie werden sich erinnern, dass ich Ihnen im Jahre 1941 das Manuskript "Geschichtsphilosophische Thesen", das Benjamin mir kurz vor seinem Tode gegeben hatte, in New York übergab und dass Sie, bzw. das Institut, mir dieses Manuskript nach Abschrift oder Photokopierung wieder aushändigten. Mir fiel jetzt auf, dass Ihr Nachdruck in den "Schriften" sowie in der mimeographischen Veröffentlichung des Instituts vom Jahre 1942 einige, nicht unerhebliche Abänderungen aufweist. Nahezu alle diese Varianten lassen sich als notwendige redaktionelle Eingriffe erklären, aber es findet sich eine Textstelle in der VII. These, die in meinem Manuskript nicht vorhanden ist. Ich wüsste gerne, ob Ihnen noch ein anderes Manuskript für den Text vorgelegen hat — eventuell das von Tiedemann erwähnte "Typoskript" — und ob Sie diese Vorlage datieren können。

肯定是还在别的什么地方。"（KGSA XIX，171）[1]

得到这两箱子东西的时间，实际上是 1941 年 7 月。洛文塔尔（Leo Löwenthal）1941 年 8 月 1 日写给阿多诺的信，已经说得很清楚，而且阿多诺在 1941 年 9 月 13 日给霍克海默的信里写道，给这两箱子东西编好目了（KGSA XIX，170），之所以迟至 1942 年给朔伦写信，那是因为知道朔伦手里有本雅明的很多东西，想向他要一些，毕竟，这时他手里大概也有朔伦想要的东西。本雅明的许多遗物由朵拉接管，交给马丁·多姆克（Martin Domke）带到美国给阿多诺，阿多诺获得多姆克带来的"那些历史哲学论纲"，时间恰在得到阿伦特送来的手稿后不久。

本雅明档案室里，现有朵拉留下的一份打字稿，可称作 T-Dora。T 指 Typoscript，即打字稿。T-Dora 有一怪异之处，编排数字是从第 1 到第 19，其中却缺失了第 12、14、18。T-Dora 的内容，全都在阿多诺编定的 P1942 里（当然，个别细节方面还是略有出入）。如果多姆克博士转交给阿多诺的"那些历史哲学论纲"里有 T-Dora（或其副本），那么它很有可能是阿多诺重点参考的一个文本。倘若如此，紧接着要假设的便是这样一种可能性，即阿多诺是以 T-Dora 为底本，并参考 M-Arendt，从而编出我们所看到的 P1942。

从编排数字来看，M-Arendt 是从第 1 到第 17，但也有怪异之处：其中，第 9 有 IXa、IX 两条；第 12 有两条，且第一句话一样，其他内容有较大出入；第 15 有两条，内容有较大出入。与 T-Dora 对照，第 1、2 基本相同，第 3、4、5 是 T-Dora 第 4、5、6，第 6、7、8、9a 是 T-Dora 第 8、9、10、11，第 9 在 P1942 里是第 12（T-Dora 没有第 12），第 10 是 T-Dora 第 13，第 11 是 T-Dora 第 19 后面的 B，第 12 第 1 条在

---

[1] 原文是 The most important thing I have to write you is that two suit cases with manuscripts and books of Walter have reached us in New York. A friend of his, Dr. Domke, brought them over here. [⋯]There are also the historio-philosophical theses of spring 1940 which you probably know. There is however, not a single trace of the huge material of the *Passagenarbeit* which doubtless exists somewhere。

P1942 是第 14，第 13、14 是 T-Dora 第 15、16，第 15 第 1 条是 T-Dora 第 17，第 15 第 2 条的后半部分是 T-Dora 第 19 后面的 A，第 16 在 T-Dora 是第 3，第 17 在 T-Dora 是第 19。换而言之，倘 T-Dora 是 P1942 的底本，且辅以 M-Arendt，则可知阿多诺所做的主要工作就是，自 M-Arendt 给 T-Dora 补充了第 12、14，把 T-Dora 第 19 变成第 18。

就目前掌握的所有手稿、打字稿而言，除 T-Dora 外，有两份打字稿与 P1942 相近，KGSA XIX 称作 T2、T4。T2 没有附加的 A 和 B，其余内容与 P1942 几乎相同。既然没有 A 和 B，便可推知即使阿多诺参考了 T2，也不能撼动 T-Dora 之为底本的地位。T4 的内容与 P1942 几乎相同，但使用的纸是美国纸，故而有理由将 T4 排除，它应该是阿多诺在整理过程当中的一个产物。如此说来，便确实有理由假定阿多诺编辑 P1942，底本是 T-Dora，并参考了 M-Arendt。

P1942 的主要框架是 T-Dora 而非 M-Arendt，阿伦特在毫不知情的情况下大感疑惑和不满，应该说是一种很正当的反应。阿多诺没有把真相告诉阿伦特，实在是考虑得不够周全。面对阿伦特的不断追问，他还玩起"踢皮球"的游戏。在与阿伦特交涉方面，他的做法无论出于何种缘由，都让人不敢恭维。当然，在编定《历史哲学论纲》，同情地理解本雅明的内在思路方面，阿多诺的贡献也着实不能低估。

三、回到T-Agamben

跳出"双阿"的恩怨，更值得关注的问题是——阿多诺的编辑工作是成功的吗？更具体地说，以 M-Arendt 第 9 充作 T-Dora 第 12，以 M-Arendt 第 12 第 1 条充作 T-Dora 第 14，将 T-Dora 第 19 改作第 18，这三种处理是否具有正当性呢？

M-Arendt 第 9 之前第 6、7、8、9a，分别是 T-Dora 第 8、9、10、11。第 9 之后，第 10 又是 T-Dora 第 13，所以，阿多诺将第 9 充作 T-Dora

第12。M-Arendt第12之前第11，与T-Dora第19后面的B同，故可忽略。第13、14是T-Dora第15、16，于是，阿多诺便以M-Arendt第12充作P1942第14。M-Arendt第12有两条，不妨称作M-Arendt第12a、12b。充作P1942第14的，是M-Arendt第12a，至于M-Arendt第12b则被弃置。意大利学者阿甘本1981年从法国国家图书馆的本雅明材料里，又找到一种《历史哲学论纲》打字稿（KGSA XIX，211）。KGSA唤作T1，这里拟称作T-Agamben。T-Agamben第12恰是M-Arendt第9，其第14是M-Arendt第12a。倘T-Agamben的来源确实是可靠的，则阿多诺的处理便得到印证。

T-Agamben、T-Dora，编排、内容相当接近。就第2论纲而言，T-Agamben、T-Dora有一段话几乎相同，却是M-Arendt所没有，那就是：Streift denn nicht uns selber ein Hauch der Luft, die um die Früheren gewesen ist? ist nicht in Stimmen, denen wir unser Ohr schenken, ein Echo von nun verstummten? haben die Frauen, die wir umwerben, nicht Schwestern, die sie nicht mehr gekannt haben? Is dem so, dann（besteht eine geheime Verabredung zwischen den gewesenen Geschlechtern und unserem）。阿多诺编定的第2论纲，尽取之于M-Arendt，对T-Dora的那段话未予理会。做这种处理，想必有他的考虑在其中，然而对照T-Agamben，我们则有更好的选择，完全应该完整保留T-Dora第2。

T-Agamben、T-Dora还有一个更值得注意的相同点，那就是均为19条论纲。在本雅明留下的手稿里，有一份是用法语写的《历史哲学论纲》，可谓T-F，F是"法语"，即French（或Französisch）。主体部分一共19条，像T-Dora一样，它也有缺失，缺失了第8、11、13、14、16、18。但在这份法语版手稿主体部分之前，本雅明给其所缺失的内容列了一个表——manquent. VIII was im 20ten Jahrhundert möglich ist. XI vulgärmarxistischer Begriff der Arbeit. XIII Kritik am Fortschritt. XIV Mode und Revolution. XVI Historismus als Hurerei. XVIII klassenlose

Gesellschaft als unendliche Aufgabe（KGSA XIX, 45 und 59）。构想中的第 18，必然就是 T-Agamben 第 18——其第一句话便是 Marx hat in der Vorstellung der klassenlosen Gesellschaft die Vorstellung der mesianischen Zeit säkularisiert。T-F、T-Agamben、T-Dora 之为本雅明在法国时期留下的真实手稿与打字稿，便清楚地表明，《历史哲学论纲》作为本雅明"最后写的作品"（更准确地说，它是本雅明"最后写的作品"之一），其框架内容是 19 条，而绝非 18 条。

T-Agamben、T-Dora，甚至 T-F，写作时间都应该晚于 M-Arendt。M-Arendt 第 16 有涂改痕迹，本雅明改作 IIa 即第 2a。至 T-Agamben，则将其列于第 3 条，有涂改痕迹，将 XVI 涂去，改成 III 即第 3，这或可做一例证，表明 T-Agamben 要晚于 M-Arendt。及至 T-Dora，则把它列在第 3，且写明是第 3，这则意味着，T-Dora 大概晚于 T-Agamben。如此说来，M-Arendt 写作时间较早，又与 T-Dora 在编排、内容方面存在较大差别，则阿多诺以 M-Arendt 补 T-Dora 的做法，已不宜再遵守。若以 T-Dora 为底本，那么以 T-Agamben 补 T-Dora，必定优于以 M-Arendt 补之。逢 M-Arendt 与 T-Dora 有差异，而 T-Agamben 与 T-Dora 又大致相同的情况，都应该维持 T-Dora 原貌。

关于 T-Dora 要晚于 T-Agamben，还有其他一些证据。比如还是第 2 论纲那段话，其在 T-Agamben 中是被打了括号的，而且还有一些修改痕迹，比方说 nicht uns selber 其实是写成 nicht hin und wieder uns selber，但把 hin und wieder 划掉了。这表明关于那段内容，本雅明当 T-Agamben 之时还在犹豫。这样说起来，倘真是以 T-Dora 为底本，则必须以 T-Agamben 而非 M-Arendt 做补充。T-Agamben 不单在编排、内容上与之相近，而且在产生时间上也更接近。

T-Agamben 第 17、19 正好是 T-Dora 第 17、19，T-Agamben 又的确有第 18！则可知 T-Dora 本来就是 19 条，并附 A 和 B，无须将 T-Dora 第 19 改成第 18，直接引进 T-Agamben 第 18 即可。罗尔夫·蒂德曼（Rolf

Tiedemann)编《本雅明全集》(GS),对 T-Agamben 是有了解的。可他编定的《历史哲学论纲》仍然是 18 条论纲的总体框架,未接纳 T-Agamben 第 18。倒是也有学者吸收了 T-Agamben 第 18,却编成 XVIIa,置于第 18 论纲之前。阿多诺编定的框架,他们大概都不想放弃。

以 T-Dora 为底本,并辅以 T-Agamben 的做法,执行起来也并非没有困难。T-Dora 缺失了第 12,当然就应该把 T-Agamben 第 12 补进来。T-Agamben 第 12,在内容上与 M-Arendt 第 9 几乎相同,可 T-Agamben 第 12 还配有一段题词,与 T-Dora 第 7 的题词重合了,都是尼采《史学对于生活的用处和坏处》里的那段话。把 T-Agamben 第 12 引进到 T-Dora 里面,其题词不能带进去。M-Arendt 第 9 也有题词(按:那是作家 Karl Kraus 的一句话),但在 T-Agamben 里,已成为 T-Agamben 第 14 的题词。T-Agamben 第 14,势必是要引进到 T-Dora 里的(T-Dora 当中没有出现过 Karl Kraus 的那句话)。还原中的 T-Dora 第 12,即便有题词,便不可能是把 M-Arendt 第 9 的题词重新找回来。既然 T-Agamben 第 12 的题词不能引进到 T-Dora 里,M-Arendt 第 9 的题词也不便于引进到 T-Dora 里,那么,还原中的 T-Dora 第 12,到底有没有题词,如果有题词则又会是什么样的题词,便是棘手的问题。

值此情况下,或有另外一个解决方法可供考虑,那就是与其临渊羡鱼,以 T-Dora 为底本,辅以 T-Agamben,倒不如退而结网,直接以 T-Agamben 为底本,也就是说,不是部分地回到 T-Agamben,而是完全回到 T-Agamben。T-Agamben 的写作时间早于 T-Dora,当然算不得是《历史哲学论纲》的定本。如 T-Agamben 第 7 的题词、第 12 的题词,到了 T-Dora 那里都出现了变化。然而,T-Agabmen 至少已有了一个完整的 19 条论纲架构。相比之下,T-Dora 哪怕就是定本,又或者更接近本雅明祈想中的定本,但由于缺失了第 12、14 和 18,且在还原的过程中遇上难题,那么还是难以呈现出一个如定本一般的样貌。

平心而论,独选 T-Agamben 而尽弃阿多诺所编,此种解决方法并非没有可取之处。但既然 T-Agamben 已现成可用，读者随时可以参考，则于学界更有贡献的，恐怕还是以 T-Dora 为底本，参考 T-Agamben 而做的这种努力。如此一来，本雅明的《历史哲学论纲》便有两个（而非只一个）至少比阿多诺所编文本更加可靠的版本可以凭借，更何况，这终究是在努力还原本雅明在 T-Agamben 以后所做的新修订。

历史哲学论纲(1940年)

本雅明 著
杨俊杰 译

【译者按】

这里翻译本雅明《历史哲学论纲》,系据 T-Dora 为底本,并参考了 T-Agamben。前有所论,不复赘述。较为常见的重要用词,尽量依从学界惯例,如 Dialektik 是辩证法、Erlösung 是救赎等,但也并非完全如此。除 der jüngste Tag 之为"最末的那一天"而非末日,Ausnahmezustand 之为"非常状态"而非紧急或例外状态等以外,还有其他一些似乎出于不得已而为之的处理,其中特别要提到的是:这里试图严格地区分 historisch、geschichtlich。

英语学界在诠释学领域里所说的 historical、historic,正分别对应着 historisch、geschichtlich(参看 *The New Hermeneutic* vol. II, edited. James M. Robinson and John B. Cobb, New York: Harper & Row, 1964, ix)。Historisch 是"史学的"而非"历史的"(Historie 是史学),geschichtlich 则是"历史的"。如此一来,historische Dialektik 便是"史学辩证法"而非"历史辩证法",Historismus 是"史学主义"而非"历史主义"。有鉴于此,宜给出一个特别的术语译

名简列，以供参考：

Antlitz 容颜，Aufgabe 任务，Augenblick 时刻，Bild 图像，Einfühlung 移情，Erlöser 救世主，Gegenwart 当下，Geschehen 正在发生的事情，Geschichte 历史，Historie 史学，historische Dialektik 史学辩证法，Fortgang 前进，Fortschritt 进步，Jetztzeit 现在这时，Konformismus 识时务，Konstellation 星丛，Kontinuum der Geschichte 历史的连续体，Menschheit 人，Menschengeschlecht 人类，Moment 环节，Stillstand 停止，Stillstellung 静止，Tigersprung 猛虎般一扑，Toten 死去了的人，Tradition 传统，Überlieferung 传承，Vergegangenheit 过去，Vorstellung 观念（观），Zeitraffer 快动作。

最近读美国思想家莱因哈尔德·尼布尔（Reinhold Niebuhr，著有《道德的人与不道德的社会》）的著述，知道他在写给妻子乌尔苏拉·尼布尔（Ursula Niebuhr）的信里大吐苦水［参看 Ursula Niebuhr (ed.), *Remembering Reinhold Niebuhr: letters of Reinhold and Ursula M. Niebuhr*, San Francisco: HarperCollins, 1991, p.112］。他在审校著名思想家保罗·蒂利希（Paul Tillich）德语著作的英语翻译时，觉得译笔过于"德语腔"（Germanism）——或者用我们的话来说，过于"信"而不"达"了。面对本雅明的德语，这里恐怕还是会犯这种毛病。如此坚决地区分历史与史学，究竟是否有必要，细想来也是惶恐。

还需说明的是，注释，所有的感叹号、中括号，以及中括号里的文字，都是译者所加。正文中的楷体，系译者所用，旨在强调楷体部分乃是一个名词。译笔草率粗浅之处，敬希批评指正。

一

都知道有台机器构造得很好，跟它下棋，每走一步，它都可以想出一招让它自己得益。那是一个木偶，土耳其人的打扮，嘴里含着水烟筒，坐在棋盘前。搁放棋盘的，是一张很大的桌子。镜子的组合，造成一种幻觉，就好像不论从哪个方位来看，这桌子真的都是透明的。实际上，有个驼背的侏儒坐在里面，他才是下象棋的高手，通过绳线操纵木偶的手。[1] 哲学里面也可以找到能同这种装置一比高下的东西。木偶总是能得益，木偶就是那个被称作"史学辩证法"的东西。每一步都能得益，其实是因为神学在帮它。现如今神学又小又丑，哪里能够入得了眼。

二

"人在情绪方面有一些很特别的特点，"洛采说，"除了在零零碎碎的事情上相当有瘾以外，再就是只要在当下，就普遍地不会对之后的

---

[1] 指著名的机器人"下象棋的土耳其人"（Schachtürke），系沃尔夫冈·冯·坎培伦（Wolfgang von Kempelen，1734—1804）1769 年发明。1806 年，约翰·内波穆克·梅尔策尔（Johann Nepomuk Mälzel，1772—1838）从坎培伦之子卡尔·冯·坎培伦（Carl von Kempelen）手里购得，安排其在世界各地表演。详参 Michael Ehn und Hugo Kastner, *Schicksalsmomenteder Schachgeschichte: Dramatische Entscheidungen und historische Wendepunkte*, Wien: Humboldt, 2014, pp. 46-58. 本雅明著作英译选集第 4 卷在注释里提到，美国作家埃德加·爱伦·坡（Edgar Ellen Poe，1809—1849）1836 年针对这台机器，写了一篇题为"Maelzel's Chess Player"的文章。参看 Walter Benjamin, *Selected Writings vol.4 1938-1940*, ed. Howard Eiland and Michael W. Jennings, Cambridge, Massachusetts and London: The Belknap press of Harvard University Press, 2003, pp. 397-398. 以下简称本雅明著作英译选集第 4 卷。爱伦·坡的文章，刊载于 *Southern Literary Messenger Il.5* (April 1836), pp. 318-326. 实际上，爱伦·坡的小说 *Von Kempelen and His Discovery* 也与之大有关系，最初发表于 1849 年 4 月 14 日 *The Flag of our union* 周刊。关于机器的构造和图形，可参看一篇没有署名的小册子：*An Attempt to Analyse the Automaton Chess Player of Mr. De Kempelen. With an easy method of imitation the movements of that celebrated figure*, Illustrated by original drawing, London: J. Booth, 1821. 据说在展览时，演示者会打开机器的门，让观众看到里面其实并没有藏着什么人。

那个将来产生嫉妒"。[1]这番反思意味着,我们所珍视的幸福图像,亦然浸染着时间的颜色。我们每个人的生活的开展,都是在时间里。能够惹得我们产生嫉妒的幸福,只在我们曾呼吸过的空气里,关联着那些我们很想与之攀谈的人,关联着那些原本可以倾心于我们的女子。换句话说,幸福观念,同救赎观念不可分解地纠缠着。过去观念,又或者过去观念的关键——历史,同样也是如此。过去携带着一份秘密的索引,指向救赎。那曾环绕着从前的人们的空气,不是也还在吹拂着我们吗?我们洗耳恭听的声音,不就是那现在再也听不到的声音的回响吗?我们追求的女子,不是有了她们自己都不晓得的姐妹吗?如果真是这样,那么,从前活过的一代代原来与我们这一代有一个秘密的约会。如此说来,我们待在大地上,其实是有人在等我们哩!如此说来,我们也像从前每一代人一样,被赐予了一种很弱小的弥赛亚力量,过去就有领取这力量的权利,不可以随随便便地把这权利送走不要。史学辩证法家很清楚这一点。

---

[1] Zu den bemerkenswertesten Eigentümlichkeiten des menschlichen Gemüts gehört neben so vieler Selbstsucht im Einzelnen die allgemeine Neidlosigkeit der Gegenwart gegen ihre Zukunft,出自洛采《微观宇宙》第3卷,参见 Hermann Lotze, *Mikrokosmos. Ideen zur Naturgeschichte und Geschichte der Menschheit. Versuch einerAnthropologie. Bd.III*, Leipzig: S. Hirzel, 1872, 2 Aufl., p. 49: Zu den bemerkenswerthesten Eigentümlichkeiten des menschlichen Gemüths gehört im Gegentheil neben so vieler Selbstsucht im Einzelnen die allgemeine Neidlosigkeit jeder Gegenwart gegen ihre Zukunft。此皇皇巨著1885年即已译成英语,这句话忠实地译作 On the contrary, that universal absence of all envious feeling towards future generations which coexists with so much selfishness in detail, is one of the most noteworthy peculiarities of the human mind,参见 Hermann Lotze, *Microcosmus: An Essay Concerning Man and His Relation to the World II*, translated by Elizabeth Hamilton and E. E. Constance Jones, Edinburgh: T. & T. Clark, 1885, p. 172。

三

编年史家按照顺序记录事情，无论巨细，其所恪守的真理是，但凡出现过的事情，既然是历史，就都不可以丢弃。可实际上，得到了救赎的人，他们才有过去！这意味着：得到了救赎的人，他们过去的每一个环节才是能够成其为证词的，他们活过的每一个时刻才成其为 citation à l'ordre du jour（按：法语，那一天的重要证词）——那一天自然就是最末的那一天了。[1]

---

[1] 所谓最末的那一天（der jüngste Tag），也就是通常所说的"末日"。和合本《约翰福音》第 6 章第 39 节："差我来那位的旨意就是：他所赐给我的，要我一个也不失落，并且在末日使他复活。"（马丁·路德的译文是 Das ist aber der Wille dessen, der mich gesandt hat, daß ich nichts verliere von allem, was er mir gegeben hat, sondern daß ich's auferwecke am Jüngsten Tage）。卡夫卡的小说《变形记》，便从属于"最末的那一天"（der jüngste Tag）图书系列。citation à l'ordre du jour 早已是约定俗成的一个用法，指嘉奖令。本雅明显然是用其字面之意，要把 du jour 同 der jüngste Tag 关联起来。要回到 citation à l'ordre du jour 的字面之意，着实不太容易。本雅明著作英译选集第 4 卷提供了两个字面意思：a citation to be taken up as (part of) the business of the day 和 a citation of pressing concern at a given moment。但还是说得有些模糊，citation 的意思毕竟较为复杂——可以指法院传讯，可以指嘉奖，还有其他的意思，恐怕还需进一步以明晰。有鉴于本雅明使用了 zitierbar 一词，所以这里的 citation 应与之直接相关。若把 zitierbar 译作"可以传唤（到法庭上做证）的"，则势必要把 citation à l'ordre du jour 译作"那一天一定要安排进去的传唤"。故而，这里试译为"那一天的重要证词"。

四

你们要先求衣食,上帝之国要加给你们了。[1]

——黑格尔(1807年)

你争我夺的社会里的那种斗争,在史学家的眼里就是一场争夺粗糙的物质事物的斗争,并且要是没有了(这些粗糙的物质事物),基本上就不会有什么美妙的精神事物。在冲突时,美妙的精神事物也并不就是一份战利品,倒向胜利者。作为信心,勇气,幽默,诡计,不动摇,它们在这斗争里也是鲜活的,在随时间向前远行以后它们还会回来。它们永远在质疑正在进行统治的人一次又一次不断取得的新的胜利。花儿总是迎向太阳开放,曾出现过的事情也会由于秘密的向日机制而迎向那在历史的天空里升起的太阳。这是所有变化中最不起眼的

---

[1] Trachtet am ersten nach Nahrung und Kleidung, dann wird euch das Reich Gottes von selbst zufallen. 出自黑格尔1807年8月30日写给克内伯尔(Karl Ludwig von Knebel, 1744—1834)的信。参见 Hegel, *Werke XVII*, hrsg. von einem Verein von Freunden des Verewigten, Berlin: Duncker und Humblor, 1835, p. 630: [ich habe mich durch Erfahrung von der Wahrheit des Spruches in der Bibel überzeugt und ihn zu meinem Leitstern gemacht:] trachtet am ersten nach Nahrung und Kleidung, so wird Euch das Reich Gottes von selbst zufallen。也可参见 Knebel, *K.L. von Knebel's literarischer Nachlaß und Briefwechsel II*, hrsg. K. A. Varnhagen von Ense und Th. Mundt, Leipzig: Gebrüder Reichenbach, 1835, p. 446。后者即克内伯尔遗著及往来通信集第2卷,便是本雅明著作英译选集第4卷所找到的出处。黑格尔说得很清楚,这句话是他受《圣经》经文的启发而提出来的,并当成人生的座右铭。名为启发,实则如有人在1847年就已明确指出的那样,是对《圣经》文字做了"戏仿"!——Trachtet am ersten nach Nahrung und Kleidung, parodiert er in früheren Jahren in einem Brief an einen Freund eine bekannte Bibelstelle. 转引自 Günther Nicolin (hrsg.), *Hegel in Berichten seiner Zeitgenossen*, Hamburg: Felix Meiner, 1970, 286 u. p. 633。黑格尔所"戏仿"的文字,应是《马太福音》第6章第25—34节,尤其是第33节——马丁·路德的译文是 Trachtet am ersten nach dem Reich Gottes und nach seiner Gerechtigkeit, so wird euch solches alles zufallen, 参见和合本所译第31—33节——"所以,不要忧虑,说:我们吃什么?喝什么?穿什么?这都是外邦人所求的。你们需要这一切东西,你们的天父都知道。你们要先求上帝的国和他的义,这些东西都要加给你们了。"

一个变化，史学辩证法家一定是看得很清楚的。

五

过去的真实图像跑得飞快。只能把过去看成是图像，一幅在依稀认出的那个时刻闪出光亮，然后再不能看到的图像。"真理是不会丢开我们跑掉的"[1]——这话源于高特弗里德·凯勒，史学主义给出的历史图像就是由于这一点输给了史学辩证法。因为那不会重新再出现一回的过去图像是很有可能消失的，只要当下还不曾体认到自己不过就是过去图像所意味的那个当下。

六

从史学的角度把过去了的事情清楚地说出来，这并不就等于把"当时真正的情况"[2]认识清楚。它其实意味着，把在某一危险时刻闪出光

---

[1] Die Wahrheit wird uns nicht davonlaufen. 这很有可能是指作家高特弗里德·凯勒（Gottfried Keller, 1819—1890）的小说 *Der grüne Heinrich* 当中的一句话——So sollen wenigstens alle für einen stehen und keiner davonlaufen, damit alle die gleiche Strafe tragen, wenn es etwas absezt!，出自第 16 章 "Ungeschickte Lehrer, schlimme Schüler"。

[2] Wie es denn eigentlich gewesen ist. 这是史家利奥波德·冯·兰克（Leopold von Ranke, 1795—1886）的名言，出自 *Geschichte der romanischen und germanischen Völker von 1494 bis 1514* 的"前言"。参看 Leopold Ranke, *Geschichte der romanischen und germanischen Völker von 1494 bis 1514*, Leipzig und Berlin: Reimer, 1824, VI: [Man hat der Historie das Amt, die Vergangenheit zu richten, die Mitwelt zum Nutzen zukünftiger Jahre zu belehren, beygemessen: so hoher Aemter unterwindet sich gegenwärtiger Versuch nicht: er will bloß sagen,] wie es eigentlich gewesen. 据埃里克·沃格林（Eric Voegelin, 1901—1985）说，兰克这个说法总是被误解。回到兰克当时的处境，他其实是针对巴特霍尔德·格奥尔格·尼布尔（Barthold Georg Niebuhr, 1776—1831）才这样说的。尼布尔主张 wie es denn wirklich gewesen，兰克便说 wie es denn eigentlich gewesen，参见 Alfred Schütz und Eric Voegelin, *Eine Freundschaft, die ein Leben ausgehalten hat. Briefwechsel 1938-1959*, hrsg. Gerhard Wagner und Gilbert Weiss, Konstanz: UVK Verlagsgesellschaft, 2004, p. 213。

亮的记忆抓住。史学辩证法做的事情恰是，把在危险时刻出现在历史主体身上的过去图像紧紧握住，哪怕历史主体对于它还很茫然。为危险所威胁的，不单是传统的存续，还有接受传统的人。两者面临着同样的危险：成为压迫的工具。每个时代都必须重新把传承从识时务那里抢回来，因为识时务，一心只想把传承控制住。弥赛亚来临，不只是救世主，他还是敌基督的征服者。只有历史书写者，才有能力从过去了的事情里点燃希望的火花，火花里闪烁着的是这样的东西：在胜利的仇敌面前，就算是那些死去了的人，也是不安全的，并且，这仇敌从来就没有停止过胜利。

七

我们需要史学，但我们对它的需要，与知识的花园里被宠坏了的闲逛者不一样。[1]

——尼采：《史学研究对于生活的用处和坏处》

富斯特尔·德·库朗热告诫史学家们，他们要是打算重温一个时代，

---

[1] Wir brauchen die Historie, aber wir brauchen sie anders als sie der verwöhnte Müssiggänger im Garten des Wissens braucht，出自尼采《史学研究对于生活的用处和坏处》"前言"（Vorwort）。尼采《不合时宜的沉思》(*Unzeitgemässe Betrachtungen*) 计四篇，相继以单行本问世。1873 年发表第一篇（所谓 erstes Stück）*David Strauss. Der Bekenner und der Schriftsteller*，1874 年发表第二篇 *Vom Nutzen und Nachtheil der Historie für das Leben*、第三篇 *Schopenhauer als Erzieher*，1876 年发表第四篇 *Richard Wagner in Bayreuth*。参见 Friedrich Nietzsche, *Unzeitgemässe Betrachtungen. Zweites Stück. Vom Nutzen und Nachtheil der Historie für das Leben*, Leipzig: E.W. Fritzsch, 1873, III: *Gewiss, wir brauchen Historie, aber wir brauchen sie anders, als sie der verwöhnte Müssiggänger im Garten des Wissens braucht*；尼采：《不合时宜的沉思》，李秋零译，上海，华东师范大学出版社，2007 年，第 134 页。

就该把他们关于那之后的历史进程所了解到的东西都从头脑里抹去[1],那恰是史学辩证法要予以破除的一种做法。那是一种移情的方法,其源头是心灵懒惰,是 acedia(译按:拉丁语,懒惰),鼓不起勇气把那瞬间即逝地闪出光亮的真实史学图像抓住。这懒惰,在中世纪的神学家们看来正是悲哀的缘由。福楼拜是很了解悲哀的,他曾写道: Peu de gens devineround combine il a fallu être triste pour ressusciter Carthage(按:法语,很少会有人去想一想,迦太基要是重新复活了,那该是多么悲哀的事情)。[2] 对这悲哀的性质还将看得更加清楚,如果有谁想到要去思考一下,史学主义态度的历史书写者究竟在跟谁移情!回答是斩钉截铁的:跟胜利者移情。然而,但凡是在当前进行统治的统治者,他们都是以前所有胜利者的接班人。这样说来,跟胜利者移情,就是在让统治者得到好处。史学辩证法家对此是很了解的,直到这一天为止一直都在胜利的那些人,一齐敲着得胜鼓向前行进。现如今在进行统治的统治者们随着这得胜鼓,从现如今倒在地上的人们身边走过。至于战利品,则还是跟从前一样,随着得胜鼓,被领着往前走去,通常

---

[1] 本雅明所述库朗热的这番告诫,出处不详。库朗热(1830—1889),法国著名史学家。其著作的中译本有三种,即《希腊罗马古代社会研究:希腊罗马宗教、法律及制度研究》(李玄伯译,长沙:商务印书馆,1938年),《古代城市》(吴晓群译,上海:上海人民出版社,2006年),《古代城邦——古希腊罗马祭祀、权利和政制研究》(谭立铸、吴雅凌译,上海:华东师范大学出版社,2006年),底本则都是同一本书 *La Cité antique: étude sur le culte, le droit, les institutions de la Grèce et de Rome*。或可参见胡玉娟:《〈古代城邦〉译案拾遗》,载《学灯》(网刊)2010年总第16期;也见《中国社会科学院世界历史研究所学术文集》总第7辑,北京:社会科学文献出版社,2011年,第26—48页。

[2] 语出福楼拜1859年11月底写给 Ernest Feydeau 的信,原文是(Quand on lira Salammbô, on ne pensera pas, j'espère, à l'auteur !) Peu de gens devineront combien il a fallu être triste pour *entreprendre de* ressusciter Carthage !(C'est là une thébaïde où le dégoût de la vie moderne m'a poussé)。参见 Gustave Flaubert, *Les œuvres de Gustave Flaubert IX. Correspondance 1857-1864*, Lausanne, Rencontre, 1965, p. 236。翻译成英语,便是 Few will be able to guess how sad one had to be in order to resuscitate Carthage。

都把这战利品称作文化财富。史学辩证法家以一种保持距离的观察者姿态,来对待文化财富。他关于文化财富所看到的东西,对他来说全部并且尤其来自一个他只要想到就会不寒而栗的起源。那个东西的存在,当然源于进行创造的伟大天才们,但与天才们同时代的那些人所承担的默默无闻的辛苦也是起了作用的。没有哪份文化的记录说明,不同时也是一份野蛮的记录说明。文化的记录说明摆脱不了野蛮,从一个往另一个那里掉下去的传承进程同样也摆脱不了野蛮,所以,史学辩证法家干脆不认为有传承的可能。史学辩证法家要承担的任务是,逆着毛来梳刷历史。[1]

八

弱势者们的传统教给了我们一个道理:我们生活于其中的"非常状态"[2],就是规则。我们一定要有一个与之相符的历史概念。我们的任务是把实实在在的非常状态究竟是怎么来的认识清楚,只要做到这一点,那么在与法西斯斗争的过程中,我们的位置便会越来越好。法西斯的机遇是,跟法西斯作对的对手们都以为进步是一个史学规范,他们都是以进步的名义同法西斯对峙。确实要惊讶的是,我们体会到了的这些事情,在20世纪竟然"仍"有可能出现。这份惊讶,可不是哲学所说的那种惊讶。这份惊讶不会出现在认识的开端处,除非那个造

---

[1] die Geschichte gegen den Strich zu bürsten,英译作 brush history against the grain。宛如若利斯 - 卡尔·于斯曼(Joris-Karl Huysmans,1848—1907)的名篇 À rebours,德译本有 Gegen die Strich,英译本有 Against the Grain。所谓 against the grain,大抵就是"违反意愿"或者"反潮流",实还可以理解为逆着肉的纹路(切肉)。设若如此,这在意味上与逆着毛梳刷则确实是相通的。

[2] "非常状态"概念(Ausnahmezustand),系本雅明取之于卡尔·施密特(Carl Schmitt,1888—1985)。

就了这份惊讶的历史观已经站不住脚了。[1]

九

> 我振翅欲飞
> 很想回去了
> 再留在这鲜活的时光里
> 我恐怕是不会快活的

——格尔哈特·朔伦:《天使的告别》[2]

克利有一幅画,名叫《新天使》。[3] 画的是一个天使,看上去正想着要离开其所在的那个地方,眼睛圆睁,口大张着,翅已张开。历史的天使看上去肯定也是这个样子,面朝着过去的容颜。我们看到的是

---

[1] 所谓哲学起源于惊奇,出自亚里士多德《形而上学》第 1 卷第 2 章 982b12 及以下,这里权且译作惊讶。原文是 διὰ γὰρ τὸ θαυμάζειν οἱ ἄνθρωποι καὶ νῦν καὶ τὸ πρῶτον ἤρξαντο φιλοσοφεῖν,"正是由于起了惊讶,人们这才真的开始进行哲学思考"。

[2] 本雅明错把好友朔伦(Gerhard Scholem)的名字 Gerhard(按:朔伦本人后来坚决改成 Gerschom)写成 Gerhart。这首《天使的告别》("Gruss vom Angelus")是朔伦(Gerhard Scholem, 1897—1982)给本雅明生日写的诗,作于 1921 年 7 月 15 日,一共七节,每节四句,本雅明所引系第五节。这首诗的灵感,来自克利(Paul Klee, 1879—1940)的作品《新天使》。朔伦后来在 1965 年 5 月 28 日致阿多诺的信中写道:"您想把《天使的告别》这首诗印到(本雅明)提到它的那个地方,我没有意见。哪怕到了今天,这首诗还能让我感到快活,我重新读了一遍,眼前又浮现出那幅画,以前是在慕尼黑观赏到的。"(Zu ihrem Vorschlag, das Gedicht, Gruss vom Angelus an der Stelle, wo es zuerst erwähnt wird, abzudrucken, habe ich keine Einwendungen. Mir gefällt das Gedicht noch heute, ich habe es neulich wiedergelesen, besonders wenn ich mir dabei das Bild, wie es bei mir in München hing, vergegenwärtige.)参见 Gerschom Scholem, *Briefe II. 1948-1970*, hrsg. Thomas Sparr, München: Beck, 1995, p. 133。

[3] 克利的水彩画作于 1920 年,本雅明 1921 年花费 1000 马克(当时折合 14 美元)把它买下。参见 Howard Eiland and Michael W. Jennings, *Walter Benjamin: A Critical Life*, Cambridge, Massachusetts: Harvard University Press, 2014, p. 138。

一件件事情串成一个链条，他看到的则全是灾难，这灾难不停地堆积着废墟，废墟甚至都抛到他脚前。他当然想继续待在这里，把死去了的人唤醒，把已破碎的修补好。可是，风暴从天堂那边席卷过来，卷起了他的翅。力道是如此的强，以至于这位天使再也不能把翅合上。风暴把他推向将来，他所背对着的那个将来，面前那高高的废墟也堆到了天上。我们称作进步的那个东西，就是这场风暴。

十

修士们按照修道院的规则所沉思的那些对象，任务是让修士们远离世界，不要管世界里面的事情。我们这里所进行的思考，来自一种与之相似的职责。在这样的一个时刻，那些夸夸其谈的政治家已倒在地上，他们更加失败的地方则是他们背弃了他们应该做的事情（在这样的一个时刻，我们这里进行思考），目的就是要把政治上的世界赤子[1]，从政治家们布下的媚惑迷网里放出来。得出这一观察，是因为：那些政治家痴迷于进步信念，信靠"群众基础"，温顺地待在一个不可控的装置里，其实是同一件事情的三个方面。这一观察想给出一个概念以表明，我们已习以为常的那种思考要付出何其昂贵的代价，才能获得一种与那些政治家所深信的那种历史观没有任何瓜葛的历史观！

---

[1] das politische Weltkind，据说本雅明所用"世界赤子"一词，出自歌德的一首打油诗。歌德在诗中写道：Und wie nach Emmaus weiter ging's / Mit Sturm und Feuerschritten: Prophete rechts, Prophete links. / Das Weltkind in der Mitten. 这首诗的灵感之源是《路加福音》第 24 章第 13—15 句，即"正当那日，门徒中有两个人往一个村子去；这村子名叫以马忤斯，离耶路撒冷约有 25 里。他们彼此谈论所遇见的这一切事。正谈论相问的时候，耶稣亲自就近他们，和他们同行"。也就是说，歌德所说的"世界赤子"原是指复活了的耶稣基督，参见 KGSA XIX, 245。

十一

识时务是社会民主党一开始就有的特点，社会民主党的政治策略是如此，经济观念也是如此，后来之所以崩溃，这是其中一个原因。并不是工人真的被腐蚀，顺着河水游过去了。技术的发展确实造成了河水的落差，连工人们自己都以为可以顺着河水游过去，然后就有了一种错觉，以为带有技术进步特点的工厂劳动是一种政治成就。古老的新教工作道德，便在工人们那里以一种世俗的形态欢快地复活了。"劳动是现代的救星"[1]，约瑟夫·狄慈根这样做了宣告，"劳动提高就有了财富，财富现在能够把一直以来救世主都没有实现的事情实现了"[2]。这个庸俗的劳动概念，带有明显的技术统治特点，在后来的极权国家秩序里同样也能看到这样的特点。带有如此特点的，还有自然概念，它以一种宣告不幸的方式有别于（1848年德国）三月革命以前社会主义乌托邦的那种自然概念。按照现在的这种理解，劳动最终只是剥削自然，并且剥削自然，还被怀着天真的善意，同剥削无产者区别开来了。以这种实证主义式的想法做衬托，恐怕就连那些空想，那些包含着许多经常让傅立叶遭到嘲笑的内容的空想，都显得是相当健康的东西了。在傅立叶看来，带有福利性质的社会劳动应造就这样的事情，有四个月亮照耀着地球的黑夜，南北两极的冰雪消失，海水不再是咸的，肉

---

[1] Arbeit heisst der Heiland der neueren Zeit. 参见 Josef Dietzgen, *Die Religion der Sozialdemokratie. Kanzelreden,* Berlin: Vorwärts, 1906, 7 Aufl., p. 10。

[2] In der Verbesserung der Arbeit besteht der Reichtum, der jetzt vollbringen kann, was bisher kein Erlöser vollbracht hat. 参见 Josef Dietzgen, *Die Religion der Sozialdemokratie. Kanzelreden,* Berlin: Vorwärts, 1906, 7 Aufl., p. 11: (…) in der potenzierten Verbesserung der Methoden und Instrumente der Arbeit, darin besteht der Reichtum, der jetzt vollbringen kann, was bisher kein Erlöser vermocht hat。

食动物在人面前服服帖帖。[1] 如此种种所要形象地予以说明的是,有一种劳动不会剥削自然,而是要让自然不再是那种作为可能的事物在自然的子宫里昏昏沉睡的造物。被狄慈根看作"完全免费"的自然[2],则正好给这种被腐蚀了的劳动概念做补充。

十二[3]

史学认识的主体就是在进行斗争的被压迫阶级。在马克思那里,它是作为最后被奴役的阶级,作为复仇的阶级登场的,将以被打倒了的一代又一代的名义把解放的工作完成。这个意识,在"斯巴达克斯"那里[4]曾短暂地有过表示,但社会民主党一直都很排斥。社会民主党30年来所做的事情是,差不多把布朗基[5]的名字给抹掉了,(哪怕)之前的那个世纪单是听到这个名字就会颤抖。社会民主党希望工人阶级成为以后无数代的救世主,这就把工人阶级力量最足的肉筋给斩断了。在这所学校里,工人阶级忘记了恨,也忘记了牺牲的意愿。培育这两样东西,

---

[1] 据说本雅明这番概括,出自 Sigmund Engländer, *Geschichte der französischen Arbeiter-Associationen. Erster Teil*, Hamburg: Hoffmann und Campe, 1864, pp. 240-244.《本雅明全集》第5卷第2册,有本雅明从这本书里摘录出来的这些内容,参见 KGSA XIX, 248, 也可参见《本雅明全集》第5卷,第765—767页。

[2] gratis da ist. 据《本雅明全集》注释,狄慈根的原话应该是 Daß es in der gratis vorhandenen Natur die Arbeit allein ist, welche alle kapitalien samt Zinsen erzeugt, ist seit Adam Smith von der nationalökonomischen Wissenschaft anerkannt, 参见《本雅明全集》第1卷,第1259页。

[3] T-Dora 没有 XII,这里取之于 T-Agamben。T-Agamben XII 的题记,与 T-Dora VII 的题记雷同,故略去。

[4] 这是指卡尔·李卜克内西、罗莎·卢森堡等领导的斯巴达克斯联盟,或曰斯巴达克团。该组织1916年1月成立,1918年11月推动"十一月革命",1919年1月起义失败。

[5] 法国社会主义者路易·奥古斯特·布朗基(Louis Auguste Blanqui, 1805—1881),是巴黎公社的精神领袖之一。

所要借助的东西是图像，一幅关于为奴隶的前人的图像，而非理想，一个关于解放了的后人的理想。俄国革命很清楚这一点，他们的口号"胜不留名，败不需怜"[1]很有力量，真切地是要同死去了的弟兄们团结在一起，而不是同以后来接班的人团结在一起。如果说一定要有某一代人懂得这件事情，那就应该是我们这代人：我们对于以后出生的人所抱有的期待，不是要他们感谢我们所做的恢宏事情，而是要他们记住我们做过的恢宏事情，我们存放在这里的那些恢宏事情。

十三

然而我们的事业一天天地越来越清晰，
人民一天天地越来越聪明。
　　　　——威廉·狄慈根：《社会民主党的宗教》[2]

社会民主党的理论，还有实践，为一个进步概念所决定，并且这个进步概念并不指向现实，只是一味地给出一种教条主义式的诉求。社会民主党人头脑里面的进步，首先是人（不只是人在能力和见识方面）的一个进步。其次，它是一个没有尽头的进步（一个与人在可完美方面没有尽头完全相称的进步）。再次，它是一个绝不会停下来的进步（一个自主地奔走在一条直线式或者螺旋式的道路上的进步）。这三个说法当中的任何一个都是有争议的，任何一个都能引来批判。要想让批判

---

[1] Kein Ruhm dem Sieger, kein Mitleid dem Besiegten. 1930 年本雅明在评说布莱希特时曾提及这个标语，并说明这是苏联时期刻在木盘子上面的一种标语，参见《本雅明全集》第 2 卷，第 507 页。

[2] 本雅明错把 Josef Dietzgen 写成 Wilhelm Dietzgen，且错把"社会民主党的哲学"写成"社会民主党的宗教"。Wird doch unsere Sache alle Tage klarer und das Volk alle Tage klüger，出自 Josef Dietzgen, "Sozialdemokratische Philosophie", ders., Kleinere philosophische Schriften, *eine Auswahl*, Stuttgart: Dietz, 1903, p. 112。

成为彻底的,就一定要深入到这三个说法的背后,向三个说法所共有的那个东西冲过去。人类在历史中不断进步的观念,与人在一个同质的空洞的时间里不断前进的观念密不可分。对这个前进的观念进行批判,一定可以为批判笼统的进步的观念奠定基础。

十四

起源就是目标。

——卡尔·克劳斯:《字在句中》第 1 卷[1]

历史是一个构造的对象,这构造所立足的地方并非那同质的空洞的时间,而是被现在这时所充满的时间。对罗伯斯庇尔来说古罗马就是一个被现在这时充实了的过去,他要把这个过去从历史的连续体里炸出来。法国大革命自认为是罗马重现,它传唤罗马,真切地就像时尚传唤一款过去的衣裳一样。时尚对当前该有什么东西感觉灵敏,奔跑在以前的灌木丛里。时尚是猛虎般的一扑,扑向过去的东西。当然,这一扑是在比赛场地上扑,在比赛场地上发号施令的是统治阶级。历史的自由自在的天空底下也有这样的一扑,那是辩证的一扑,也就是马克思所说的革命。

十五

一个要把历史的连续体炸开的意识,便是革命的领导人们在采取行动的时刻所特别具有的东西。大革命开启的是一个崭新的日历,日

---

[1] Ursprung ist das Ziel. 出自卡尔·克劳斯(Karl Kraus,1874—1936)的诗"Der sterbende Mensch",载诗集《字在句中》(*Worte in Versen*)第 1 卷,更具体地说,出自这首诗最后一节,系"神"对"人"所做的教诲。

历掀开的那一天,俨然是一史学层面的快动作。[1] 在以后每次以节日的形式庆祝那一天的时候,在以后每次追思那一天的时候,那一天就又回来了,无穷往复。日历数时间,不同于钟表数时间。日历是一个最近 100 年来欧洲已没有其一丝一毫痕迹的历史意识的一块块纪念碑。(1830 年法国)七月革命期间有一个插曲,则表明这个意识还是有所流露。第一天战斗的那个晚上,巴黎的很多地方不约而同地、近乎同时地向钟楼上的钟表开火。有一位目击者,大概是觉得一定要用诗句把感想写下来,当时就写道:Qui le croirait! On dit qu'irrités contre l'heure / De nouveaux Josués, au pied de chaque tour, / Tiraient sur les cadrans pour arrêter le jour(译按:法语,谁能相信啊!据说是对时间恼火了,新的约书亚们,在每一座钟楼的底下,向钟表开火,要让日子停下来)。[2]

十六

一个并不就是过渡的当下概念,一个时间在那里站住、时间在那里停止的当下概念,史学辩证法家是不可能抛弃的。因为这个概念对这个当下,他正在给他自己书写历史的这个当下做了定义。史学主义所在意的是过去的"永恒"图像,史学辩证法家所在意的是要对那孤零零地站在那里的过去产生经验。别人要到史学主义妓院里的妓女"从前曾经有"那里消磨,那就让别人去吧。他则要做他自己的力气的主人:

---

[1] Zeitraffer,直译是"时间收割者"。它也是电影领域的一个专业术语即"快动作",指影像运动的速度快于正常的速度。

[2] 参见 Auguste-Marseille Barthélemy et Joseph Méry, *L'insurrection: poème dédié aux parisiens*, Brusselles: Louis Hauman et Compagnie, 1830, p. 17。约书亚是《旧约·圣经》里的著名先知,"摩西五经"之后便是"约书亚书"。

相当男人地，把历史的连续体炸开。[1]

十七

史学主义在普遍历史里达到顶峰，这是顺理成章的事情。辩证的历史书写在方法层面与普遍历史之间的距离，大概要大于与其他任何历史之间的距离。前者不是什么理论装备，它的做法是叠加：给出一堆一堆的事实，把那同质的空洞的时间填满，辩证的历史书写则以一个构造性的原则为根基。思考不只是思想的运动，也包括思想的静止。要是思考在一个充满张力的星丛里突然停了下来，星丛便遭遇休克，由于休克，星丛便结晶成为单子。[2] 史学辩证法家所在意的，正是一个在他面前已成为单子的历史对象。在这个结构里他看到了记号，知道应该让正在发生的事情出现一种弥赛亚式的静止；换句话说，知道这是一次为被压迫的过去进行斗争的革命机遇。他感觉到了！他要把一个特定的时代从历史的同质的行程里炸出来，他要把一个特定的人生从那个时代里炸出来，他要把一件特定的事情从那一生所做的事情里炸出来。他这个做法的结果是，一生所做的事情保存并且扬弃在那件事情里，一个时代保存并且扬弃在那个人生里，整个历史行程保存并且扬弃在那个时代里。自史学层面所把捉的那个东西的富有营养的果实，把时间作为珍贵却索然无味的种子包含在果实的里面。

---

[1] 在克劳斯的诗"Der sterbende Mensch"里，除了有"人"（Der Mensch）、"神"（Gott），有"世界"（Die Welt）、"精神"（Der Geist）、"记忆"（Die Erinnerung）、"良知"（Das Gewissen）、"怀疑"（Der Zweifel）、"信仰"（Der Glaube）、"风趣"（Der Witz）、"狗"（Der Hund），还有"妓女"（Die Hure），以及自认为是主人、自认为可以自由选择，却又承认自己不是这个世界所需要的那种男人，即"公民"（Der Bürger）。本雅明这里提到了妓女、主人、男人，或与之有某种联系。

[2] 也可参见《本雅明全集》第5卷，第595页。

十八

马克思用无阶级社会的观念把弥赛亚时间的观念给世俗化了,这真的很好。不幸的是,社会民主党又把这个观念高高抬起,成了"理想"。在新康德主义的学说里理想是"没有尽头的任务",这个学说(按:指新康德主义的学说)恰是社会民主党派所尊奉的哲学——自施密特、施塔德勒直到纳托尔普、佛伦德尔。[1] 既然无阶级社会已被定义为一个没有尽头的任务,空洞的同质的时间就悄悄地走进门口的院子里,于是乎,人们可以那般平平淡淡地等候着革命境遇的到来了。实际上,没有哪个时刻,不同时还携带着革命机遇——革命机遇希望能够被捉住而成为一次真切的机遇,也就是说,成为一个迎接全新解决方案的机遇,听从于一个全新的任务。革命思想家所做的事情是,从其所在的一个政治境遇里觉察到了特别的革命机遇。他要让某个时刻具备钥匙的能量,把过去的某间一直以来都封闭得严严实实的房间打开。走进那个房间,当然要伴随着政治行动。正是由于走进那个房间,政治行动就算带来了毁灭,却亦然是一个弥赛亚式的行动。

十九

"homo sapiens(按:有智力的人,或曰智人)这微不足道的五千年,"最近有位生物学家说,"与地球有机生命的历史相比,大概也就是一天二十四个小时当中的最后那两秒钟。文明人的历史,要是以此

---

[1] 施密特(Schmidt)到底是谁,目前似无定论。或认为是 Conrad Schmidt(1863—1932),或认为是 Robert Schmidt(1864—1943)。至于其他三位,分别是 August Stadler(1850—1910)、Paul Natorp(1854—1924)、Karl Vorländer(1860—1928)。

来衡量，则不过是那最后一个小时的最后一秒钟的最后五分之一。"[1]现在这时，其之为弥赛亚时间的模型，则也以一种令人难以置信的浓缩，囊括了全部人世间的历史，这和人世间的历史在宇宙中的形象分毫不差。

---

[1] 出处不详。

书 评

走向纵深的文艺心理学研究

——评程正民先生《艺术家个性心理和发展》

陈太胜[1]

众所周知,文艺心理学的研究在中国20世纪80年代中后期,在所谓的"方法论"热中作为一种"方法"而兴起,迎来了相当一段时间的兴盛期。但至90年代以后,由于"全球化""后现代主义""后殖民主义""女权主义"等与"文化研究"有关的话语迅速成了理论研究的主角,文艺心理学的研究似乎在还没有完全展开的时候,便又很快走向了相对"沉寂"的局面,尤其是进入新千年以后,从事相关专题研究的学者似乎越来越少。正是在这种情形下,程正民先生却于2012年在北京大学出版社出版了文艺心理学方面的研究专著《艺术家个性心理和发展》。就像程先生在书的导论中指出的那样,这本书"把文艺心理学的重要组成部分——艺术家心理学,把艺术家的心理和发展作为研究对象"。[2] 显然,在研究对象的选择上,程先生走的是文艺心理

---

[1] 陈太胜,北京师范大学文学院教授,北京师范大学文艺学研究中心研究员、副主任、专职研究员。
[2] 程正民:《艺术家个性心理和发展》,北京,北京大学出版社,2012年,第2页,后引该书只标页码不再重复书名。

学研究最为传统的一条路子,即研究艺术家的心理,但在看完全书后,我觉得这是一本有自己特定的意图,试图对文艺心理学与艺术家心理有关的问题进行深入研究和总结的书,这是将文艺心理学的研究引向深入的一种有益尝试。

精神分析学说创始人弗洛伊德在其自传中,曾这样总结说:"精神分析学所能做的工作,就是找出艺术家的生活印记及意外的经历与其作品间的内在联系,并根据这种联系来解释他的精神素质,以及活动于其中的本能冲动。"[1]亦即是说,以精神分析学为代表的文艺心理学在其最初的设计里,其主要工作集中于两个方面,即艺术家的心理分析和作品人物的心理分析,弗洛伊德本人对达·芬奇和陀思妥耶夫斯基的研究即属于前一类,而对哈姆雷特、俄狄浦斯王的分析则属于后一类。当然,随着理论的发展,由于拉康等人的努力,以精神分析学为代表的文艺心理学早就扩展到了作品本身乃至于接受心理的研究。因此,正像程先生所指出来的那样,文艺心理学的研究一般可分为艺术心理、创作心理、作品心理分析和接受心理四大部分。而程先生的独到之处在于,明确指出"文艺心理学四个组成部分既不是互不相关,也不是平起平坐的,其中艺术家心理学是最重要的组成部分,它是文艺心理学之本,艺术家心理学归根结底制约着创作心理、艺术作品的内容和接受心理"(第2—3页)。按我的理解,这种判断既不是盲目拔高自己研究课题的重要性,也没有故意无视拉康、克里斯蒂娃这样的新派理论家在精神分析方面的杰出贡献,而是道出了理论研究一个值得重视的基本事实。事实上,在拉康这样的理论家的写作中,其关注点已经超越了一般的精神分析学说范围,他所谓的"回到弗洛伊德"的口号,主张把文本视作文学和心理的基本事实的做法,实际上已经取消了文艺心理学这样的学科本身的特质。而程先生在这方面显然有自己"老派"

---

[1] [奥地利]弗洛伊德:《弗洛伊德自传》,顾闻译,上海,上海人民出版社,1987年,第97页。

的考虑，如将文艺心理学作为研究文艺的一种方法或学科，它之能够与文艺社会学或文艺符号学相区分的东西，正是自己独特的研究方法和研究对象。自然，就这一点来说，把"艺术家心理"的研究看作文艺心理学研究中最为重要的方面，就有其很大的合理性了。

围绕着"艺术家心理"这一核心课题，这本书分为相互关联的四个部分。第一部分"艺术家个性心理和发展"，从理论上阐明艺术家个性心理结构中包括道德情感、心理气质、文化性格、创造能力、自我意识等在内的各组成因素，个性心理的复杂性和内在矛盾，影响个性心理发展包括生物学因素、人生体验、文化氛围等在内的种种因素，及艺术家个性心理发展的各个重要阶段。第二部分"俄国作家个性心理"以普希金、果戈理、屠格涅夫、陀思妥耶夫斯基、托尔斯泰、契诃夫等俄罗斯作家为个案，对作家的个性心理及其作品进行了研究。第三部分"俄国作家个性心理和社会心理"也从个案的角度，对艺术家个性心理和社会心理的关系进行研究。第四部分"心理美学和文艺心理学"则从宏观角度考察文艺心理学，体现了作者对文艺心理学，尤其是苏联文艺心理学的研究对象、研究历史和研究方法的基本看法。这本书这四个部分的安排，充分地体现了程先生"文本研究"和"心理研究"相结合的方法，既重视与艺术家心理有关的一般理论研究，又重视将这种理论研究放到具体的作家、文本和文学史中进行观照。

概括地讲，这本书基本的研究方法有两个：一是将作家的个性心理研究和"文本"研究结合起来，二是将个别的艺术家的独特心理研究与特定国家特定时期的作品研究结合起来，这两个方法正是程先生的文艺心理学研究的独特之处。在强调艺术家个性心理研究的重要性的同时，也强调将相关理论落实到具体的作家和作品，而且，是落实到俄国这一丰富的文学传统中的作家和作品中来考察。而俄国的文学与文论，正是程先生近半个世纪研究的落脚点，是他从事学术研究的根本所在。

新时期以来的中国文学理论研究，要论方法与概念，其实多之又多，不管它是直接来自西方，或是经过"本土化"的改造挪用，还是所谓的完全"独创"。但在我看来，其中大部分注定是不能长久的，因为这些理论和方法，并不像西方所有有影响的理论和方法一样，都来源于特定的作家、作品和文学史研究，像俄国形式主义之于俄国现代诗歌，英美新批评之于英美现代诗歌（在艾略特那里，则是挖掘出了英国17世纪的玄学派诗人），巴赫金之于陀思妥耶夫斯基，新历史主义之于英国的文艺复兴研究。程先生的文艺心理学研究，正是在这里显现出了独特之处：既有对作家个性心理的理论研究，又努力要将这种理论研究与特定的作家作品结合起来。这方面的一个典型例子，是有关普希金诗歌研究的。为了说明"思想、情感和形象的和谐统一是普希金艺术思维的特点，也是诗人的艺术理想"（第178页），程先生以普希金的名作《叶甫盖尼·奥涅金》为例，将这首诗一些段落的散文提纲和最后诗作进行了对比，在经过详细的论证后，程先生指出："拿这最后的诗文同前面的散文提纲作对照，我们便会发现，干巴巴的合乎逻辑的理性提纲，在诗中化为充满浪漫激情的、心灵纯洁的达吉雅娜的生动形象。"（第182页）再如，在程先生看来，任何作家的个性心理，在某种意义上又肯定是社会性的，即，也是一定历史阶段的产物，这样，作家在作品中创造的主人公便不得不也是社会演变的某种"征象"。为了说明这一点，程先生以俄国文学史上一系列的知识分子形象为例，阐释俄国作家如何运用不同的个性创造出了具有特定历史面貌的知识分子形象，这些形象包括格里鲍耶多夫的喜剧《智慧的痛苦》中的恰茨基、普希金诗体小说《叶甫盖尼·奥涅金》中的奥涅金、莱蒙托夫长篇小说《当代英雄》中的皮却林、冈察洛夫长篇小说《奥勃洛莫夫》中的奥勃洛莫夫、屠格涅夫长篇小说《父与子》中的巴扎罗夫。这些主人公的人物形象经历了由智慧的觉醒和智慧的痛苦的形象，到19世纪20年代社会意识的觉醒形象，30年代的"多余人"，40年代俄国民族心理的扭曲形象，再到60年代的"新人"的历史演变。这种将理论与个案相结合的论述方式，令人信服地展示了社会心理与作家个性心理的复杂关系，以及这种社会心理如何通过作家的个性心理影响到了这些主人公形象的创造。在我看来，这正是这本书最大的特色。在某种意义上，这不仅体现了程先生多年从事的文艺心理学研究的基本方法，也体现了程先生近半个世纪的文学研究的基本方法，即：总是将理论与具体的作家、作品、文学史研究结合起来。

如果能像程先生在《艺术家个性心理和发展》中展现的那样，将文艺心理学放在更为综合的文学研究的空间当中来研究，那么，文艺心理学的研究将表明，它永不会过时，因为作家、作品和文学史总在要求着新的阐释，而文艺心理学也必将是当中不可或缺的一部分。

城镇村落化的悲情

——评《都市中国的乡土音声：民俗、曲艺与心性》

柴 莹[1]

以民俗学的视角，《都市中国的乡土音声：民俗、曲艺与心性》[2]一书研究的是城镇化高速发展后已经无法准确定义的介于城市和乡土之中的文化、民俗。在一个高度模式化了的都市中，还有多少乡土的文化、民俗保留着？它们是否还原汁原味，是否在城市文明的浸染中变得面目全非？它们的变体受到多少商业、政治和时间的洗礼，又定格在怎样的变体之中？这些变体，是否朝着我们所预设的方向、我们所期待的模样发展？

作者开始修订本书时，正访学剑桥。剑桥世外桃源般的学院气息，忘却焦灼的异域生活，挥之不去的乡愁，与研究对象的遥远得足以产生美的距离，以及研究对象本身快速的发展变化，激发了作者对研究对象的新思考和感悟。之后，一波三折的出版过程，国内外多地的东奔西跑又带给作者新的灵感。作者在多篇文章后附有后记，直抒胸臆地记述完成本文后又产生的新的想法、情感变动、研究对象的新动向，

---

[1] 柴莹，文学博士，北京市文学艺术界联合会副研究员。
[2] 岳永逸：《都市中国的乡土音声：民俗、曲艺与心性》，北京，中国人民大学出版社，2015年。

提出了研究对象的新的问题。

除蒋原伦先生的一篇《序》、作者自己的一篇《前言：城镇化的乡愁》和《代跋：都市中国的乡土音声》之外，本书分为《城墙内外》《都市断章》《房舍小品》《现代民俗学之痒》4章，凡19篇文章，所有文章都刊发于2008年至2013年的学术刊物上。

在我国高速发展的经济背景下，城镇化是不可阻挡的发展趋势。很长一段时间，人们对城镇化欢欣鼓舞，用"发展即好"的逻辑消融了城镇化之后泥沙俱下的变化。但是，作者却在《前言：城镇化的乡愁》中提出质疑：中国的乡村在形式（或者说空间上）飞速城镇化的同时，把乡村中的人抛在了城镇之外；人的肉身进城了，但人的精神和与精神有关的一切，还固执地停留在乡野。

这一观点，与他访学剑桥期间完成的另外一本书《忧郁的民俗学》完全一致。[1]作者认为，更好的方式应该是城镇进入村落之中，让村落在享受物质文明带来的便捷生活的同时，也能保留自己固有的令人着迷的文化传统和生活习俗，因此，他提出了"城镇村落化"的概念。为了论述他的观点，《前言》特别列举了日本神奈川真鹤町和英国纽马克小镇。现代文明使这些在村落中的人生活得更便捷、更舒适，却并未改变他们的生活节奏和习俗。他们用令人羡慕的慢节奏，重复着看似单调却有着无比情趣的生活。由此，作者饱含感情地大声呼喊："乡土本身就丝毫不逊色于城镇！愿我们子孙后代的中国不是'一个'苍白无趣的城镇，而是一个个有着自己乡音、乡情、乡韵，有着自己个性、历史、记忆、温馨与乡愁的'村落'城镇！"[2]

如果说《都市中国的乡土音声：民俗、曲艺与心性》这部书以专业性和学理性著称的话，那么它的《前言：城镇化的乡愁》则是蕴含

---

[1] 岳永逸：《忧郁的民俗学》，杭州，浙江大学出版社，2014年。

[2] 岳永逸：《都市中国的乡土音声：民俗、曲艺与心性》，北京，中国人民大学出版社，2015年，第4、5页。以下引文皆在文中标出页码，不再一一作注。

着与作者本人的成长经历和学术经历都息息相关的充沛情感。这种在远离之后对乡村文化美好的回忆着实令人感动,笔者可以触摸到作者对真正"原生态"的村落文化的迷恋和他对城镇化后村落的改变而滋生的满腔惋惜之情。

一、谁的原生态

《想象的原生态与民间艺术》可以看作第一章《城墙内外》的总论,作者首先提出问题:"谁的原生态?"在"原生态"热闹的背后,暗含的是"一个现代民族国家整体性的焦灼与褊狭,即试图给原本流动并互相交流影响的文化清晰地划分出国界,定格其权属"(第4页)。由此,引发的是更令人忧虑的模仿、跃进、名利争夺,甚而成为"遮火皮"。作为一位目睹种种怪象的民俗学者,作者对这种趋势愤懑、痛心到极点。

从"五四"以来的"民间",到当下的"原生态",再到与之血缘相连、红得发紫的"非物质文化遗产",原生态与民间艺术被他者以各种目的、名义而想象和命名,但多数都是以把民间艺术强行搬离生发的土壤、语境,而进入被生产、被建构、被舞台化为代价。当民间艺术与商品、政治工具结合,它就不再是真正意义上的民间艺术(抑或非物质文化遗产),其活泼的生命质体就会消弭,而被绑架为商品和政绩的炫耀品,成为满足各种欲望的工具。文章的最后,作者别出心裁地忠实记录了一段对村民的采访:"在要申报非物质文化遗产的时候,县里把寨里会唱那些歌的人叫了几个去,做了表演,做了些记录,然后就和我们没有什么关系了,就是县里、州里文化部门的人自己去搞'瓦尔俄足节'的非物质文化遗产项目去了。……"(第14页)这里的行文与之前完全不同,却在理性中暗涌着情感的爆发,回应着文章开始的质问:"谁的原生态?"

从篇幅上而言,《草根相声的知识考古学》占了全书的七分之一还多。由于郭德纲的炙手可热和郭本人的大力宣传，"草根相声"成为人们非常感兴趣的热门词汇，本文追根溯源，从草根相声的生发地老北京"杂吧地儿"天桥说开去。文章首先从空间位置、居住和活动人群、历史积淀、艺术特质等多重角度定义了草根相声的生发之境，老北京"杂吧地儿"，指出只有"杂吧地儿"这样的地方，才能成为"没有身份、地位、脸面，他贬也自贬的江湖艺人流动卖艺谋生的去处，共同构成近世相声等草根艺术更为广阔和理所当然的生存之境"（第19页）。

显然，作者对当下的相声研究不满意。他认为，现在的相声研究看似高大上，却对"民"的研究，即相声"段子"究竟是怎样创作出来的、为什么要这样创作、演给谁看、谁在看、怎么看等问题的研究有意缺失。基于此，作者提出其研究着重于特定时代背景、社会结构中，以相声本体与演者、演者与观者等的关系进化来研究相声，以求相声之"本"。这种研究不求大求全，而是弥补空白。从某种意义上说，其他民间艺术，如杂技、魔术、民间手工艺等都应该进行这种以"民"为本的研究，而这恰恰是民间文艺研究普遍的缺失，在某种程度上，这也回答了"原生态"属于谁的问题。

本文中，作者引入"自由的艺术"与"卑从的艺术"两个相对的概念：中华人民共和国成立之后相声的发展，无论是以歌颂与宣传为目的的"政治化相声"，还是以郭德纲为代表的以"草根""非主流"为掩护的"商品化"相声，事实上都是一种"卑从"的艺术，并与真正的"自由的艺术"的"草根相声""原生态"分道扬镳。这里，作者再次质疑了"原生态"和"非物质文化遗产"，诘问在欣欣向荣地向"旧""传统"致敬、学习的道路上，越走越远的传统艺术真的能发出与主流话语不同但又能够被主流话语容忍的"另一种"声音吗？真的能激发出草根艺术曾经有的旺盛生命力与曾经有的那种不洁却饱含生机、活力的感觉吗？

对民，即受众（消费者）的"主动性"（抑或"反抗"）的重视是本书一以贯之的基本立场和观点。《二人转的生态学》一开始就对所谓的民间文艺权威、拥有话语权和行政权并频频现身于各色传媒的媒介学者与为政者——官媒精英——主动担负起传统民间文艺重建的重任,表达了不满与反对。作者认为,二人转最原始的形态——广场二人转,最具活力和生命力。尽管在开放的公共空间演出,且内容混杂,多有粗俗成分,但是因为观者多为熟人,习惯性地自然区分出哪些可以演,哪些不可以演,雅到什么程度,俗到什么程度,观演双方都心知肚明,具有游刃有余的自制与自控的权力技术。由此,作者对由剧场二人转和媒介二人转共同强调的"绿色二人转"持保留态度,并进而对政府的一刀切式的文化管理模式提出了质疑。

与之相对的是,在《曲艺的都市化和都市化曲艺》中,对温州鼓词离乡不离土的良性发展,作者给予了充分的肯定。在作者看来,这一令人欣慰的局面是与瑞安政府的大力参与和支持分不开的。为鼓词的传承传播,政府部门注入了强劲的动力。笔者好奇的是,温州鼓词中难道就没有民间文艺常有的"性"(或情色)的内容?如果有,那么政府自然会使之"绿色化"。意识形态的大举进入,难免会使鼓词这门民间艺术陷入一刀切的文化管理模式中。当地政府既然令鼓词发展得如此欣欣向荣,是怎样把握这个管理的"度"的?

二、"新"与"旧"的共生

如果说《城墙内外》一章是论述曲艺的"城"与"乡"、"官"与"商"和"民"与"媒"等关系,试图探寻曲艺的本质和发展规律的话,那么《都市断章》则离都市人的日常生活更近,而离艺术似乎远一些,或者说,作者此章是意欲寻找真正属于都市的民俗、生活的艺术。

《被消费的身体》讲述的是老北京人力车夫的生活群像,人力车夫是老北京的最大特色之一。一百年过去了,如今的人力车夫不再是文学作品中那个吃不饱穿不暖、惨不忍睹的祥子了,而是"被展示的景观、都市传统文化的名片与代步工具",但是"(他们)双腿的'死蹬'有了景观所在地常见的浪漫、惬意与精明,少了苍凉"(第109页)。事实上,现在的北京,新的车夫——出租车司机已经不再是传统意义上的"北京人"了,他们大多都来自延庆、怀柔、顺义等远郊区。出租车司机群体的生活习俗、生存状态和嗜好又是一番怎样的情景?这些正是民俗学者需要研究和探讨的。

《裂变中的口头传统》是一篇中规中矩的田野调查论文,阅读无甚难度。在写作风格上,该文与《不是个味儿的年味儿》颇有些相似。但后者因发表于《思想战线》,故其学术性被淡化,更像民俗学者给政府的建言献策。文章肯定了各级政府对过年的重视,但同时也敲响了警钟:一定要提防文化保守主义和文化精英主义。文章不厌其烦地列举了一些地方政府和社会合力推动春节文化年俗活动的成功之举,同时也认为:在物质生活已经非常充裕的都市和依旧贫困的"空巢"农村增加更多的年味儿,是一项长期而艰巨的工程,政府首先要建立一个"大春节观","大春节观"是一种包容的心态、姿态,可是具体做法,作者却语焉不详。或者,并没有一个统一的标准;或者,作者也心存疑虑,只能"摸着石头过河"!

《遭忽悠的老鬼与新鬼》未落入讲述鬼之谱系或鬼之发展的窠臼,而是侧重于论述"老鬼"的消逝和"新鬼"的复活。从某种意义上说,具有乡土色彩的"老鬼"和深受当下都市生活与西方文化影响而生的"新鬼",是都市民俗的重要组成部分。作者期待的是:多种文化的共生共荣,安然往来,自然转换,用一种闲适的、宽容的态度来对待多种文化碰撞。事实上,这也暗含了作者对文化保守主义和文化精英主义的批判。

《我们是谁》是关于流心的《自我的他性——当代中国的自我系谱》的书评,虽然未曾阅读该书,但读这篇书评却丝毫没有障碍。文章最重要的是对流心所说的三种时间体认的分析:"一是过去的时间——现代中国经验的传统时刻,即以继嗣和姻亲关系相连的人们所感受到的时间,二是指向未来的'革命时期的时间',三是'革命后的时间'。"(第147页)过去的时间是在一个漫长的历史时期被传统中国所普遍认知和接受的。"革命时期的时间"的过去仅仅是现在的一部分,与过去无关,它的时间的关键点在未来。只要能够实现美好的未来,现在和过去都不重要。至今,"革命时期的时间"仍然顽强地存在于普通人的日常生活中。对于"革命后的时间"而言,今天就只是单纯的今天,与昨天无关,与明天也无关,于是,抓住今天,放纵自己,成为"我""我们"的宿命。作为有着悲观主义倾向的学者,通过对《自我的他性》的解读,作者仿佛在一间新的"铁屋子"里发出新的呐喊。在该文"附记"中,对一代人精神寄托的"盛世情"书店凋零的感慨,又令这"呐喊"充满着浓郁的悲情和苍凉。

三、宰制与反抗,民俗的启示

《房舍小品》中,作者把关注点从都市(老北京)转移到乡土中国。对自己和他者的认知,乡土社会中的个人和族群是以"房"和"屋"等空间或以宗教信仰为圆心而向外辐射的。在屋、村(庄)、乡等的地域等级划分中,他们逐渐形成了富有地域、族群和宗教色彩的文化、习俗,形成了人与人之间的认同和群体的切割与重整。对民俗学者而言,不论是亲赴现场的田野调查、闭门的资料阅读整理,抑或对他人著作的总结、感悟,都是近距离了解民俗、了解我们这个依然在都市化进程中艰难跋涉的传统中国的最佳方式。

《我们都是亲戚》《"5·12"震灾后的羌寨现场》和《教堂钟声与晨钟暮鼓》都是田野写作。通过对复杂的各种场域的细致描述,《我们都是亲戚》关注的是民众自己言说而非官方或学者所定义的华北乡土社会,试图从"自家屋""我们村东""对子村""我们都是亲戚"等日常表达——言语的以及行为的,来一窥华北乡土社会的结构。作者指出:村民主动地掌握着言说权力,并且这种权力随着社会的发展而发展,默默地、持续地讲述着具有"思辨性",也更贴近"日常生活实践"的文化命题。当这种乡民的权力言说一旦发展到与官方的诉求相吻合,就会与官媒精英产生十分密切的互动。"民间文化""非遗"等官方言语和"社区"等学术语言都及时地成为当地民众具有操作性的口头禅。乡民们过会时高举的"非物质文化遗产"的大幅横标,给人以更多的启示和思考。这里,也再次回答了"谁的原生态"这一问题。面对主流意识形态的宰制与规训,乡土社会通过反抗与反宰制而警惕地掌握着自己言说的权力,在这里,悲观主义的作者反而表达出对未来的乐观憧憬。

作为一个有着极强洞察能力和归纳能力的学者,《"5·12"震灾后的羌寨现场》对"学术田野—写作"与"媒体田野—生产"二者的特质与优长进行了梳理和比较。从灾害现场的生存能力、考察前细致全面的资料准备、采访现场的随机应变、对灾民无声的帮助等角度,作者总结了值得向媒体同仁学习的方面,应该说,这是作者主动对自身查漏补缺后的警示。最后,作者又自然切入正题:一方面,对文化重要表现的语言的逐渐消逝表现出一种日薄西山的哀婉幽怨之情;另一方面,又对文化在灾后羌族中顽强地沿袭、流传表现出惊讶与欣慰。是的,一个族群的文化不会因地震而走向没落,也不会因群体性可能有的搬迁而消失,学者、媒体、官方都没有资格高高在上地将怜悯、帮助施舍给他们!

《教堂钟声与晨钟暮鼓》所涉及的地域与《我们都是亲戚》基本重合。与后者重于区域人际关系研究不同,此文重在乡土宗教之研究。但是,作者用民俗之笔去阐释宗教,使得宗教更加接地气,与乡土民众的日常生活息息相关。华北梨区的乡民或者是"奉教的",或者是"行好的",或者二者都不是。他们一丝不苟地坚持着自己的信仰,严肃而平和。乡民们的信仰虽然各不相同,本土宗教和洋教之间也出现行动和言语层面的互动博弈,但他们的生活却是交叉的,宗教力量的此消彼长维护着社会结构的平衡和乡土生活的宁静。也许,宗教的真义就在穷乡僻壤间那醒目而高大的天主教堂这一景观与意象之中。

与《我们是谁》相同,《多面的胡仙与另一只眼》也是一篇书评,所评书籍是专业性极强的康笑菲英文版著作《胡仙敬拜:帝国晚期和现代中国的权力、性别与民众宗教》。2011年,该书在国内出版了简体版,易名为《狐仙》。康著弃用流行的田野调查,用人类学和历史学混融的视角去重读笔记、志怪、小说、方志等众说纷纭的古文献,从案头中解读胡仙的文字表述体系中潜在的意味。对这种细读和到位的微言大义的阐释,作者给予了高度评价,认为"在一定意义上开创了中国乡土宗教研究的新时代"(第199页)。

《不妨"低俗"些:精英艺术及其批评的限度》是本书的另类文本,它是对一位专攻艺术的学人的综合学术评价。对他人学术成果的评价,往往饱含着对自己学术研究和道路的反思、总结和期许,借评论他人浇自己的块垒。文章认为,对艺术的批评应该"低俗"些,而不应该被"西方艺术"和"精英艺术"缚住手脚。令作者惋惜的是,本土至今传衍不绝的草根艺术对西方艺术、精英艺术曾经有的和可能有的驱动力在精英批评家那里的缺位,这也是对西方民俗理论了然于胸的作者在自己的学术研究中所尽量避免的。

四、关注当下,都市民俗学的反思

对于一位具有反思精神的学者而言,反思,是其学术研究的基本特征,第四章《现代民俗学之痒》从多个角度专门对民俗学这门学科提出了反思。

在《民间文艺市场的经济学》中,作者诠释了"文化反哺"之于民俗传承的悖谬。与百余年前民间文艺市场的生产者、供应者都是处于下位的民众不同，精英，尤其是官媒精英，成了民间文艺的供应商，民众则成了消费者和使用者，这即作者所批判的另类的"文化反哺"，这个观点在《想象的原生态与民间艺术》《二人转的生态学》和《不是个味儿的年味儿》等文章中反复提及。当民间文艺的话语权被掌握权力的官员、腰缠万贯的开发商和拥有媒介平台的媒介学者等掌握之后，真正的民俗、民间文艺就开始远离大众，远离真实的生活现场。作者也指出，有着自主性、能动性和强大反刍功能的处于下位和弱势的民众，既会有限度地迎合精英的意愿表现出顺从，也会日常抵抗、反宰制，口是心非、虚与委蛇地为自己拓展空间，使活态的民间文艺在表达民众自我意识的同时，也有着文化的连续性。

在作者看来，民俗学最重要的是关注当下，关注那些被工业文明、信息文明和技术文明主宰着的都市生活，或者被都市生活全面入侵的乡土社会，而非想象中的农耕文明和被视为静态的乡土民俗，这也许就是作者命名本书为《都市中国的乡土音声：民俗、曲艺与心性》这个有些奇怪名字的意义所在吧！

《"杂吧地儿"北京：天桥的叙事学》的绪论特征明显，作者显然对"杂吧地儿"天桥情有独钟，不仅在《草根相声的知识考古学》中对草根相声及其诞生于"杂吧地儿"天桥进行了浓墨重彩的讨论，还在数篇文章中提到天桥对北京文化的巨大影响。文章强调了天桥对北京无与伦比的重要性：100多年来，天桥同样是北京的象征和焦点，它"是小写的北京，是北京的另一个心脏，或者说是另一个北京"（第259页）。然而，1949年之后，充满着意识形态对天桥的塑造和宣传，"旧"与"新"的二元对立发展到极致。作者向下的姿态显而易见，他所关注的不再是旧的、想象的、被很多研究者所重视的"天桥"，而是真实的充满现实关怀的天桥。反过来，作者认为对那个时代以及中国文化中的身体认知仍然是片面的和有待深入的。

何谓裸写、怎样裸写是《生命经验的裸写》一文的核心，该文没有一般理论文章的规整与严谨,加之夹入诸多的专业著述,因此阅读过程更像一次"绕道"的民俗学杂谈。何谓裸写?作者并未正面回答,而是列举两部作品《金翼》和《乡》进行比较,认为《乡》"是个人生命史,回忆和书写中弥漫着生命经验和浓郁乡情"(第287页)。显然,更立体的阐释不仅是一种方法,也是一种切实的态度。民俗志真正的价值,不仅在于它有助于帮助我们认清历史及其价值,更在于它能帮助我们去认清现实,近距离地关注当下都市人和他们的生活与生存状态,只有这样,民俗学的焦虑才能部分化解,才能找到自己的"位置"。因此,笔者理解的裸写,就是能够抵制理论影响的焦虑和模式化的学科规范,而建构出真正与现实水乳交融,又有着情感和学理思考的民俗学现场。

《现代性的都市民俗学——岳永逸博士访谈录》更像是本书的"结论"、阅读指南,它用平实的学术语言,简明扼要地阐释了自己的观点,观点密集而环环相扣,仿佛是对本书各篇文章的注解。一直以来,作者都执着于自己所建构的都市民俗学,并为之摇旗呐喊,但同时,我们也能深切感受到作者对于自己"身份的焦虑"。对北京来说,他是一个地方外来者;对于都市而言,他生长于乡土,并深受乡土文化之影响;对于民俗学而言,当精英们眼睛向下,去关注原生态、非物质文化遗产时,他却把平视的目光转向都市,注重乡土对都市新民俗的影响、都市生活方式对乡土传统的渗透。这种焦虑,转变为对于都市民俗学的焦虑,但作者并未放弃,或者说更加执着。在继承的基础上,他做好与之竭尽全力较量的准备,反抗权力话语,建构自己的独特性力量,这就是所谓的都市民俗学意识。

作为"代跋",与该书正题同名的《都市中国的乡土音声》一文是一种回望的行为,它进入了一系列约定俗成与惯性十足的行为、文本。在对本书做了一个非常精练而简洁的概括之后,作者再次重申了本书的主旨:"试图在乡村研究与都市研究之间找到一个连接点、一个通道。

这个点也就是城乡的底层民众真正享有的日常生活、身体经验、感受、情绪及其来龙去脉,也即我所谓的现代性——都市民俗学的核心问题。"(第338页)

作者期望实现"人的城镇化",而非仅仅是人身体之外的空间的城镇化。或许只有那时,都市才真正地使生活更美好。

编后记

好事多磨，编完本辑《文化与诗学》的稿子，终于松了一口气。

文学和艺术如何讲好中国故事，当代文化生产和交流如何显现文化软实力，这些不仅是当代国际政治和文化外交的实践，也是值得深入研究和探讨的理论问题。本辑特邀王一川教授组织安排一组专题笔谈，笔谈不仅在理论辨析和标准问题上进行了总体把握，还通过不少具体艺术个案，对时下流行的相关现象和问题进行了较好的探讨。

我们还着力组织了一个"百年现代文学与文化"的学术专题，其中吕黎的论文对20世纪初的翻译与语言问题及其研究模式提出很有新意的理解。程帅的论文，对20世纪鲜明突出、影响深远的现代大众文艺问题有很好的研究，扎实严谨，深入透彻。

本辑收录了好几篇中外文化交流的综述和个案研究，让我们对全球化时代的汉学研究和文论研究有更为真切的理解。另外，汪尧翀的论文分析施特劳斯思想的基础哲学及其相关语境，视野宽阔；吴泓缈教授的文章也有独特的角度和想法。

《文化与诗学》支持发表青年学者的研究成果。本辑论文中，黄雨伦对当前热门的"抒情传统"论述有较为深入的剖析，显示出很好的学术潜质，而孟隋的论文出现了非主流"极嗨"娱乐的提法，显得颇有新意。

本辑还特约杨俊杰博士新译了本雅明的名文《历史哲学论纲》，他还为此专门进行了精细的版本考订。

《文化与诗学》一直希望有好的争鸣和讨论，也欢迎读者朋友们对这些文章的立场观点和思想方法提出回应。

编　者

2016年4月初记

2020年8月改定